Arktischer Ozean

Beaufort-Meer

W0034829

Colville

GEBIRGE

K S

1

Bettles

Yukon

Tanana

VEREINIGTE STAATEN

KANADA

Yukon

Mackenzie

FAIRBANKS

KANADA

②

Delta Junction

②

2

ark

Mt
△ McKinley

Highway

④

②

GEBIRGE

①

Susitna

③

③

3

①

Gulkana

Glennallen

①

ANCHORAGE

④

Kenai

①

Chugach-Berge

Seward

⑨

5

Valdez

Cordova

①

Homer

4

Juneau

Golf von Alaska

en

Berthold Köhr · **Indianer-Sommer**

Berthold Köhr

Indianer-Sommer

Abenteuer in einsamer Wildnis

NEUMANN - NEUDAMM

CIP-Kurztitelaufnahem der Deutschen Bibliothek
Köhr, Berthold:
Indianersommer : Abenteuer in einsamer Wildnis / Berthold Köhr. –
Melsungen : Neumann-Neudamm, 1988
ISBN 3-7888-0561-7

© 1988 Verlag J. Neumann-Neudamm GmbH & Co. KG,
Mühlenstraße 9, 3508 Melsungen

Printed in Germany

Titelgestaltung: Bernhard Köhr
Reprotechnik: REPRO-Gesellschaft mbH, 3500 Kassel
Satz und Druck: Silber Druck, 3501 Niestetal
Buchbinderische Verarbeitung: Großbuchbinderei Freitag & Co, 3500 Kassel

Inhalt

Ein Traum ging in Erfüllung 9

In 110 Tagen um die halbe Welt. 35
   Wie es dazu kam 35
   An Bord der „Cape Delgado" 42
   Mit dem Wohnmobil durch Kanada 45
   Bei Lachsen, Elchen und Caribous. 59

Auf alten Fährten 89
   Abenteuerliche Reise 1935 (Sigmund Szechenyi) 89
   Andy Simons – der legendäre Alaska Guide Nr. 1 105

Riesen des Nordens – die großen Bären 117
   Erste Begegnung. 119
   Bären waren seine Lieblinge 125
   Schwarzbär unter der Mitternachtssonne. 147
   Mit Grizzlys ist nicht gut Kirschen essen 149
   Auf der Fährte des Polarbären 155

Wapiti – Wegbegleiter der Indianer. 173

Caribous – ewige Wanderschaft. 179

Der Moschusochse 189

Weiße Widder im steilen Fels 199
   Wie es damals war (P. Niedieck, S. Szechenyi) 211
   Elchjagd in Alaska 212
   Ein Schaufler zum 75. Geburtstag 235

Gold an der letzten Grenze 241
   Erinnerungen an Klondyke 241
   Bei Old Bill 245

Vorwort

,,Ich folgte dem Ruf der Wildnis. Denn wer diesen Ruf einmal gehört hat, wer die Tundren durchstreifte, wer in den Nordwäldern dieses herrlichen Landes gelebt hat, der kehrt immer wieder zurück! Es sind nicht nur die grandiosen Berge, Seen und Flüsse, der Indianersommer mit seiner Farbenpracht, der Winter mit seinem klirrenden Frost oder das gleißende Nordlicht; auch die prächtigen Menschen und die Tierwelt sind es, die mich immer wieder dorthin ziehen.''

Das schrieb Berthold Köhr im Vorwort seines ersten Buches ,,Auf der Fährte des grauen Wolfes'' (1985). Die gute Aufnahme, die das Buch bei vielen Lesern gefunden hat, und seine unverminderte Leidenschaft für die nordische Wildnis haben ihn ermuntert, im Zeichen des ,,Indianersommers'' ein zweites Buch zu schreiben. Berthold Köhr hat mittlerweile den 80. Geburtstag hinter sich. Er hat ihn mit seiner Frau auf einer mehrwöchigen Reise zum Kennenlernen des Yellowstone-Nationalparks verbracht, und ein neuer Ausflug ins weite Land nördlich des Yukon schloß sich an. Der alte Wildnisjäger jagt längst mehr mit der Kamera als mit der Büchse, und die Filme über seine Erlebnisse begeistern viele Zuschauer. Mein Vater, Prof. Dr. Lutz Heck, war Berthold Köhr in langjähriger Freundschaft und in gemeinsamer Begeisterung für ferne Wildbahnen verbunden. Eine Begeisterung, die bis ins hohe Alter Tatkraft und Rüstigkeit erhält. Den Wunsch, daß das noch lange so bleiben möge, und daß das neue Buch ,,Indianersommer'' viele Leser erfreut und der nordischen Wildbahn neue Freunde gewinnt, möchte ich daher dem Buch mit auf den Weg geben.

im Frühjahr 1988

Ein Traum ging in Erfüllung

Im kürzesten und flammendsten Herbst der Erde, im Indianer-sommer, erlebte ich gemeinsam mit meinem Freund Dr. Gustav Bastian zum ersten Mal die Jagd auf der Kenai-Halbinsel. Die großen Bären und der Alaska-Riesenelch sollte unsere Beute werden.

Es war im Jahre 1963, als eines Tages das Telefon klingelte; Paul rief an: ,,Heute kam ein interessanter Brief aus Alaska, ich glaube, das ist etwas für dich, komm doch mal vorbei!" Das ließ ich mir nicht zweimal sagen und saß ihm, dem lieben Freund und Jagdkameraden Dr. Paul Neumann, der uns schon viele Jahre ärztlich betreute, nach einer halben Stunde in seiner Praxis gegenüber.

,,Lies doch mal, was Frau Heddy Thomas aus Anchorage im Auftrag des Outfitters Jess Willard schreibt." Dann meinte er noch: ,,Ich war erst vor zwei Jahren vier herrliche Wochen auf der Kenai-Halbinsel mit gutem Erfolg, habe aber im Moment andere Pläne." Ich las nun, neugierig geworden, was Frau Thomas, in Nürnberg geboren, handgeschrieben in gestochen schöner Schrift zu berichten hatte.

,,Lieber Dr. Neumann! Sie waren vor zwei Jahren mit Ihrem Guide Don Flyn zu einem kurzen Besuch in der Lodge meiner Freunde, der Schatzi und Jeff Willard, dem Masterguide. Bill, der Pilot, hatte Sie zum Caribou Lake auf der Kenai Peninsula geflogen. Wie meine Freunde sagen, hat es Ihnen in der wunder-schönen Lodge sehr gefallen, und Sie sagten zum Abschied, ich komme bald wieder; mit Jess und seinem Sohn möchte ich jagen. Nun, Jess läßt freundlichst daran erinnern und verspricht, daß Sie eine schöne Zeit mit allen Bequemlichkeiten erleben werden. Vom Caribou Lake reiten Sie mit Jess und seinem Sohn Bruce zunächst zum Jagdcamp, wo der Koch Glim mit einem zünftigen Essen für das leibliche Wohl sorgt, gute Feldbetten stehen zur Verfügung. Gejagt wird vom frühen Morgen, zu Fuß oder zu Pferd, bis zur Dämmerung. Die braven Pferde erfordern keine besondere Reit-kunst, Sie werden allein, meist von Bruce, geführt.

Jeff läßt Ihnen auch sagen, daß immer noch kapitale Elche und starke Bären auf der Kenai vorkommen und zehn Tage genügen, am besten im September, wenn die Brunft beginnt, aber das wissen Sie ja aus eigener Erfahrung. Mit Dollar 900 ausschließlich der License (Jagdschein) und des Tags (Wildmarke) für 10 Tage, (ab Point of Outfitter) sei er zufrieden. (30 % Anzahlung bei Vertragsabschluß ist üblich).

Falls Sie sich entschließen, schicken Sie bitte den beiliegenden Vertragsentwurf an mich zurück. Ich hole Sie gern am Airport ab und bin Ihnen für den Weiterflug nach Homer und Ihren anschließenden Aufenthalt in Alaska gerne behilflich.

Jess und Schatzi lassen herzlich grüßen und freuen sich, Sie am Caribou Lake zu empfangen. Das Angebot gilt auch für Ihre Freunde. Mit vielen Grüßen Heddy Thomas

P.S. Mein Mann ist Amerikaner, ich lernte ihn in Deutschland kennen. Ein Film über Alaska, den wir in Zürich sahen, hat uns so begeistert, daß wir dorthin auswanderten. Mein Mann ist hier Konditor bei der Air Force, und ich arbeite bei einer Behörde. Es geht uns sehr gut, aber die Heimat habe ich nicht vergessen."

Wie ein Blitz hatte dieser Brief auf mich eingewirkt. Es war mir, als wäre ich aus einem Dämmerzustand erwacht. Schon lange wartete ich auf eine Wende im Alltag. Endlich etwas Abenteuerliches. Ich war schon immer für Abenteuer. Schon als kleiner Bub von drei Jahren suchte ich sie. Ich war unterwegs auf Tauben. Hoch oben auf dem Dach eines Kaufhauses meiner Geburtsstadt Zweibrücken, in den Zinnen, dort hausten sie. Ihr ständiges „Rukediku" hatte mich motiviert, heimlich in den Speicher dieses Kaufhauses über eine steile Treppe zu gelangen und durch eine Dachluke zu kriechen. Ich mußte dann über eine Glaskuppel, die in den Innenhof des Kaufhauses Licht einließ. Dort hat man mich mit Aufschreien von unten entdeckt, jeden Moment darauf gefaßt, daß ich samt dem Glas in den Verkaufsraum stürzen würde. Aber wie das meist bei Kindern so ist, ich hatte einen Schutzengel, man holte mich herunter und war zu Tränen gerührt, daß nichts passiert war. Ich heulte mit.

Mein Entschluß war längst gefaßt. Ich war selten wankelmütig und in meinem langen Leben meist kurz entschlossen – eigentlich nicht zum Nachteil. Ich unterschrieb den Vertrag und schickte einen Scheck mit der üblichen Anzahlung gleich mit. Meine Absicht hatte sich aber bald herumgesprochen, es stand in den

Zeitungen. Damals war das noch etwas Außergewöhnliches. Dr. Gustav B. aus Frankfurt rief an, mit seinem Sohn wollte er dabeisein. Sie reisten mit.

Mit der Lufthansa flogen wir über die Polroute nach Alaska. Heddy Thomas war zur Stelle, erzählte von Land und Leuten und half uns weiter. Wir wurden bald Freunde. Die ersten Eindrücke waren überwältigend. Wie so ganz anders, als es noch keine Luftlinie nach Alaska gab, war es für die Jäger vergangener Zeiten. Ich habe viel aus jenen Pionierzeiten des Jagdtourismus gelesen, besonders das schon „klassisch" gewordene Buch des ungarischen Diplomaten Sigmund Graf Szecheny, (drüber später mehr) stellte nun aus eigenem Erleben fest, wie leicht es uns die moderne Technik macht, die entlegene nordische Wildnis zu erreichen. Doch noch immer ist genug Abenteuerliches daran, wenn man aus dem engen Europa in dieses weite Land kommt.

Wir hatten uns beraten lassen und eine lange Liste angelegt über Dinge, die wir für unseren Jagdtrip nicht vergessen durften. In unsere Überlegungen hatten wir auch einbezogen, daß nur 20 Kilogramm Gepäck (heute darf es mehr sein) im Flugpreis inbegriffen sind.

Ich nahm meine Mauser Kaliber 9,3 × 64 mit, während Freund Gustav seine Mauser 66 Kaliber 8 × 68 S mitführte. Wir wußten, daß es Ende September schon sehr frisch sein kann, weshalb wir reichlich warme Wollsachen einpackten. Neben normalen Pirschschuhen verstaute ich auch noch die langschäftigen, gefütterten Plastikstiefel, die sich dann in dem hochmoorigen Land sehr bewährt haben. Es empfiehlt sich auch, einen leichtgewichtigen Thermo-Unteranzug mitzunehmen, der bei kühler Witterung zum Pirschen oder im Schlafsack immer richtig ist. Wir entschieden uns für weitreichende Gläser; meines war zu schwer und wurde mir fast zum Verhängnis. Wegen des Gewichtes steckten wir die Patronen – 30 bis 40 Stück – in die Rocktaschen. Film- und Fotoapparat, Zielfernrohr und Glas hat man umhängen; sie werden nicht mitgewogen. Wenn man Glück hat, übersieht die charmante Bodensterwardess beim Wiegen das Gewehr, wie bei mir. Im Flugzeug reicht man die Waffe der Stewardess, die in den meisten Fällen das Gewehr, das ohne besondere Formalitäten mitgenommen werden darf, dem Kapitän zur Aufbewahrung übergibt. Aber wegen des Terrorismus gelten heute Sonderbestimmungen, man sieht die gesondert verpackte Waffe erst am Zielort wieder.

Frau Thomas, die uns am Flugplatz von Anchorage abholte, hatte uns vorher darüber informiert, daß man die „License" (den Jagdschein) und die „Tags" (Kontrollmarken für erlegtes Wild) im Land selbst erwerben muß. Die Jagdlizenz kostete damals 10 Dollar, die Erlaubnis für einen Elch 50. Vom 12. Lebensjahr an kann jeder, auch der Ausländer, den Jagdschein erwerben. Darin muß, damit nicht gemogelt werden kann, die Farbe der Augen, der Haare, die Körpergröße und das Alter eingetragen werden. In Jagdgeschäften, den Hunting-Departements, kann man diese Erlaubnis erstehen (das ist auch heute noch so). Nun darf man aber nicht planlos in der Gegend herumballern, sondern hat sich an die strengen Spielregeln des Gesetzes zu halten, sonst erwarten einen hohe Strafe (Unter Information mehr darüber).

Jährlich gegen Ende Juni gibt das „Alaska Department of Fish and Game" eine kleine Broschüre heraus, in der man die Kosten für die „Tags" nachlesen kann. In dem Büchlein orientiert man sich auch über die Jagdbeschränkungen und Jagdzeiten, die sich von Jahr zu Jahr ändern. Will man einen Überblick gewinnen, schaut man sich die beigegebene Landkarte an und sieht, daß das Land in 26 Bezirke eingeteilt ist, die von den Wildschutzbeamten überwacht werden. Beim Vergleichen lasen wir, daß z. B. in einem Gebiet nur ein Elch vom 20. August bis 30. September geschossen werden darf, während in einem anderen zwei Elche vom 20. August bis 28. Februar erlegt werden dürfen. Aber als wichtigste gesetzliche Maßnahme erscheint mir, daß das Wildbret der menschlichen Ernährung zugeführt werden muß, jedoch nicht verkauft werden darf. Man muß es also selbst verbrauchen oder verschenken.

Wenn man bedenkt, daß es neben der einzigen Asphaltstraße, die von Fairbanks nach der Kenai-Halbinsel im Süden führt, nur einige wenige Schotterstraßen gibt, dann wird einem bewußt, daß es mit viel Schwierigkeiten und hohen Kosten verbunden sein muß, das Wildfleisch, sofern es überhaupt möglich ist, mit dem Flugzeug oder Raupenfahrzeug oder gar mit Pferden aus dem Jagdgebiet zu befördern. Wegen dieser Schwierigkeiten und der hohen Kosten (die Flugstunde eines kleinen Charterflugzeuges kostete bereits 1964 immerhin 60 Dollar) sind es nur recht wenige, die von dem Jagdrecht Gebrauch machen.

Die Vorbereitungen waren abgeschlossen. Längst hatte ich meinen Seesack gepackt und einen Rucksack mitgenommen. Denn ob zu Pferd oder zu Fuß, man kann darin zusätzlich

Wollsachen, den Plastikumhang, Filmmaterial oder gar die Film-kamera selbst und die Marschverpflegung unterbringen.

Ich habe aber auch ein „Fritzchen" eingepackt, ein kleines Kopfkissen mit einem waschbaren Bezug. Das ist als Kopfunter-lage im Schlafsack sehr angenehm. Einen kleinen zusammen-schiebbaren Trinkbecher, den man in einem Sportgeschäft für ein paar Pfennige bekommt, hatte ich nicht vergessen, denn man trinkt dort mehr als bei uns, und reines Wasser läuft in Alaska überall.

Mit dem Gefühl, daß wir nichts vergessen hatten, waren wir Mitte September in Anchorage spannungsgeladen angekommen. Wegen Verspätung hatten wir den Anschlußflug nach Homer versäumt. Wir waren deshalb für die kommende Nacht Gäste der Lufthansa in einem sehr guten Hotel. Frau Thomas leistete uns an diesem Abend Gesellschaft. Es war recht wohltuend, in der für uns völlig anderen Welt betreut zu werden. Gerne erzählten wir von Deutschland.

Am nächsten Morgen vor dem Weiterflug nach Homer fotogra-fierten und filmten wir. Wir gingen über Land, das vor ein paar Jahren durch ein entsetzliches Erdbeben heimgesucht worden war. Auf der Fahrt zum Flughafen sahen wir zum erstenmal die schneebedeckten Bergriesen der Alaska Range.

Mit einer zehnsitzigen Linienmaschine erreichten wir in einer knappen Stunde die Südspitze der Kenai-Halbinsel und landeten nahe dem kleinen Städtchen Homer. Wir hatten gebirgiges Land überflogen, das mit Hochmooren, vielen Seen und Flußläufen durchsetzt ist, und sahen in der Ferne den Mount McKinley, den höchsten Berg Nordamerikas. Die Maschine flog eine Schleife über der Küste und setzte vor einem kleinen Holzgebäude auf, der Verwaltung des Flugplatzes, dem sogenannten Tower.

Bill, ein Buschpilot, sollte uns in der Bretterbude abholen. Wir warteten zunächst vergeblich und sahen uns in der Zwischenzeit ein bißchen um. Auf dem Fluggelände standen ein paar kleine Flugzeuge, sonst tat sich im Moment nicht viel. Als wir in das Bretterhäuschen zurückkamen, saß da ein echter Westernmann, so war er jedenfalls gekleidet. Nur mit einem kurzen Gruß an uns begann er sein langes Messer zu schleifen, um es wohl schärfer zu machen, währenddessen er immer etwas in seinen Bart murmelte, was wir aber nicht verstanden. Ab und zu probierte er die Schärfe an seinen Arm- und Beinhaaren aus, machte aber mit der Schleiferei unentwegt weiter. Die Schärfe schien ihm noch lange nicht gut genug. Wir saßen dabei und versuchten vergeblich ein Gespräch mit ihm. Die Zeit verging, wir warteten schon über eine Stunde, der Mann schliff weiter. Später haben wir noch manche kauzigen Sachen erlebt, wir waren ja in Alaska.

Endlich kam Bill, ein sympathischer drahtiger Mann, dessen Eltern aus Belgien stammen, wie wir später erfuhren. Mit einem „Hallo" als Gruß schnappte er unser Gepäck und flog uns mit seiner kleinen Cessna in knapp 15 Minuten zum Caribou Lake, dem Ausgangspunkt unserer Jagd.

Zum ersten Mal sitzen wir in einer dieser winzigen Maschinen, die in geringer Höhe dahinfliegt. Man hat fast das Gefühl, im freien Luftraum zu schweben. Unter uns sehen wir zur Rechten das Meer, zur Linken die hügelige Landschaft, die sattgrün zu uns heraufgrüßt. Plötzlich hat Bill mit seinen geschulten Augen eine Bärenfamilie ausgemacht. Er dreht bei, macht eine Kurve und überfliegt die Bären in 50 Meter Höhe, damit wir sie filmen können. Ein herrlicher Anblick. Die erste Begegnung mit urigem Wild.

Als Bill sein Flugzeug vor der Landungsbrücke aufsetzt, empfangen uns Jess, seine Frau Schatzi und der Sohn Bruce, ein stämmiger Bursche, er ist Farmer. Sie warteten schon lange. Aber hier in Alaska, das lernten wir bald, hat man die Ruhe weg. Bill brachte auch die Post mit, denn er ist zugleich der Postflieger.

Frau Thomas hatte die Gastgeber eingehend beschrieben, so daß wir vertraut uns fast in die Arme fielen und mit einem Drink auf Du und Du anstießen, was ja in der englischen Sprache selbstverständlich ist. Aber wie das so ist, man mag sich gleich zu Anfang oder nicht; wir mochten uns. Schon auf dem kurzen Weg zum Haupthaus der Lodge oder Homestead, wie man hier sagt, begann Schatzi in recht gutem Deutsch Fragen zu stellen. Ihre Mutter stammt aus Deutschland, aber sie selbst war nie dort gewesen. Das Haupthaus ist der Mittelpunkt der Lodge mit Aufenthaltsräumen und Küche, an dem etwa tausend Meter langen See gelegen. Idyllisch verstreut sehen wir auch kleine Blockhütten, die ebenfalls rustikal aus Fichtenstämmen gezimmert sind. Eine dieser Hütten wird uns als Unterkunft angewiesen. Die Inneneinrichtung ist aus dem gleichen Holz roh gezimmert, der Boden mit Elch- und Bärendecken ausgelegt. Im Alaska-Ofen prasselt klobiges Holz, mollige Wärme und eine wohltuende Atmosphäre umgibt uns.

Später finden wir uns wieder im Haupthaus. In der Mitte dieses

14

Hauses steht ein mächtiger Kamin, der große Holzscheite verschlingt. Die Wärme und der Geruch des verbrannten Holzes, dazu der Duft, der aus der Küche kommt – denn Schatzi hat längst ein leckeres Mahl zubereitet –, geben uns das Gefühl der Geborgenheit. Wir haben viel zu erzählen, denn Schatzi will von der Heimat ihrer Mutter eine Menge wissen.

Langsam senkt sich die Sonne, das Spiel von Licht und Schatten beginnt seinen Zauber auszubreiten. An dem gegenüberliegenden Ufer, in etwa 500 Meter Entfernung, sehen wir die Hütte des Sattelraumes, von der wir am nächsten Morgen mit den Pferden ins Jagdcamp aufbrechen wollen. Plötzlich aber bewegt sich zwischen den Fichten, nicht weit von dieser Hütte, ein mächtiger Wildkörper, dem ein etwas kleinerer folgt. Bald erkennen wir, daß es eine Elchkuh mit ihrem Kalb ist, die sich langsam dem Ufer nähern, um dort die Wasserpflanzen, eine der Lieblingsspeisen des Elchwildes, zu äsen. Ein herrlicher und erhebender Anblick, war es doch das erste Elchwild, das wir in Alaska zu sehen bekamen.

Immer noch erregt von den Eindrücken, war an Schlaf nicht zu denken, schon gar nicht, als spät in der Nacht Olaf, ein mächtiger Labrador, draußen ein wütendes Gekläff begann. Ein Bär war um das Camp geschlichen, man fand die Trittsiegel am nächsten Morgen, er wollte wohl nach Abfällen suchen. Aber dem wütenden Hund ging er aus dem Wege und trollte davon.

Als wir gegen fünf Uhr früh hinüber zum Haupthaus gingen, um zu frühstücken, hatten unsere Gastgeber längst alles gerichtet. Jess rührte den Teig für die Pancakes und bruzzelte diese dann in der Pfanne. Dazu gab es ausgelassenen Speck mit Ahornsirup übergossen; das ist eine gute Unterlage. Natürlich dazu den üblichen Kaffee, das Nationalgetränk der Amerikaner, das nie ausgeht. Längst haben wir mit der molligen Schatzi, mit ihrem Mann Jess – ein Ingenieur, den es nach dem Krieg nach Alaska verschlagen hatte – und ihrem Sohn Bruce, der in der Nähe von Homer eine Rinderzucht betreibt, eine reizende Frau und drei Kinder hat, Freundschaft geschlossen.

Das Abenteuer begann, als nun unsere Jagdausrüstung in ein Boot verstaut wurde, das uns über den See zum Sattelraum und zu den Pferden brachte. Es verging lange Zeit, bis die Pferde gesattelt und die Packpferde mit unserer Ausrüstung beladen waren. Alles mußte korrekt festgezurrt werden. Wir hatten einige Stunden bis ins Jagdcamp zu reiten.

Aber alles hat mal ein Ende, es konnte losgehen. Für uns war das Reiten etwas Neues, denn davon hatten wir wenig Ahnung. Man hatte uns aber versichert, daß diese braven und kundigen Pferde uns sicher ans Ziel bringen würden. Bruce übernahm die Führung, er zog die Packpferde nach sich.

Unser Weg führte zunächst über sumpfiges Gelände, dann durch Gestrüpp der Zwergweiden und später, unter Fichten hindurch, einem Bergrücken entgegen. Wir mußten höllisch aufpassen, nicht von einem Fichtenast abgestreift zu werden. Ab und zu kreuzten wir einen munter plätschernden Bach und machten halt, um uns nach Wild umzusehen.

Die Pferde liefen eines hinter dem anderen. Das Tempo bestimmte Bruce an der Spitze. Ging sein Pferd in Trab über, machten die folgenden dasselbe, oder umgekehrt. So ging das schon eine halbe Stunde, als es plötzlich passierte: Ich ritt als letzter, vor mir Dr. B. Ich sah, daß Freund Gustav den Ast einer Fichte nicht beachtet hatte, unter dem sein Pferd hindurchging. Er glitt zu Boden und setzte auf dem Allerwertesten auf, sein Steiß prallte auf einen Ast. Gustav hatte gleich Schmerzen, es schien aber im Moment nicht so schlimm, und wir halfen ihm gemeinsam wieder in den Sattel. Zunächst ging der Ritt weiter, aber später kam es anders.

Wir waren schon mehrere Stunden unterwegs, bis wir die ersten Elche zu sehen bekamen. Mit den Gläsern konnten wir einen starken Moose-Bull (Elchhirsch) ausmachen. Aber nur wenige Sekunden war uns der herrliche Anblick vergönnt, dann verschwand das mächtige Tier im Schatten der Fichten.

Später erreichten wir in etwa 1500 Meter einen Höhenrücken, der mit dichten Zwergweiden bewachsen und mit Heidelbeerflächen durchsetzt war, das ideale Äsungsgebiet für Braun- und Schwarzbären. Wir sahen dann auch bald weit in der Ferne einen dieser schwarzen Gesellen, der eifrig die reifen Heidelbeeren schmauste.

Später trennte sich unsere Gruppe. Jess mit Gustav und Sixpack, ein munterer junger Mann, der als Helfer mitgekommen war, ritten direkt ins Jagdcamp, während ich mich mit Bruce zunächst auf dem Hochplateau weiterbewegte. Wir wollten uns weiter nach Elchen umsehen. Der Ritt über dieses Hochplateau war für mich fast etwas unheimlich. Bei einem Durchmesser von fast fünf Meilen, mit der Gletscherwelt im Hintergrund ist der

Eindruck überwältigend. Immer wieder hielten wir Ausschau, stiegen zwischendurch auch mal ab, um die Pferde zu schonen. Bruce machte mich recht oft auf Elche, die hier und da zwischen den Bäumen standen, aufmerksam. Es schien mir wie eine Vorschau für die nächsten Jagdtage.

Als wir in der Dämmerung das Jagdcamp erreichten, war ich doch recht erschöpft, denn fast zehn Stunden hatte ich im ungewohnten Sattel gesessen. Unser Koch Glim, der schon einen Tag früher vorausgeritten war, hatte bereits tüchtig eingeheizt und ein kräftiges und schmackhaftes Essen zubereitet.

Jess und Sixpack waren mit Gustav, der über starke Schmerzen am Steiß klagte, längst eingetroffen. Müde und abgespannt lagen wir bald auf den Feldbetten in unseren Schlafsäcken.

Am nächsten Morgen kam Gustav kaum aus seinem Feldbett hoch. Die Schmerzen seien fast unerträglich, meinte er. Vorsorglich ritt Jess an den Caribou Lake und verständigte über Radiofunk den Hilfsdienst der Armee. Er hatte einen Termin vereinbart, als er am nächsten Tag mit einem grellgelben Landezeichen zurückkam. Ein Helikopter mit Arzt wollen ihn kostenlos, was in Alaska üblich ist, abholen.

Jess hatte ein provisorisches Camp errichtet, das an einer Stelle gelegen war, die für die tägliche Pirsch besonders geeignet schien, und von der man auch einen weiten Blick über die tundra-ähnliche Landschaft hatte. Der Campraum, etwa 4 × 5 Meter groß, war aus Stämmen lose zusammengefügt, das Dach nur mit einer Zeltplane bedeckt, da in diesem Gebiet keine feste Blockhütte gestattet ist.

Schon früh um 5 Uhr brachte Bruce den Alsaka-Ofen mit ein paar Scheiten Holz in Gang, denn in der Nacht war es doch recht kühl geworden. Unser Koch werkte mit dem Wassertopf und der Pfanne, Schinken und Eier wurden gebacken, Tee und Kaffee auf den grobklotzigen Tisch gestellt, während die Pancakes in der Pfanne brutzelten. Mollig warm war es bald und die Stimmung gut, denn der sonnige Morgen versprach uns einen schönen Tag.

Mit wenig Tagesproviant im Rucksack brachen wir gegen 7 Uhr zur Pirsch auf. Hinter Bruce her ging es zu Fuß hinauf und hinunter über diese einzigartig schöne hügelige Landschaft. Nach einer Stunde gelangten wir zu einer kahlen Bergkuppe, die mit blühendem Moos bedeckt war, um von dort mit den Gläsern Ausschau zu halten. Auf dem Weg hatten wir zwei Schaufler gesehen, die Brunftverhalten zeigten, ein uriger Anblick. Ich glaubte, ein Schaufler sei kapital, aber Bruce winkte ab, ihm waren sie viel zu gering.

Es mag gegen 10 Uhr gewesen sein, als wir auf einer Höhe anlangten, wo wir Rast machten. Unter uns bot sich der Blick in einen riesigen Talkessel, der von kleinen Baumgruppen durchsetzt war. Moorig und naß glitzerte das Wasser in der Sonne zwischen Grasflächen und der herbstlichen Farbenpalette. Bekanntlich wählen die Elche ihre Einstände am liebsten zwischen Fichten in mooriger Landschaft. Bruce hatte längst das zwanzigfache Spektiv aufgebaut und leuchtete damit das weite Land ab. Mit seinen geschulten Augen und nach langer Beobachtung bestätigte er im weiten Umkreis etwa zwölf starke Elche. Aber keiner davon war ihm gut genug, er suchte noch einen stärkeren.

Gegen Mittag, wenn das Wild in seine Einstände zieht, hielten auch wir Rast mit den Butterbroten aus dem Rucksack. Es war dies die Zeit der Besinnlichkeit. Mit dem Blick über den von weiß bis tomatenrot blühenden Tundraboden, die goldgelb im Herbstlaub stehenden Weiden und das satte Grün der Fichten gingen die Gedanken hin und her, und ich war glücklich hier zu sein.

Aber bald pirschten wir weiter, durchstreiften einige Täler und hatten auch mehrfach Elchwild im Anblick. Es war schon 15 Uhr, als Bruce plötzlich wie gebannt stehenblieb. Er hatte einen besonders starken Schaufler gesehen und zeigte ihn mir durchs Spektiv. Aber der Elch drehte ab und verschwand sehr schnell zwischen den Fichten.

Erfüllt von den erlebnisreichen und spannenden Jagdstunden kamen wir vor der Dämmerung recht müde im Camp an. Uns empfing die mollige Wärme, die gemischt war mit guten Düften aus dem Kochtopf. Es gab ein Alaskastew, so etwas ähnliches wie Irishstew; es schmeckte ganz vorzüglich. Danach ertönte bald ein Schnarchkonzert.

Am nächsten Morgen ging es wieder zu Fuß hinauf zu dem Hochplateau von gestern. Bruce hoffte, den starken Schaufler wiederzufinden. Aber bei der Verhaltensweise dieses Wildes, das in dem riesigen Gebiet während der Brunft weit umherzieht, bleibt es meistens bei der Hoffnung.

Zunächst hatten wir wieder einen herrlichen Anblick. 150 Meter rechts von uns sahen wir einen recht guten Schaufler, der ein Tier trieb. Als Kulisse zeichneten sich im Hintergrund die mit Schnee bedeckten Bergriesen mit ihren Gletschern ab. Eine unwahrscheinlich packende Szene, deren Anblick allein diese Reise wert war und die mit Worten kaum zu beschreiben ist. Bruce hielt unterdessen mit seinem Spektiv unermüdlich Ausschau. Endlich hatte er den Kapitalen wieder entdeckt. Gleichzeitig – aber leider weit ab – zwei kämpfende Schaufler, ein unbeschreibliches Schauspiel. Während unsere Pulse flogen, wußten wir nicht, wohin wir zuerst unsere Blicke lenken sollten. Dazu entdeckten wir noch zwei Schwarzbären im Talkessel, die unermüdlich damit beschäftigt waren, Blaubeeren zu schmausen. Zunächst sollte es aber den Elchen gelten. Als nun noch die Sonne durch die Wolkendecke brach, die packenden Szenen und das Land mit gleißendem Licht überzog, wußte ich, daß ich eine der schönsten Stunden meines Jägerlebens erleben durfte.

Aber zur Besinnlichkeit hatten wir wenig Zeit, denn Bruce drängte zum Aufbruch; der Wind stand günstig für uns. Auf der Höhe weiterpirschend, umgingen wir den riesigen Talkessel, den starken Elchhirsch ständig fixierend. Als wir endlich nach zwei Stunden meinten, am Ziel zu sein, sprang der Wind plötzlich um. Das geschieht sehr oft in diesem Land. Der Schaufler verschwand mit raumgreifenden Schritten. Die Enttäuschung sah man auch Bruce an, aber entmutigt waren wir nicht. Inzwischen war wieder Mittagszeit. Wir machten Rast und schauten nach, was uns Glim als Wegzehrung in den Rucksack gepackt hatte. Bruce überlegte lange, was zu machen sei, denn wir wollten den alten Recken wiederfinden. Schließlich sagte er: ,,Laß uns weiterpirschen, wir haben jetzt guten Wind, vielleicht finden wir den Alten."

Es begegneten uns wohl einige schwächere Schaufler mit Kahlwild, aber den Kapitalen fanden wir nicht. Unsere Pirsch endete dann in einem tiefen Talkessel. Recht vorsichtig schritten wir dahin, immer bemüht, jedes Geräusch zu vermeiden, denn wir hofften immer noch, den starken Schaufler zu finden. Langsam durchquerten wir eine sumpfige Fläche und kamen gegen 14 Uhr in einer der Bauminseln an, um kurz zu verschnaufen. Wir hatten uns gerade gemächlich niedergesetzt, als Bruce plötzlich erstarrte und mich auf ein Geräusch aufmerksam machte, das vom gegenseitigen Hang kam. Ich sah zunächst noch nichts, aber er hatte zwischen den Bäumen, in etwa 200 Meter Entfernung, eine Bewegung bemerkt. Wir krochen bis zu einem der Bäume, um bessere Sicht und für alle Fälle eine bessere Schußposition zu haben. Leise kriechend, Bruce mit der Filmkamera, kamen wir vorwärts. Ich hatte kaum Zeit, mir eine bequeme Auflage zu suchen, als zwischen den Fichten uns gegenüber ein gewaltiger Schaufler austrat, der zunächst verhoffte und uns sein mächtiges Geweih präsentierte. Es waren Sekunden der Hochspannung, bis der majestätische Elch endlich langsam äsend auf die Fläche zog. Ich fieberte am ganzen Körper, als Bruce mir zuflüsterte, dieser Schaufler sei noch stärker als der Gesuchte.

Jetzt sah es so einfach aus, die Chance zu nutzen, und doch war es mir nicht so ganz wohl dabei, den Schuß anzubringen. Erst allmählich löste sich die Spannung. Das Fieber und die Aufregung hatte ich bezwungen angesichts dieses urigen Riesen. Ich wartete ab, bis sich der Hirsch breit stellte. Dann brach der Schuß in einem vielfältigen Echo, und das mächtige Wild brach zusammen, während Bruce die Szene filmte.

Ergriffen trat ich an den gewaltigen Elch, den ich nun berühren durfte – seine prächtige Decke, seine mächtigen Schaufeln. Bei der Berührung wurde mir erst bewußt, was ich in dieser Stunde erleben durfte. Ich hatte einen starken Elchschaufler auf der Kenai-Halbinsel erlegt. Solche mächtigen Trophäen waren schon damals selten und kommen heute leider dort nicht mehr vor. Der Jagddruck der letzten 20 Jahre ließ die Schaufler nicht mehr alt genug werden. Von Dankbarkeit erfüllt, nahm ich die Glückwünsche und den Bruch von Bruce entgegen, den er mir nach deutscher Art an meinen Hut steckte. Bruce war voller Freude, daß sich seine Mühe gelohnt hatte, und schlug mir immer wieder auf die Schulter: „Big Moose, kaum zu fassen!"

Die nächste halbe Stunde verging mit Fotografieren und Filmen, wollte ich doch das große Erlebnis für alle Zeiten in Erinnerung behalten. Aber langsam neigte sich der Tag, das Stück mußte versorgt werden. Bruce tat dies nur mit seinem Messer, ich half ihm so gut es ging. Dieses mächtige Tier von etwa 16 Zentnern an Ort und Stelle zu zerwirken, ist härteste Arbeit. Es geschieht etwas anders als bei uns. Das Haupt mit den Schaufeln wird abgeschlagen, der Körper mit Hilfe einer kleinen Winde bewegt und aus der Decke geschlagen, dann werden die Läufe mit den Keulen bzw. Blättern abgeschärft, die Lenden und sonst noch verwertbares Fleisch ausgelöst. Was nun noch übrig bleibt, meist auch die Decke, bleibt für Raubwild, Adler und Kolkraben liegen. Der Schweiß lief uns bei dem Gewuchte im wahrsten Sinne des Wortes den Buckel runter.

Als wir einmal kurz verschnauften, merkten wir erst, daß es schon fast 17 Uhr war und an einen Transport der Trophäe und des Wildbrets heute nicht mehr zu denken war. Die zerlegten Teile wurden nun mit vereinten Kräften an den Waldrand geschleppt. So gut es ging, hängten wir sie an starke Äste, in der Hoffnung, daß die Bären keinen Wind davon bekommen würden.

Wir hatten einen Rückmarsch von zwei Stunden hinter uns, als wir gegen 19 Uhr rechtschaffen müde im Lager ankamen. Jess, Gustav und Glim strahlten, als wir von meinem Erfolg erzählten. Durstig tranken wir kühles Bier. Als wir dann gemeinsam beim Abendessen saßen, wurden beim Erzählen die Erinnerungen an den schönen Tag wieder wach. Aber auch an diesem Abend rollten wir uns zeitig in die Schlafsäcke, und bald hörte man aus allen Ecken die Schnarchtöne, die sich mit dem Knistern des Holzfeuers und dem prasselnden Regen mischten, der auf unser Campdach niederging. In dieser Nacht hatte ich nicht bemerkt, daß es mir ab und zu ins Gesicht tropfte. Wir haben später noch viel darüber gelacht.

Um die gewohnte Zeit, gegen 5 Uhr früh, war alles wieder munter. Noch in der Dämmerung brachen wir mit allen Pferden auf, um das Wildbret und die Trophäe einzuholen. Nach zwei Stunden kamen wir an den Waldrand: es war alles unversehrt. Die mächtigen Fleischbrocken wurden nun den Pferden aufgebunden, mit besonderer Sorgfalt das weitausgelegte Geweih. Es war für mich neu und interessant zu erleben, mit wieviel Geschick und Ausdauer Jess und Bruce dabei vorgingen, das Geweih auf Dan, einem gutmütigen und braven Pferd, das ich die letzten Tage geritten hatte, festzuzurren. Ein starker Ast und zwei kurze Streben bildeten das Gestell, das nun durch Hanfseile mit dem starken Geweih auf dem Sattel fest verbunden wurde.

Nach etwa zwei Stunden kam unser Packzug wieder im Jagdcamp an. Glim, der wieder ein schmackhaftes Mittagessen bereitet hatte, war längst draußen, als wir uns näherten und meinte grinsend: ,,Wonderful.''

Freund Gustav war inzwischen seine Schmerzen los, sein Steiß schien in Ordnung. Die ganze Zeit konnte er sich nur um das Zelt bewegen. Langeweile hatte er nicht. Er hatte viel Unterhaltung mit den Whiskyjacks, den frechen Hähern Alaskas. Aber nun konnte auch für ihn die Jagd beginnen.

Nach der Mittagspause setzte sich die Kolonne mit allen Pferden unter Führung von Jess und Sixpack in Richtung Hauptcamp in Bewegung. Nach etwa fünf Stunden kam der Packzug am Sattelplatz an. Die Lasten wurden dann mit dem Motorboot zum

Hauptcamp übergesetzt. Es herrschte bereits dunkle Nacht, bis das Wildbret dort wohlversorgt in einer luftdurchfluteten Kammer hing.

Als die Männer am nächsten Mittag mit den Pferden zurückkamen, strahlte Jess: ,,Ich habe die Schaufeln vermessen, mit 217 Punkten gehören sie zur Rekordklasse und machen das Buch!'' Ich war sehr stolz. (In dem ,,Buch'' des Boone and Crokett Clubs werden die stärksten Trophäen von Hochwildarten verzeichnet.)

Bruce und Freund Gustav aber waren inzwischen nicht untätig und am Vormittag zu Fuß auf der Pirsch. Am Nachmittag versuchten sie es noch einmal hoch zu Roß. Als sie in der Dämmerung zurückkamen, meinte Gustav: ,,Ich spüre meine Knie nicht mehr, aber zu Pferd ist die Pirsch doch viel leichter.''

Ich fragte: ,,War denn der Schaufler nicht zu sehen? Du weißt, den wir gestern morgen beobachteten.'' ,,Nein'', sagte er ,,Elchtiere haben wir gesehen, aber die Hirsche kamen heute nicht aus den Einständen, wir haben keinen einzigen gesehen.''

,,Aber wir'', sagte ich, ,,haben von hier in tausend Meter Entfernung zwei Elche gesehen, die kämpften. Ihr hättet sie bequem angehen können. Wir sahen sie erst rechts auf der Höhe, dann kämpften sie im Tal. Es hat lange gedauert, bis sie in den Bestand einwechselten. Ich glaube, es war ein sehr guter Schaufler dabei.''

Am nächsten Morgen, es war kurz nach fünf Uhr, beobachteten wir durch die Camptür einige Elche in etwa tausend Meter Entfernung. Alle Mann waren längst draußen und versuchten, das Wild ins Glas zu bekommen. Aber Bruce stellte bald fest, daß kein jagdbarer Schaufler dabei war. Kurz darauf verließen wir das Camp und pirschten zu dem Hochplateau, ich nannte es von nun an ,,Hochplateau der Elche'', von dem aus wir in den letzten Tagen sehr viel Elchwild beobachteten. Auch heute früh sahen wir mehrere Elche im Talkessel, darunter auch einen kapitalen ,,Moose Bull''. Bruce meinte, wir sollten ihn angehen, er wäre für Gustav der Richtige. Im Moment hatten wir mal wieder schlechten Wind, wir hofften darauf, daß er sich drehte. Wir pirschten weiter, mußten aber wegen des Windes einen großen Umweg machen. Am Höhenkamm kamen wir vorwärts, durchquerten ein Tal und erreichten endlich unter günstigerem Wind eine andere Anhöhe. Als wir an diesem Abend spät ins Camp zurückkamen, erzählte Gustav, was sich an diesem Tag noch ereignete. Ich nahm das Gespräch auf Tonband auf.

„Bruce versuchte, den ausgemachten Schaufler zu finden, der sich mit seinem Rudel in die Dickung verzogen hatte. Sein Einstand dürfte einen Quadratkilometer groß gewesen sein. In der Mittagszeit nahmen wir einen kleinen Imbiß. Es regnete längst nicht mehr, die Sonne war durchgekommen. Bertel legte sein müdes Haupt auf den Rucksack und begann einige Bäume umzusägen. Aber Bruce war schon wieder losgezogen, denn er wollte das Rudel in seinem Einstand finden, was ihm aber leider nicht gelang. Später pirschten wir alle vorsichtig gegen den Wind und hofften, das Wild doch noch zu entdecken. Bald sahen wir Kahlwild, das wir filmten, hatten aber keinen Hinweis, wo wir den Kapitalen finden könnten, denn auch Trittsiegel gaben uns keinen Aufschluß. Etwas unsicher pirschten wir weiter, immer jeden Schritt überlegend und pfotenweich aufsetzend, durch mooriges Land, über gefallene morsche Bäume, zwängten uns durch die Zwergweiden und erreichten schließlich einen Punkt, von dem aus wir nicht wußten, in welcher Richtung wir weitergehen sollten, was die Spannung aber nur noch größer machte. Unverdrossen suchten wir weiter. Einer Eingebung folgend, pirschten wir zu der richtigen Stelle; denn plötzlich sahen wir vor uns einige Elchtiere, und Bertel entdeckte links von ihnen einen guten Schaufler. Bruce gab aber kein Zeichen zu schießen, da er den Kapitalen in der Nähe vermutete. Ich hatte aber schon durchgeladen und gesichert.

Die Spannung erreichte ihren Höhepunkt, als endlich im Hintergrund – gegen eine Hügelkuppe – der mächtige Körper des Gesuchten auftauchte. Mit zitternden Knien bezwang ich die Aufregung, legte auf Bertels Schulter an und wollte schon abdrücken, als der Elch sein Haupt drehte und mit seiner riesigen Schaufel das Blatt deckte. Ich war gezwungen zu warten, aber dann konnte ich schießen. Mit einem Hochblattschluß brach das Wild auf der Stelle zusammen. Ich mußte ihm aber noch zwei Schuß aus meiner Mauser auf den Träger geben. Wir waren nun auch ziemlich ausgepumpt. Als sich die Spannung etwas gelöst hatte, überreichte mir Bertel den Bruch auf seinem alten Filz. Fast in letzter Minute – es war schon bedenklich spät – war ich zu Schuß gekommen und hatte das seltene Glück, auch einen dieser kapitalen Elchhirsche zu erlegen.“

„Du kannst sehr stolz sein“, sagte ich später zu ihm, „denn Jess hat ihn inzwischen ausgemessen. Deine Trophäe ist mit 239 Punkten noch besser als die meine.“ Ich war aber auch stolz darauf, denn an der Erlegung dieses Elches hatte ich ein wenig mitgewirkt. Inzwischen machten wir Aufnahmen und filmten, während Bruce sich beeilen mußte, den Elch zu zerwirken. Natürlich waren wir nicht tatenlos und halfen ihm. Auch diesmal mußten wir die Schaufeln und das Wildbret, gegen die Bären gut getarnt, zurücklassen.

Aber dann geschah etwas Unangenehmes für mich. Als wir heimwärts gingen, verhakte sich mein linker Fuß im Wurzelwerk einer Zwergweide. Als ich kopfüber auf mein schweres Glas in das Gestrüpp flog, empfand ich einen stechenden Schmerz in der linken Brustseite. Ich ging tapfer weiter, die anderen hatten es kaum registriert. Erst spät in der Dunkelheit erreichten wir das Camp. Gustav als Arzt meinte bei der Untersuchung: „Ich glaube, du hast dir zwei Rippen gebrochen, ich kann dir gegen die Schmerzen ein paar Tabletten geben, aber sonst ist hier nicht viel zu machen. Über das Risiko weiterzujagen, mußt du selbst entscheiden." Ich hielt die restlichen Tage durch, wenn auch unter großen Schmerzen. Besonders morgens beim Aufstehen und wenn mein Pferd im Trab ging, mußte ich die Zähne zusammenbeißen.

In der Nacht hatte dichter Schneefall eingesetzt. Währenddessen prasselte das Feuer im Ofen, und eine behagliche Atmosphäre umgab uns. Aber wie immer waren wir mit der Morgendämmerung munter. Bruce und Sixpack sattelten die Pferde, sie wollten mit Gustav bald losreiten, um Wildbret und Trophäe einzuholen. Ich kalkulierte, daß sie nach etwa vier Stunden zurück sein konnten, um kurz Rast zu machen. Später würden sie mit der Last zum Hauptcamp am See weiterreiten. Für mich ein willkommener Ruhetag, so glaubte ich.

Indessen beobachtete ich während eines kurzen Regenschauers durch einen Schlitz in der Tür einen starken Schwarzbären auf kaum 70 Gänge, der Blaubeeren naschte. Ich hatte ja auch ein „Tag" für einen Schwarzbären in der Tasche. Trotz starker Schmerzen nahm ich meine Mauser vom Haken und wollte aus der Hütte treten, um den Bären zu erlegen. Aber Koch Glim klopfte mir auf die Schulter, winkte ab und meinte: „Ohne einen zweiten Jäger mit Waffe an der Seite würde ich nicht schießen. Ich kann dir, falls etwas schief geht, nicht helfen. Du weißt, ich habe kein Gewehr!" Nun, das war einleuchtend, aber eine verpaßte günstige Gelegenheit. Ich beobachtete weiter und sah durch das Glas jede Einzelheit, das Spiel der Muskeln, den von den Beeren feuchten blauen Fang und bewunderte den schillernden tief-schwarzen Pelz. Allmählich entfernte sich der Bär und ließ mich mit meinen Gedanken an das schöne Erlebnis zurück. Aber schon hatte Glim einen guten Kaffee gebraut und heizte tüchtig ein, denn es war kühler geworden. Ich habe noch nicht erzählt, daß das Jagdcamp etwa 1800 Meter hoch lag. An einem Bachlauf gut geschützt, hatte es Jess errichtet. Die rechten, weit ausgelegten Hänge sind mit Willows (Zwergweiden) und Blueberrys (Blau-beeren) bewachsen, während zur Linken der lichte offene Fich-tenwald den Elchen gute Einstände bietet.

Heute war ich mit unserem Koch Glim allein, der uns ganz ausgezeichnet verpflegte. Er erzählte mir, daß seine Eltern aus Montana stammten, aber um die Jahrhundertwende zur Gold-rauschzeit, wie so viele, an den Klondyke zogen, um dort Gold zu waschen. Er habe dies von den Eltern gelernt und gehe in den Urlaubstagen alljährlich in die ehemaligen Goldfelder, um das Edelmetall zu waschen. Das sei hier noch gut möglich und werde von vielen Alaskanern als Sport betrieben. Außerdem gäbe es hier die Möglichkeit, Kohle am Meeresstrand aufzulesen, beson-ders dann, wenn die Stürme einsetzten, und die Flöze von der peitschenden See herausgebrochen werden. In späteren Jahren habe ich selbst Kohle am Cook Inlet aufgesammelt, aber davon erzähle ich noch. Glim sagte noch, daß er im Jahr zuvor für etwa zweitausend Dollar Gold gewaschen habe, aber dazu drei Wochen brauchte. Trotzdem eine schöne Zugabe.

Die Menschen hier verstehen es, viele Gegenstände, die wertlos erscheinen, praktisch zu nutzen. So die Benzinkanister, denen man den Boden aussägt und die man dann als Schubfächer oder, wie in unserem Lager, als Wasch- und Spülbehälter verwendet. Jess ist ein Meister der Verwertung.

Jetzt sahen wir in der Ferne den Packzug mit dem Wildbret und der Trophäe, der sich langsam näherte. Von den Pferden war zunächst nicht viel zu sehen, da sie durch die Zwergweiden verdeckt wurden, aber die weitausgelegten Elchschaufeln beweg-ten sich schaukelnd über den Weiden auf uns zu.

,,Sieh doch mal, Gustav", sagte ich, ,,das Geweih geht weit über den Pferderücken und fast bis unter den Bauch herunter." Nun kamen auch die anderen Pferde mit dem Wildbret, jedes der Tiere hatte etwa drei Zentner Fleisch auf dem Rücken. Über den Rest des Tages gibt es noch zu erzählen, daß Bruce mit seinem Spektiv einen starken Braunbären ausmachte. Im Eiltempo versuchten wir, den Bären anzugehen, ich mit den gebrochenen Rippen. Aber so leicht war dies nicht, denn die „Niggerköpfe" mit ihren runden Graspolstern sind sehr hinderlich und auch gefährlich, wenn man dazwischen tritt. Hat man sich dann vielleicht den Fuß verknackst, wäre die Jagd zu Ende, und man müßte nach Hause fliegen.

Schweißgebadet erreichten wir einen Hügel. Wir wollten dem Bären den Weg abschneiden, aber der Wind hatte wieder einmal umgeschlagen und den Bären mitgenommen. Wir sahen ihn nur noch flüchtig in der Ferne. Das war Pech, denn die Braunbären waren in Alaska selten geworden, da sie zu stark bejagt wurden. Inzwischen aber sind sie dem besonderen Schutz der Jagdbehörde unterstellt, die die Abschüsse sehr scharf begrenzt hat.

Das Wetter war umgeschlagen. Wir erlebten eine kristallklare Nacht. Alaska gehört zu den Ländern unter dem Nordlicht. Wir hatten das große Glück, dieses seltene Schauspiel in dieser Nacht zu erleben, von dem man sagt, daß Magnetströme, die von der Sonne ausgehen, die Ursache sind. Aber die Gelehrten sind sich über die physikalischen Vorgänge dieser wunderlichen Erscheinung der nordischen Nächte nicht ganz einig, sie wird wohl noch lange ein Geheimnis bleiben.

Unruhe überfiel mich, als ich warm im Schlafsack verpackt nachts durch ein Geräusch wach wurde. Meinen Kameraden ging es ebenso. Die Temperatur war in dieser Nacht schon unter den Nullpunkt gesunken, der Winter schien vorzeitig seinen Einzug zu halten. Als wir vor die Hütte traten, funkelten die Sterne in einem gleißenden Licht. Gleichzeitig vernahmen wir ein schwingendes Singen und waren umgeben von einer kaum zu beschreibenden Vision des Lichtes und der Töne. Gemeinsam bildeten sie eine schwingende Schicht, die wie dünnster Schleiertüll im gleißenden Licht am Himmel zu sehen war. Später erinnerte mich diese geisterhafte Musik an den Gesang der Telegraphendrähte, wenn der Wind hindurchfegt. Das Naturereignis, das wir beglückt erleben durften, dauerte nur wenige Minuten. Dann löste sich langsam das helle Dunstgebilde auf, und das Land und die goldschimmernden Himmelskörper waren wieder von tiefer Nacht umgeben.

Am nächsten Morgen, es war der 21. September, waren wir schon um 7 Uhr mit Bruce und Gustav zur Bärenjagd unterwegs. Wir stiegen wieder eine Höhe hinauf und pusteten mächtig, bis wir oben ankamen. In die Seitenschluchten des Talkessels hielten wir Ausschau. Es dauerte auch nicht lange, da entdeckten durchs Glas wir einen guten Schwarzbären, der in etwa 800 Meter Entfernung an einem Hang auf den Hinterkeulen saß und sich umschaute. Er mußte uns bemerkt haben, denn plötzlich sprang er in riesigen Sätzen einen Bergbuckel entlang und verschwand in einer Schlucht.

Wir pirschten weiter. Das Durchqueren der Flächen war meist mit viel Anstrengung verbunden, da das zähe Buschwerk uns festhielt. Deshalb waren wir immer froh, wenn wir eine Bergkuppe erklommen hatten, die meist nur mit Moos und den in dieser Jahreszeit reifen Blaubeeren bewachsen sind. Aber bis jetzt war alle Mühe vergeblich. Die Bären gehen gegen Mittag zur Ruhe.

Bald entdeckten wir von weitem Jess und Sixpack mit den Pferden, die aus dem Hauptcamp zurückgekommen waren und sich schnell zu einem Treffpunkt hinbewegten, den wir verabredet hatten. Wir waren bald alle versammelt. Eine kurze Rast, die mir wohltat. Dann ritten wir immer auf einem Höhenrücken entlang, um gute Sicht ins Tal zu haben. Plötzlich entdeckte Sixpack, der besonders gute Augen hat, in einer Talschlucht zwei Schwarzbären vertraut äsend auf Heidelbeerflächen. Es wurde kurz beraten und beschlossen, daß sich unsere Gruppe teilt. Mit Jess und Sixpack ritt ich den einen Bären an, während sich Bruce und Gustav zu dem anderen auf den Weg machten.

Vorsichtig bewegten wir uns ins Tal hinunter, immer das Buschwerk als Deckung ausnutzend. Etwa 300 Meter vom Bären entfernt – er hatte uns noch nicht bemerkt – ließen wir unsere Pferde unter Aufsicht von Sixpack hinter einer kleinen Baumgruppe zurück. Pfotenweich aufsetzend, schlich ich mit Jess näher an den Bären heran, jedesmal sofort erstarrend, wenn der Bär seinen Schmaus unterbrach. Die Schmerzen mußte ich vergessen. Zuletzt krochen wir bis auf etwa hundert Meter an das Wild heran. Da sich keine bessere Auflage bot, brachte ich meine Büchse auf einem „Niggerkopf" in Stellung. Jess lag neben mir. Ich merkte, daß auch seine Nerven bis zum Zerreißen gespannt waren.

Es schien mir eine Ewigkeit, bis sich der Bär endlich breitstellte und ich ihm die Kugel antragen konnte. Er zeichnete und flüchtete aus unserem Blickfeld. Jess meinte, ich hätte gefehlt. Bei dem Schuß hatte ich mir wegen der schlechten Auflage mit dem Zielfernrohr eine klaffende Wunde an der rechten Augenbraue beigebracht, ein Gefühl, als sei mein Schädel gespalten. Auch das noch. Das Blut floß ganz schön, und weil das Verbandszeug in der Satteltasche eines der zurückgelassenen Pferde verstaut war, behalf ich mich im Moment mit zwei Papiertaschentüchern, die Jess mit seinem recht bunt befleckten Taschentuch mir über die Augenbraue um den Kopf festband. Aber – wen stört das schon in diesem Augenblick? Ich widersprach Jess und erklärte ihm, daß ich das Blatt genau im Fadenkreuz gehabt hätte und gut abgekommen sei. Trotzdem war die Stimmung ziemlich gedrückt.

Sixpack, der das ganze vom Pferd aus hinter dem Buschwerk verfolgt hatte, kam nun mit den Pferden und rief, der Bär müsse wenige Meter vom Anschuß liegen, denn er habe nur zwei bis drei Fluchten gesehen. Ich schöpfte wieder Hoffnung. Der Schmerz war vergessen. Gemeinsam ritten wir recht vorsichtig das Buschwerk ab. Wir fanden den Bären sehr bald. Er lag etwa zwanzig Meter vom Anschuß mit einem guten Schuß. Es war zwar kein kapitaler Bär, dafür aber mit einer guten Decke, die dicht und langhaarig in der Sonne glänzte.

Bruce und Gustav, die inzwischen den anderen Bären bis auf 150 Meter angepirscht hatten, kamen bald herbei und erzählten von ihrem Pech. Ihr Bär sei plötzlich geflüchtet, da er vermutlich Wind bekommen habe. Gustav sagte: ,,Ich wollte auf den Knien auflegen, als der Bär plötzlich wie weggewischt ware, einfach nicht mehr zu sehen.''

Gemeinsam wuchteten wir meine Beute herum. Jess und Bruce schlugen den Bären aus der Decke und zerwirkten ihn. Die Keulen wurden mitgenommen, denn die geräucherten Schinken eines Alaskabären sind jetzt in der Blaubeerzeit eine Delikatesse.

Als wir endlich im Sattel saßen, um zurückzureiten, begann es schon zu dämmern. Später, als es ganz dunkel war, überließen wir es unseren Pferden, den Weg ins Camp zu finden, das wir dann auch nach mehreren Stunden glücklich erreichten. Manchmal stolperte das eine oder andere der Tiere, aber keiner von uns war heruntergefallen.

Ich war sehr froh, daß ich nach all den Anstrengungen meinen Bären bekommen hatte. Es gab noch eine frohe Runde an diesem Abend, wozu uns Glim wieder ein sehr schmackhaftes Essen vorsetzte. Ein mächtiges Stück Tafelspitz aus Elchfleisch stand dampfend auf dem Tisch, es schmeckte ausgezeichnet.

Nach diesen schönen erfolgreichen Jagdtagen schlief ich mit

Tabletten gegen die Schmerzen besonders gut und blieb auch am nächsten Tag im Camp. Ich wollte vor allem auch die letzten Erlebnisse aufs Tonband sprechen. Mit meiner Aufzeichnung war ich noch nicht weit gekommen, als ich in der Ferne in kurzen Abständen drei Schüsse hörte. Ich kalkulierte, daß Gustav seinen Bären geschossen hatte, denn er war vor einer Stunde mit Bruce und Sixpack aufgebrochen. In den frühen Morgenstunden hatten wir einen Schwarzbären auf einem weit abgelegenen Berghang mit den Gläsern ausmachen können. Zu ihm waren sie unterwegs. Ich hielt die Daumen und hoffte, daß der Bär zur Strecke lag. Währenddessen saß Jess in der Sonne vor dem Camp und säuberte die Decke meines Bären für den Transport in die Heimat. Mit geschickter Hand entfernte er das restliche Fett, reinigte die Klauen, rieb die Hautseite gut ab und salzte sie, bevor er sie zum Trocknen in der Sonne über eine Holzstange hängte.

Zum Frühstück hatte Glim die Bärenleber, gut durchgebacken, auf den Tisch gestellt, die ganz vorzüglich schmeckte. Gott sei Dank sind die Schwarzbären Alaskas nicht von Trichinen befallen, so war es jedenfalls damals. Heutzutage ist man etwas vorsichtiger. Aber gut durchgebraten könnte nichts passieren, so sagte man mir.

Mit dem Glas beobachtete ich, daß die Jäger oben am Berg den Bären von Gustav aus der Decke schlugen. Der stark erkältete Gustav aber kam vorzeitig auf seinem Pferd zurück und sagte: ,,Bruce meinte, ich solle zurückreiten und etwas gegen meine Erkältung tun.'' Er stocherte auf seinem Teller herum. Bevor er sich aufs Feldbett rollte, erzählte er mit heiserer Stimme, was sich oben am Berg getan hatte.

,,Mit Bruce und Sixpack, du weißt ja, sind wir kurz vor acht Uhr losgeritten. Schon gegen neun Uhr sichteten wir den Bären, der bei gutem Wind langsam äsend auf uns zuwechselte. Wir stiegen ab, banden die Pferde an Sträuchern fest und krochen ihm langsam entgegen. Bruce hatte ihn immer im Auge. Ja, und dann robbten wir noch näher ran. Als ich ihn auf etwa fünfzig Meter breit vor mir hatte, ließ ich die Kugel fliegen. Ich glaube, ich war etwas tief abgekommen, denn der Bär flüchtete, verhoffte aber nach etwa dreißig Metern, so daß ich nachschießen konnte. Dann sahen wir ihn nicht mehr. Nachdem wir zunächst eine Zeit abgewartet hatten, gingen wir mit entsicherter Waffe zu der Stelle, wo wir den Bären vermuteten. Er war längst verendet. Ich bin sehr froh, daß alles so schnell ging, denn ich fühle mich hundeelend. Ich nehme jetzt was ein, krieche in den Schlafsack und will tüchtig schwitzen."

Wir standen alle um ihn herum. Jess trank laufend Kaffee. Er war besonders froh über den schnellen Erfolg, nicht nur weil Gustav sein zahlender Gast war, sondern weil er als Jäger an der Freude teilnimmt.

Wir hatten längst unseren Freunden den Sinn des Überreichens eines Bruches klargemacht. Es schien ihnen einzuleuchten, und sie haben uns mit feierlicher Geste einen Bruch mit ,,Woidmannsheul" an den Filz gesteckt. Unsere Freunde hatten auch Sinn für unsere Volkslieder, sie stimmten ein, wenn wir sangen.

Nun kamen auch Bruce und Sixpack mit der Bärendecke und den Hinterkeulen angeritten. Wir verglichen – diese Decke war noch etwas länger als die von meinem Bären. Wir befanden uns in Bombenstimmung, trotz der körperlichen Schäden, Gustav mit Fieber im Schlafsack und Schmerzen am Steiß, meine gebrochenen Rippen und die Wunde am Auge nicht zu vergessen. Wir hielten uns nicht lange auf, schulterten die Gewehre, und schon waren wir mit den Pferden unterwegs. Voller Spannung machten wir uns auf die Suche nach einem Braunbären.

Nach einer guten Stunde erreichten wir einen Höhenrücken. Von dort aus ging die Pirsch zu Fuß weiter. Die Pferde wurden angebunden, während Bruce schon sein Spektiv aufbaute. Wir hatten einen Blick tief in einen Talkessel. Dort hatte Bruce an drei Stellen ,,Kills" (Luderplätze) angelegt. Kolkraben, die über dem Tal kreisten, zeigten durch ihr Verhalten an, daß ein Bär oder Wolf an einem der Luder sein mußte. Die Spannung stieg, als wir vorsichtig ins Tal pirschten. Der Weg führte uns über sumpfiges Gelände. Vor uns ging Bruce nun langsamer, denn er hatte etwas bemerkt. Aber nun sahen wir ihn auch, in knapp sechzig Meter Entfernung, einen riesigen Schwarzbären, weit größer als die unsrigen. Er hatte uns bemerkt und äugte zu uns hin. Der Griff zur Waffe wurde fester, aber unser ,,Blacky"-Abschuß war erfüllt. Meine Filmkamera lief längst, bis der Bär im Schatten des Unterholzes langsam verschwand. Wir haben eine Weile nachdenklich und dankbar verweilt. Bruce meinte dann: ,,Ein Braunbär hat hier keinen Einstand."

Wir ritten weiter und sahen auf dem Rückweg hier und da Elchwild, auch einen Schaufler, der ein Tier trieb. Es war der letzte Abend, als wir uns langsam in der Abendsonne dem Camp näherten, das idyllisch vor uns lag.

Jess hatte schon vor ein paar Tagen vorsorglich den Hilfsdienst der Air Force verständigt, da er Zweifel hatte, ob Gustav wegen seiner Prellungen den langen Weg auf dem Pferderücken durchstehen könnte. Es war abgesprochen, daß Gustav von einem Helikopter mit Sanitätspersonal zu einer bestimmten Zeit abgeholt wird. Ein grell leuchtendes, großes Landeszeichen hielt Jess im Camp bereit. Es sollte zur verabredeten Zeit ausgelegt werden. Aber unser Freund war wieder guter Dinge, weshalb Jess die Hilfsaktion abblies. Während nun Jess sich mit unseren Bärendecken beschäftigte, waren Bruce und Gustav (er war voller Tatendrang) mit ihren Pferden auf Braunbär unterwegs.

Jess glaste zwischendurch die Gegend ab und entdeckte plötzlich in sechshundert Meter Entfernung einen sehr starken Elchhirsch. So schnell wie wir konnten, ich mit der Filmkamera, eilten wir durch das störrische Unterholz zu dem Schaufler. Ich filmte den mächtigen Elch, es war zum Abschluß noch ein überraschendes und großartiges Erlebnis. Jess sagte, noch ganz außer Atem: „Das war der stärkste Bull, den wir während der Jagdtage gesehen haben. Ich schätze sein Geweih auf 79 Inch Auslage!"

Starker Wind kam auf, als wir im Camp anlangten. Aber nun, wir trauten unseren Ohren und Augen nicht, war ein Helikopter über uns und setzte zur Landung an. Es war keine Täuschung, ein riesiger Apparat mit Sanitätern, Pilot und einem Captain. Wir alle, auch die Pferde, hätten darin Platz gefunden. Die Maschinen liefen gedrosselt, als der Captain auf uns zukam. Bei dem üblichen Kaffee hatte Jess den Irrtum schnell aufgeklärt. Der Captain, der Verständnis hatte (er war übrigens schon einmal in Wiesbaden stationiert), verabschiedete sich bald. Das Ungetüm flog zum Heimathafen nach Anchorage zurück. Es war fünfhundert Kilometer umsonst unterwegs gewesen. Kosten entstehen keine.

Aber nun mußten wir endgültig Abschied nehmen. Gustav und Bruce waren erfolglos zurückgekehrt. Am nächsten Morgen sattelten wir so schnell wie möglich die Pferde, auch die Packpferde, denn wir wollten am Abend in der Lodge am Caribou Lake ankommen. Alles, auch unsere Bärendecken wurden gut festgezurrt oder in den Satteltaschen verstaut. Wir nahmen Abschied von der uns lieb gewordenen Umgebung – in der Hoffnung, daß wir wiederkommen; aber auch von unserem Koch Glim, der uns so prächtig vesorgte, der aber noch ein paar Tage blieb, um Ordnung zu machen. Die Jagd war für dieses Jahr vorbei.

Bei dem stundenlangen Ritt durch Täler und über Höhen hielten wir immer wieder Ausschau nach einem Braunbären, wir hofften auf ein Quentchen Glück. Elchwild sahen wir noch, aber die ,,Brownies" blieben im tiefen Tann. Die letzten Stunden überließen wir den Pferden, sie kannten den Weg besser. Immer wieder ist man erstaunt, mit welcher Sicherheit diese Tiere die Hindernisse überwinden oder Sumpfflächen umgehen.

Schatzi hatte den Hauptraum mollig warm eingeheizt und einen vorzüglichen Elchbraten aufgetischt, den sie in der Röhre des alten gußeisernen Ofens, der noch von ihrer Mutter stammt, unter Holzfeuer zubereitet hatte. Es wurde ein gemütlicher Abend. Wir waren ausgelassen und froh, daß wir alles Schöne und Gefahrvolle überstanden hatten, wenn auch meine Rippen mir sehr zu schaffen machten. Wir lachten noch viel, wenn wir von den Verhältnissen in dem kleinen Camp drüben über dem Berg erzählten, wo wir elf Tage verbracht hatten. Uns sechs Männer hat nicht nur edler Küchenduft umgeben, sondern auch manches Geräusch – Jess war ein besonderer Meister darin, besonders in der Nacht –, das öfters vorm Sturm, der draußen tobte, übertönt wurde.

Schatzi, die nicht wußte, ob sie aus Pommern oder Ostpreußen stammte, mixte uns einen Martini nach dem anderen in dem rustikalen Barraum im Untergeschoß. Durch das große Fenster aber hatten wir in der Abendstunde, der Mond war hochgekommen, einen fantastischen Blick über den See. Gustav meinte: ,,Sieh doch mal, dieses herrliche Farbenspiel, wie gemalt, so schön". Olaf, der Labrador, saß ruhig daneben. Aus seinen klugen Augen konnte man lesen, daß er uns für sonderbare Wesen hielt oder für ein bißchen übergeschnappt.

Mit uns feierte auch Karla, eine Freundin von Schatzi, die zu Besuch hier war. Die junge Frau ist auf der Insel Rügen geboren und lebt mit ihrem Mann auf der Insel Kodiak. ,,Mein Mann", sagte sie, ,,ist zur Zeit mit seinem Boot auf dem Meer und fischt Königskrabben." Es sind diese Riesenkrebse, die bis zu einmeter-fünfzig Durchmesser erreichen. Als wir spät in der Nacht in die Betten gingen, war an Schlaf noch lange nicht zu denken. Die Gedanken kreisten noch um die Jagd, die wir drüben über dem Berg mit den paar Männern in der Einsamkeit erlebt hatten. Der

Zauber der Wildnis, das ist es, was einen immer wieder gefangen nimmt. Ich werde wiederkommen.

Noch mehrmals haben wir dort gejagt. Aber was ist von der Idylle übriggeblieben? Nicht viel, denn der erweiterte Straßenbau hat auf dieser wunderschönen Halbinsel dem Tourismus die Tür geöffnet, wozu noch das Snowmobil seinen Teil beiträgt. Im Winter kurven die Menschen damit bis in die Einstände des Wildes. Der Wildschutz kämpft verzweifelt um die Erhaltung dieses Naturparadieses.

110 Tage um die halbe Welt

Die Idee, mit einem kleinen VW-Wohnbus nach Alaska zu fahren, wurde geboren, als Freunde, die nach Alaska zurückflogen, uns dazu ermunterten. Die Idee faszinierte mich sofort. In monatelanger Vorbereitung schuf ich die Voraussetzung dazu. Damals war ein solches Unternehmen noch etwas völlig Neues, als wir endlich mit einem kleinen Frachter – unser Wohnmobil im Schiffsbauch – über den großen Teich zu einem herrlichen Abenteuer starteten.

Wie es dazu kam

Ich hatte das Glück, 1964 in Alaska mit recht gutem Erfolg zu jagen. Diese großartigen Erlebnisse haben mich gefangen genommen. Mein ganzer Wunsch war deshalb, wieder dorthin zu kommen, denn: Land, Menschen und Tiere hatten von mir Besitz ergriffen. All meine Gedanken waren erfüllt von diesem herrlichen Land.

Viele Briefe und ein lebhafter Gedankenaustausch gingen hin und her, bis eine Idee sich herauskristallisierte: Einmal reisen, jagen und Neues entdecken, ohne an die Zeit gebunden zu sein. Möglichst ohne Flugzeug, mit Schiff, Auto, zu Fuß und zu Pferd und ohne große Kosten, so, als sei man zu Hause. Mit anderen Worten, drei Monate jagen, reiten, entdecken, was möglichst nicht mehr kosten sollte als ein üblicher Ferienaufenthalt. Ja, um das zu erreichen, bedarf es mancher Überlegung und Kalkulation. Es ist erstaunlich, was man bei reiflicher Überlegung und Abwägung doch einsparen kann.

Man sollte aber auch in der Welt Freunde haben, die einem beim Start in ein solches Unternehmen behilflich sind. Die hatten wir, und nicht nur das. Sie gaben uns sogar den Anlaß dazu. ,,Also, so machen wir es", sagte Heddy Th., als wir sie nach Frankfurt zum Heimflug nach Alaska brachten. ,,Ihr bringt uns ein deutsches Campmobil nach Alaska. In ein paar Wochen seid Ihr bei uns." Als sei es eine Spazierfahrt nach München, so schilderte Heddy in lässiger Weise diese Fahrt durch Kanada, die Rocky Mountains und über den Alaska Highway. Begeistert hörten wir den Erzählungen zu. Wir waren ganz gefangen.

Die Uhr ging weiter, und immer noch schilderte Heddy – eine gebürtige Nürnbergerin, seit vielen Jahren mit Alaska verwachsen – neue Aussichten: ,,Wir werden an dem und dem See zum Fischen gehen. Ja, du hast auch noch kein Schaf geschossen! Das bekommst du auch. Wir haben gute Freunde, die dir sicher dazu verhelfen werden." So ging das weiter: ,,Ihr seid dann ungebunden und könnt hinfahren, wohin Ihr wollt. Das kostet kaum mehr als bei euch. Mancher Tag wird sogar preiswerter sein, denn Ihr lebt im Busch und habt kaum Gelegenheit, Geld auszugeben. Bei uns ist man schon lange auf Reisen dieser Art eingestellt. Überall findet Ihr geeignete Plätze mit Holz zum Feuern."

Schon am nächsten Morgen holte ich mir Informationen im Kanadischen Verkehrsamt in Frankfurt. Man begrüßte unsere Absichten und drückte mir ein Bündel Prospekte in die Hand. Darin würden wir so ziemlich alles Wissenswerte finden. Einer im Büro, der von unserem Vorhaben hörte, meinte scherzhaft: ,,Das ist eine großartige Sache, die Sie da vorhaben, und bis jetzt sicherlich einmalig, denn ich glaube, kein europäischer Jäger ist bis jetzt mit einem Campingbus durch Kanada nach Alaska bis an die Beringsee gefahren. Und wenn zufällig kein Nebel ist, können Sie drüben Sibirien sehen."

Als ich mir später die Karte ansah, mußte ich zugeben, daß es so weit wirklich nicht ist. Ich erfuhr auch, daß man von den zu Alaska gehörenden Inseln tatsächlich bei günstiger Witterung nach Sibirien schauen kann. Aber was soll das! Deswegen wollten wir ja die Reise nicht machen. Nun ging es los. Ich war wie besessen von unserer Idee, und immer wieder studierte ich die Prospekte. Ganz so einfach war die Sache nämlich nicht, wie ich es mir in meiner Begeisterung zunächst vorgestellt hatte. Ich schrieb zuerst mal die Automobilclubs in USA und in Kanada an. Von überall kamen Prospekte, und die American Automobile Association schrieb aus Washington: ,,Wir freuen uns, daß Sie diese Reise machen wollen. Wir werden Ihnen einen Reiseweg nach Alaska vorbereiten und sehr bald zusenden." Die Aktentasche schwoll an, die Prospekte mehrten sich.

Zwischendurch war ich bei der Werksvertretung, bei der wir unseren Wohnbus kaufen wollten. Er sollte dort auch gleich für die Reise komplett und für amerikanische Verhältnisse eingerichtet werden. Man legte mir nahe, unbedingt zusätzlich eine Gasheizung einzubauen, da es im Norden doch bitter kalt sein könnte. Der Verkäufer hatte wohl meinen Ausführungen nicht richtig gelauscht oder vergessen, daß wir unsere Reise im Hochsommer machen wollten. Schließlich liegt Montreal auf demselben Breitengrad wie Nizza, und der Süden von Alaska immer noch auf derselben Höhe wie Stockholm.

Als ich mich zu Hause noch stundenlang mit dem Studium der Prospekte beschäftigt hatte und mich in die Unterlagen, die uns zur Beschaffung des Wohnbusses mitgegeben waren, immer mehr vertiefte, schlief ich sehr schlecht ein. Im Traum gab ich dem Verkäufer des Wagens nach, der gemeint hatte, daß wir uns noch eine zusätzliche Heizung einbauen lassen sollten. Ich kam zu dem Schluß, daß er doch nicht so ganz unrecht hatte, denn in den Rocky Mountains und oben am Yukon werden uns, zumindest nachts, ganz andere Temperaturen als in Montreal erwarten.

In Gedanken fuhr ich diesen langen Weg durch Kanada, das ja nach der Sowjetunion das zweitgrößte Land unserer Erde ist. Im Traum kamen die Gletscher und Berggipfel immer mehr auf mich zu. Weit nach Mitternacht endete das ganze in einem Alptraum, der uns mit unserem Auto einen nicht endenwollenden Hang hinunterfallen ließ. Dieser Alptraum endete mit einem Aufschrei, und ich war froh, wieder in der Wirklichkeit zu sein. Ich stand auf, trank ein gutes Glas bayerisches Bier, in der Hoffnung, nun besser schlafen zu können.

Mit der Zeit verblaßte die Erinnerung an diesen Traum. Ich studierte nun wieder eifrig die Prospekte, natürlich zuerst die über Jagen und Fischen. Ja, was liest man nicht alles über das noch fast unberührte Naturparadies des nordamerikanischen Nordwestens. Unermeßlich sind seine Wälder, Seen und Flüsse, eingebettet zwischen Bergen, Prärien und Buschland, das sich bis hinauf zum Yukon und Mackenzie und der Eismeerküste erstreckt. Hier ist die Heimat der Elche, Wapitis, Caribous, Schwarzbären, der Grizzlys, der Polarbären, der Weißwedel- und Maultierhirsche, der Bergschafe, Schneeziegen, der Wölfe und Vielfraße und schließlich der abertausenden Wildhühner und Wasservögel. Unerschöpflich ist der Reichtum an vielen Fischarten in den Seen und Flüssen dieses gewaltigen Erdteiles.

Als ich ein paar Jahre zuvor mit meinem Freund Dr. B. in Alaska zur Jagd gehen durfte, hatten wir das große Glück, jeder einen kapitalen Schaufler zur Strecke zu bringen. Es war die Zeit des Indianersommers. Da kann es passieren, daß es nach dem 15. September in der Nacht schon empfindlich kalt wird.

Es würde zu weit führen, an dieser Stelle die Geschichte Kanadas eingehend zu erwähnen, denn darüber gibt es ausreichend Bücher. Man reist mit anderen Augen in die Wildnis und Einsamkeit dieser herrlichen Länder, wenn man vor Antritt der Reise ein solches Buch studiert hat.

Alaska, der 49. Staat der USA, ist siebenmal so groß wie die Bundesrepublik Deutschland, und Kanada ist noch fast achtmal größer. In diesem riesigen Raum leben nur etwa 20 Millionen Menschen, hauptsächlich auf wenige Großstädte und den landwirtschaftlich nutzbaren Süden Kanadas konzentriert. Gut fünf Millionen Quadratkilometer im Norden sind praktisch unbewohnbar. Schon diese wenigen Zahlen geben einen Eindruck von der Weite und Einsamkeit dieses Landes.

Nur wenige tausend Eskimos besiedeln den hohen Norden. Sie haben ihre eigenen Gesetze und Auffassungen, mit dem Leben fertig zu werden. Caribous, Robben und der Fischfang sind ihre Ernährungsgrundlage. Ihre Sitten und Gebräuche sind an harten Lebensbedingungen angepaßt. Die Besiedlung Kanadas durch europäische Einwanderer beschränkte sich zunächst auf einen Streifen, der sich von Ost nach West längs der amerikanischen Grenze entlangzieht. In diesem verhältnismäßig schmalen Streifen finden wir heute die größte Weizenkammer der Welt. Aus den Prärien haben die Farmer Weizenfelder gemacht. Aber auch die unendlichen Gebiete des Nordens sind wahre Schatzkammern an Bodenschätzen. Mineral-, Öl- und Uranfunde deuten darauf hin, daß in vielen Teilen der kanadischen Wildnis noch große Entwicklungsmöglichkeiten ruhen. Das zunehmende Vordringen der industriellen Zivilisation wird, so ist zu befürchten, die ,,letzte Wildnis" mit ihrer einmaligen Tierwelt, aber auch die wenigen Menschen – Indianer und Eskimos –, die dort noch nach altem Herkommen als ursprüngliche Jäger leben, immer noch in Bedrängnis bringen.

Wie die Entwicklung verlaufen wird, hängt nicht zuletzt von den mächtigen Nachbarn, den Vereinigten Staaten, ab.

Kanada ist führend in der Erzeugung von Nickel, Zink und Asbest und steht in der Weltproduktion für Uran an zweiter Stelle. Blei, Kupfer, Eisenerz und Kali sind bedeutende Ausfuhrprodukte. Weizen produziert Kanada für die ganze Welt dazu. Während Vancouver an der Westküste in der Provinz British

Columbia, als schönste Stadt Kanadas gilt, ist Montreal heute die bedeutendste Handelsstadt. Von hier aus geht die Verschiffung über die ganze Welt. Es ist zugleich, nächst Paris, die größte französische Stadt, von französischen Siedlern gegründet und bis heute von ihrem Geist geprägt.

Das wesentlich kleinere Ottawa ist die Hauptstadt und Sitz der Regierung Kanadas. Eine englische Stadt, die jene Mischung von Selbstvertrauen, Stärke, Bescheidenheit und Zurückhaltung verrät, die das Wesen Britanniens kennzeichnet. Die damals noch junge Königin Viktoria hatte Ottawa zur Hauptstadt bestimmt. Nicht weit davon liegt Toronto, die Hauptstadt der Provinz Ontario, an dem See gleichen Namens und an dem Trans Canadian Highway, dem unsere besondere Aufmerksamkeit gilt. Dieser unvergleichlichen Straße werden wir uns mit unserem Wägelchen anvertrauen, wenn es in Montreal vom Bord des Frachters, auf dem auch wir mitreisen werden, gehievt wird.

Der Trans Canadian Highway wird die Grundlinie unserer Fahrt sein. Von dort können wir in Kreistouren oder Abstechern alles, was uns interessiert, erreichen, um dann endlich den Anschluß nach Alaska auf dem Alaska Highway fortzusetzen. Wer sich mit dem Automobil auf die Straßen Kanadas begibt, sollte daran denken, daß die berühmteste Polizei der Welt, die R.C.M.P. (Royal Canadian Mounted Police) – mit Ausnahme von Ontario und Quebec – auch den Verkehrspolizeidienst übernommen hat. Man liest darüber, daß einer dieser Männer, selbst wenn man sich in der Wildnis allein glaubt, plötzlich auftaucht. Man darf diese Truppe mit allen Verkehrsmitteln, sogar mit Hundeschlitten, auch zu Fuß oder mit dem Fahrrad erwarten, um nach den Papieren zu fragen.

Es lohnt sich schon, besonders für den Jäger, die Betrachtung über diese „Mounties" etwas fortzusetzen, denn sie sind ein Vorbild für Korrektheit und Mut von unnachgiebiger Strenge, aber auch hilfsbereit gegenüber jedem. Seit ihrer Gründung tragen sie die gleiche Uniform. Der breitkrempige Hut ist mit einem breiten Band versehen, und die rote Bluse hat breite aufgesetzte Taschen. Über den schwarzen Reithosen trägt der „Mounty" einen Ledergürtel mit Schulterriemen, Pistolenhalfter und Ledertasche.

Ihre größte Kraftprobe bestanden diese Männer, als Kanada noch „Wilder Westen" war. Da galt es, die Ureinwohner zu schützen, den Neusiedlern zu ihrem Recht zu verhelfen und den

Jägern, Trappern, Goldsuchern und Farmern ihr Hab und Gut zu sichern. Unter dem Schutz der ,,Mounties'' war es möglich, daß sich die weißen Siedler im Westen der Prärie zwischen den Indianern niederließen.

Eine kunterbunte Zeit begann. Die Siedler, Geschäftemacher und in ihrem Gefolge auch die Gauner brachten nicht nur den Whisky, sondern auch Krankheiten mit ins Land. Die Indianer waren den Folgen nicht gewachsen, und der Alkohol machte die Roten unberechenbar. Schlimme Zeiten hatten für alle begonnen. Schließlich griff die Regierung in Ottawa ein und rief durch ein Gesetz die ,,North West Mounted Police'' ins Leben. Ihre erste Aufgabe war, den Alkoholhandel mit den Rothäuten zu unterbinden. Eine enorme Aufgabe für die zunächst nur 150 Mann starke Truppe, die in drei ,,Troops'' eingeteilt war und auf ihrem Ritt Ende 1873 das Fort ,,Lower Fort Garry'' in der Nähe von Winnipeg erreichte. Die Truppe wurde recht bald auf 300 Berittene erweitert. Aus einem großen Angebot von Freiwilligen wurden nur die Besten ausgewählt. Mit Vorräten, Vieh und ihren Ochsenkarren zogen die ,,Mounties'' unter größten Schwierigkeiten in einzelnen Gruppen durch das riesige Land und sorgten für Ordnung. Ihr guter Ruf war ihnen sehr oft vorausgeeilt, und das lichtscheue Gesindel verduftete schon vor ihrem Erscheinen. Als die Truppe schließlich im Herbst in der Steppe am Swan River ankam, hatte sie über 3 000 Kilometer im Sattel gesessen und in diesem wegelosen Land keinen einzigen Mann verloren. Das Gesindel hatte sich in alle Winde zerstreut, und die Indianer kehrten mangels Alkohol in ihre Jagdgründe zurück. Die mustergültige Haltung der ,,Mounties'' hatte auch den Rothäuten Respekt eingeflößt, und ihre Häuptlinge erkannten bald in ihnen gute Verbündete, um Ruhe und Ordnung in den eigenen Reihen herzustellen.

Während der sogenannte A-Troop bei dem Fort Edmonton Winterquartier bezog, hatten sich 150 Mann im Gebiet der Schwarzfußindianer niedergelassen; 1000 Kilometer von ihrer Basis entfernt. Zwischen kriegerischen Eingeborenen waren sie völlig auf sich gestellt. Die Freundschaft war hergestellt, als der Häuptling der ,,Blackfeet'', der berühmte Crowfoot, im Auftrag vieler Indianerstämme ins Lager der ,,Mounties'' ritt und Frieden schloß. Die ,,Mounties'' waren von nun an von Indianern und Weißen als Repräsentanten des Staates anerkannt. Edmonton ist heute eine der größten Städte Kanadas mit einer halben Million

Einwohner. Danach entstand das Fort Saskatchewan und schließlich Calgary, heute die zweitgrößte Stadt der Provinz Alberta.

Hier am Fuße der Rocky Mountains in grüner Ebene, in der früher riesige Büffelherden ihre Fährte zogen und wo heute Rinderherden weiden, findet jährlich die berühmte ,,Stampede" statt. Zehntausende versammeln sich dort zu einem achttägigen, einmaligen Fest, wobei die Viehhirten in friedlichen Wettbewerben ihre Künste zeigen. Auch wir hatten vorsorglich vor unserer Abreise aus Deutschland für den Schlußtag dieser Veranstaltung Einlaßkarten gebucht und freuten uns schon sehr auf dieses Erlebnis.

Die Sioux, einer der kämpferischsten Indianerstämme, hatten wieder einmal Lust, ihre Kräfte mit den Blackfeet und deren befreundeten Stämmen zu messen. Allein das Vertrauen, der Respekt und die kluge Verhandlungstaktik der ,,Mounties" verhinderten einen neuen Krieg. Als aber dann im heutigen South-Dakota Gold gefunden wurde und im allgemeinen Goldrausch sich die Sioux und die US-Kavallerie ins Gehege kamen, holten sich die Amerikaner eine blutige Niederlage. Die Sioux aber verstanden es nicht, daraus ihre Vorteile zu ziehen, und wurden später in einem neuen Kampf geschlagen. Sie flohen dann mit Weib und Kind über die Grenze nach Kanada und schlugen südlich von Fort Walsh ihre Zelte auf. Die Mounted Police hatte alle Hände voll zu tun, um den Frieden zwischen den einheimischen Stämmen und den Sioux zu erhalten. Schließlich gelang es, im Frühling des Jahres 1877 die Stämme zu Verhandlungen zu zwingen. Eingeleitet wurde diese Zusammenkunft in zeremonieller Würde östlich von Calgary, dem heutigen Städtchen Crowfoot – so genannt in Erinnerung an den großen Häuptling.

Die ,,Mounties" hatten auch Präriefeuer zu bekämpfen. Nach winterlichen Stürmen mußten sie helfend eingreifen. Sie waren bei Unfällen, Krankheiten, Morden und im Kampf gegen Räuber, Zechpreller, Falschspieler und gegen alles andere Gesindel immer zur Stelle. Bei dem Bau der transkanadischen Bahn wurden sie ebenso zum Schutz der Arbeiter eingesetzt. Regina, so heißt die Hauptstadt der Provinz Saskatchewan, war früher ein Polizeiposten der ,,Mounties".

Als dann der Goldrausch hoch im Nordwesten am Yukon und Klondyke und in der Wildnis am Bonanza Creek einsetzte, waren es kaum hundert ,,Mounties", die sich mit den wilden Gesellen auseinanderzusetzen hatten. Tausende verwegene Burschen reisten in den hohen Norden, um nach Gold zu schürfen. Sie kamen vom Pazifik über das südliche Alaska und hatten eine riesige Strecke über schroffe, mächtige Gebirge, über Flüsse und Tundren in unendlichen Märschen zu bewältigen. Fürchterliche Opfer forderte der grausame Weg über den White Pass Chilkoot. Viele starben auf dem Weg oder kehrten um. Diejenigen aber, die Whitehorse, den Yukon oder Klondyke erreichten, wurden verfolgt von Verbrechern. Was sich damals abgespielt hat, ist in vielen Büchern beschrieben und in zahlreichen Filmen nachgeahmt worden. In dieser Zeit haben sich die ,,Mounties" ihre größten Lorbeern verdient. Bis ans arktische Meer haben sie ihre Posten gegründet, die Sommer wie Winter besetzt sind. Sie haben sich auch hier mit den Gewalten der Natur auseinanderzusetzen; mit entsetzlicher Kälte und im Sommer in der nordischen Tundra mit riesigen Moskitoschwärmen. Aber auch die lange Einsamkeit dürfte für manchen dieser Männer eine schwere seelische Belastung gewesen sein. Heute lassen sich die Unbilden der Natur eher ertragen. Radio und Flugzeug sind heute die Brücke zur Zivilisation und gestalten das Leben in der Wildnis leichter. Geblieben aber sind die ,,Mounties" das, was sie waren: die Garanten für Recht und Ordnung an der ,,letzten Grenze" des Nordens.

Nach dieser Abschweifung nun wieder zurück zu unserer geplanten Reise. Wir wollten doch auf dem langen Weg nach Alaska nicht nur Land und Leute kennenlernen, sondern neue Möglichkeiten der Jagd in diesen Ländern ergründen. Auf verläßliche Unterlagen gestützt, hatte ich mich darüber orientiert, was und wo man im Nordwesten des amerikanischen Erdteiles jagen kann. Ich wollte feststellen, was man mit minimalen Kosten an maximaler erfolgreicher Jagd erleben kann. Man weiß ja, daß viele in den Jagdzeitschriften angebotenen Jagdgelegenheiten oft eine Enttäuschung bedeuteten.

In dieser Erkenntnis starteten wir 1969 mit unserem Wägelchen die große Fahrt ins Abenteuer.

An Bord der ,,Cape Delgado"

Es war der 5. Juni 1969. An Bord der ,,Cape Delgado" beobachteten wir in der untergehenden Abendsonne, wie die Schauerleute unter Leitung der Lade- und Staumeister im Wettlauf mit der Zeit die mannigfaltigsten Frachten, wie Bier, Maschinenteile, Fleisch usw. aufs Schiff brachten und in den Laderäumen verstauten. Unser Schiff ist ein im Jahre 1959 in Hamburg gebauter Stückgutfrachter von 6000 BRT. Es hat nur eine einzige Passagierkabine, die wir gebucht hatten. Wir bekamen Respekt vor der vielfältigen und verantwortungsvollen Arbeit, die in rhythmischem Tempo unter Leitung des Zweiten Offiziers ausgeführt wurde, um das Schiff rechtzeitig aus dem Hafen zu steuern – es sollte nämlich gegen 23 Uhr auslaufen.

Über das Bordtelefon hatten wir Hamburger Freunde zu uns gebeten und verbrachten mit ihnen die letzten Stunden in gemütlicher Runde in dem kleinen Speisesaal. Der erste Tag unseres Trips zum hohen Norden war zu Ende gegangen. Wir wußten unseren Camper im Schiffsbauch gut verstaut, hatten gutes Wetter und waren hervorragend untergebracht – ein guter Start für eine lange Reise. Der nächste Morgen weckte uns mit strahlendem Sonnenschein. Gemächlich zog das Schiff seine Bahn, vorbei an den Friesischen Inseln, der holländischen und belgischen Küste, durch den Kanal und erreichte am folgenden Morgen auf dem Weg nach Le Havre, dem einzigen Hafen, den das Schiff auf der Fahrt nach Montreal anlief, die Kreidefelsen der englischen Küste.

,,Gegen 14 Uhr werden wir in Le Havre einlaufen", meinte der Erste Offizier, dem wir den ganzen Morgen auf der Kommandobrücke Gesellschaft leisteten. Dabei haben wir uns mit den navigatorischen Geräten vertraut gemacht und Schiffe beobachtet, die an uns vorbeizogen. An das Bordleben hatten wir uns rasch gewöhnt und gaben uns ganz der Ferienstimmung hin, die durch die Ruhe und die freundliche Gelassenheit der Besatzung aufkam. Die Verpflegung war sehr gut. Natürlich hat man als einziger Passagier auf solch einem Frachter einen sehr guten Kontakt zur Besatzung. Wir durften alle Räume betreten und uns alles erklären lassen. Für uns Laien war alles interessant, zumal die technischen Einrichtungen allen modernen Anforderungen entsprachen. Es gab sogar eine Bordzeitung, denn das ,,Hamburger Abendblatt" übermittelt täglich die wichtigsten Nachrichten über Funk an deutsche Schiffe auf allen Weltmeeren. Der Maschinenraum befand sich im hinteren Teil des Schiffes und erstreckte sich über drei Etagen. Die Erklärungen des Ersten Ingenieurs, für den diese Reise die letzte vor seiner Pensionierung war, konnten wir bei dem höllischen Lärm der Maschinen nur zum Teil verstehen. Hier befanden sich auch die komplizierten elektrischen Anlagen, die Entlüftungs- und die Kühlanlage für die Kühlräume, in denen die verderblichen Waren befördert werden. Zum Maschinenraum gehörte auch eine eigene Schlosserei, damit notfalls größere Reparaturen gleich ausgeführt werden können. Zur Bedienung der gesamten Maschinenanlage standen dem Chefingenieur ein Zweiter und ein Dritter Ingenieur und etwa zehn Monteure zur Verfügung.

Wir hatten auch Container an Bord. Die riesigen Transportbehälter für die Frachtgutbeförderung waren damals noch etwas Neues. Sie eignen sich nicht zum Verladen in die üblichen Laderäume, deshalb hat man heute spezielle Containerschiffe. Weil es damals noch zu wenig Containerschiffe gab, übernahmen auch die üblichen Frachtschiffe den Transport dieser Behälter.

Ich war oft auf der Brücke beim Kapitän. Besonders bei diesiger Sicht oder Nebel war er ständig selbst auf der Kommandobrücke und verfolgte aufmerksam mit dem Radargerät die Positionen anderer Schiffe. Aus Sicherheitsgründen ertönte dann ab und zu die Schiffssirene, und die Fahrgeschwindigkeit wurde vermindert.

Wir gewöhnten uns an die Faulenzerei an Bord. Das Schiff war bei seinen Ausmaßen ständig in schaukelnder Bewegung, obwohl die See ruhig war. Doch das behelligte uns nicht, im Gegenteil, es weckte die Erinnerung daran, wie man als Kind in den Schlaf gewiegt wurde. So ließen wir diese Bewegung auf uns wirken.

Inzwischen waren wieder einige Tage vergangen. Wir hatten längst Neufundland hinter uns und waren in den Golf von St. Lorenz eingelaufen. Nach fünf Tagen Nebel hatten wir endlich wieder schönes Wetter. Es war kühl und klar, wir sahen Wale sich um unser Schiff herumtummeln. Einer kam ganz dicht heran – schade, wir hatten unsere Fotoapparate nicht zur Hand. Die Luftfontänen, die sie von Zeit zu Zeit wie Geysire ausstoßen, hätten sicher eindrucksvolle Bilder ergeben. Jetzt begleiteten uns auch Möwen, ein Zeichen, daß wir nicht mehr weit vom Land entfernt waren. Im Kartenhaus überzeugte ich mich, daß Festland an Steuerbord etwa 80 Kilometer entfernt liegt.

Der Morgen des 18. Juni weckte uns mit strahlendem Sonnenschein und brachte den langersehnten Anblick: die Küste Kanadas. Schiffe aus allen Ländern begegneten uns. Es war ein herrliches und befreiendes Gefühl, nach so vielen Tagen auf See wieder Land zu sehen. Wir erkannten mit Ferngläsern die zerrissene felsige Küste, die weiterhin in bewaldete Hügel mit kleinen Ansiedlungen übergeht. Kapitän und Offiziere auf der Brücke hatten jetzt bei dem lebhaften Schiffsverkehr alle Hände voll zu tun. Für 13.30 Uhr war ein Standort festgelegt, an dem wir den ersten Lotsen an Bord nehmen sollten.

Das „Rendezvous" hatte gut geklappt. Der Lotse kam an Bord und nahm von nun an dem Kapitän einen Teil seiner Verantwortung ab.

Mit dem Wohnmobil durch Kanada

Ich sitze auf einem Felsen am Flußufer und genieße die Stille und Ruhe des schönen warmen Sommerabends. 1300 Meilen haben wir in den letzten fünf Tagen zurückgelegt und sind am 24. Juni gegen Abend am Rashing-River, 120 Meilen vor Winnipeg, angekommen.

Ich muß nun zurückgreifen in meinem Tagebuch und nachholen, was in den letzten fünf Tagen geschah: Gleich nach Ankunft in Montreal hievte ein Kran unseren Wagen vom Zwischendeck. Wie üblich kam der Zoll an Bord und auch unser Freund, der uns abholte und die Post aus der Heimat brachte. Mit ihm machten wir am Nachmittag eine Stadtrundfahrt. Montreal, diese schöne und moderne Stadt, die größte Kanadas, hat ihre eigenen Reize, der französische Einfluß ist nicht zu übersehen. Besonders auffällig ist das bunte Völkergemisch und sehr beeindruckend das Gelände der Weltausstellung. Doch wir sind ja der herrlichen Natur wegen nach Kanada gekommen, so wurde es für uns Zeit, die Reise mit unserem Wagen fortzusetzen. Wir machten ein paar kleine Einkäufe und ließen uns schon am frühen Abend wieder auf das Schiff zurückbringen, um dort die letzte Nacht zu verbringen. Bei einem vorzüglichen Abendessen nahmen wir Abschied von unserem Schiff, seinem Kapitän und seiner Besatzung und verließen am nächsten Morgen mit Wehmut die „Cape Delgado". Der Bootsmann half, unseren Wagen klarzumachen für die lange Fahrt, und der Koch versorgte uns noch mit Marschverpflegung für mehr als eine ganze Woche. Im Namen der Besatzung überreichte uns der Bootsmann einen riesigen Anker, den er aus einem Schiffstau angefertigt hatte, als Abschiedsgeschenk.

Jetzt sind wir allein auf der „Trans Canada Highway", der Straße 17 in Richtung West, dieser gigantischen Autobahn, die vom Atlantik zum Stillen Ozean führt und mit Recht den Namen „Traumstraße der Welt" trägt. Obwohl wir vom kanadischen Automobil-Club gut mit Material versorgt sind, kommen wir fast ohne diese Hilfe aus, denn die Bezeichnungen der Straßen und Ziele sind ganz ausgezeichnet. Einmal zwingt mich ein starker Seitenwind, das Fahrtempo zu verringern, und schon kommt ein „Mounty", einer dieser aufmerksamen Polizisten, an uns heran und weist bestimmt, aber höflich darauf hin, daß wir bei einem Tempo unter 40 Meilen jenseits des weißen Seitenstreifens zu fahren hätten, um anderen Fahrzeugen Platz zum Überholen zu machen.

In Ontario, wohin wir zunächst kommen, kaufen wir mit einigen Schwierigkeiten eine Propangasflasche und einen neuen Wasserkanister, da wir unseren in der ersten Aufregung beim Tanken stehen gelassen haben.

Am ersten Tag fahren wir 260 Meilen. Schon bald haben wir den hektischen Autoverkehr hinter uns gelassen und sind erfüllt von allem Schönen, das uns am Wege geboten wird. Die erste Nacht verbringen wir auf einem malerisch am Ottawa-Fluß gelegenen Campingplatz, der komfortabel eingerichtet ist. An diesem Abend kommt uns zum Bewußtsein, daß die vielmonatigen Vorbereitungen endlich ihre Erfüllung gefunden haben.

Am nächsten Morgen, 21. Juni, geht's gleich nach dem Frühstück bei sehr kühler Temperatur (nur + 8 Grad C) weiter in einer herrlichen Fahrt an vielen Seen vorbei. Um 11 Uhr kommen wir nach North Bay und machen dort einen Einkaufsbummel. Gegen 13 Uhr erreichen wir die Stadt Sudbury, die deshalb so berühmt ist, weil dort in der Gegend die größten Platin-, Kupfer- und Nickelvorkommen der Welt liegen. Ich mache ein paar Aufnahmen von den gewaltigen Industrieanlagen. Über Nacht wollen wir in Alcoma bleiben, hören aber, daß der Campingplatz auf einer Insel liegt und schwer zu erreichen ist. So fahren wir zu dem uns von dem Polizeiposten – die entlang der Autobahn alle 40 Meilen stationiert sind – empfohlenen Platz Timberwolf am Blind River. Dieser Campingplatz ist einer jener sehr schön angelegten Parks, die von der Provinz Ontario in Abständen von etwa 50 Meilen entlang der Autobahn eingerichtet wurden. Sie liegen inmitten von Naturschutzgebieten, ab und zu von kleineren und größeren Seen unterbrochen – ein Eldorado für den Naturfreund und

Angler. Gegen eine geringe Gebühr kann man sich nach Belieben einen der freien Plätze aussuchen und alle dort vorhandenen Einrichtungen, die der Bequemlichkeit dienen, benutzen. Am 22. Juni finden wir im Ort Blind River einen Laden, in dem wir endlich den passenden Stecker für unsere elektrische Anlage bekommen. Nach einer weiteren wunderschönen Fahrt, wieder an unzähligen Seen vorbei, erreichen wir Sault-St. Marie, eine sehr saubere Stadt, und kommen dann über White River zur Stadt Marathon, wo wir für die nächste Nacht in herrlicher Landschaft am Lake Superior im Ney's Provincial Park bleiben. Selbstverständlich ist auch dieser Platz mit einem im Freien stehenden Kochherd, Tischen und Bänken ausgestattet. An diesem Abend gibt's Koteletts mit grünen Bohnen und Appelwoi aus unserer Heimat.

Streckenweise führt die Trans Canada Highway immer wieder am Lake Superior entlang, an dessen gegenüberliegender Seite riesige Städte der USA liegen. Durch diesen See befördern die Schiffe über Schleusen und den St. Lorenz-Strom die Güter in alle Welt.

Nun sind wir unterwegs nach Winnipeg. Von der wunderschönen Gebirgslandschaft kommen wir in die Prärie, die sich über etwa 1000 Meilen im Quadrat erstreckt. Bei Regenwetter fahren wir in die flache Ebene hinein. Es fängt auch an zu stürmen, doch trotz dieses unfreundlichen Wetters und der Voreingenommenheit, das flache Land sei leblos und eintönig, gefällt es uns. Wir sind nun im Land unserer Jugendträume angekommen! Ich muß an die Bücher von Karl May denken, in denen ich mit heißem Kopf von den Auseinandersetzungen zwischen Indianern und den weißen Eroberern gelesen hatte. Hier, in diesem Land, hatten noch vor 60 oder 70 Jahren riesige Büffelherden ihre Weidegründe, wurden aber dann nach und nach sinnlos abgeschlachtet. Nur noch Restbestände leben geschützt in den Nationalparks. Doch dieses Land hat sich sehr verändert, die Farmer haben hier inzwischen die größte Weizenkammer der Welt geschaffen. Die Prärie, die teilweise an die norddeutsche Tiefebene oder an die Steppen in Ostafrika erinnert, wird hier und da von einem See oder Wassertümpel belebt. Man kann sich gut die Büffelherden vorstellen, die hier äsend ans Wasser zogen. Von der Größe und Weite dieses Landes ist man einfach überwältigt.

In dieser absolut flachen Ebene sieht man die Umrisse von Winnipeg schon von weitem. Wenn man bedenkt, daß die meisten der über 500 000 Einwohner dieser Stadt fast ausschließlich in bezaubernden einstöckigen Einfamilienhäusern im Bungalowstil wohnen – erst in den letzten fünf bis sechs Jahren sind mehrere Appartementhochhäuser gebaut worden –, so kann man sich denken, welche Flächenausmaße diese Stadt hat.

Industrieanlagen modernster Art, Fabrikgebäude, Geschäfts- und Bürohochhäuser lassen auf den ersten Blick ein Wirtschafts- zentrum erkennen. Die Winnipeger Weizenbörse war schon immer richtunggebend auf dem Weltmarkt. Mit über 125 Fabri- ken der Bekleidungsindustrie ist diese Stadt außerdem ein sehr bedeutender Platz dieses Industriezweiges. Fast alle weiblichen Einwanderer finden ihre erste Arbeitsstelle in den großen Nähe- reien dieser Konfektionsbetriebe, wurde uns erzählt. Aber auch der Bau von elektronischen Anlagen und Raumforschungsrake- ten hat sich in den letzten Jahren gut entwickelt.

Wir erinnern uns auch, daß Winnipeg Kanadas Kulturzentrum ist. Dies dokumentiert sich ganz augenfällig in dem neuen Theatergebäude, wunderbar in der modernen, geschmackvollen Architektur und Ausstattung, sehr ähnlich unserer Hamburger Oper.

Mit etwas Mühe finden wir die Fabrikniederlage einer deut- schen Firma und übermitteln dem Manager, auch einem Deut- schen, Grüße aus der Heimat. Dann begeben wir uns zu einem Ehepaar. Mit der Mutter der jungen Frau, die in Wiesbaden lebt, sind wir befreundet, sie hat uns schon angemeldet, und so werden wir sehr herzlich empfangen und zum weiteren Verbleib eingela- den. Das Paar bewohnt ein schönes, komfortabel und geschmack- voll eingerichtetes Haus mit allen modernen Einrichtungen – natürlich ihr Eigentum. Die jungen Leute leben nun schon seit 15 Jahren in Winnipeg, der Mann ist Sudetendeutscher, der aus der Kriegsgefangenschaft nach Wiesbaden kam. Jetzt arbeitet er als Elektriker in einer Kabelfirma und verdient mehr als das Dop- pelte seiner Kollegen in Deutschland. In Gesprächen können wir uns gut über die sozialen Verhältnisse und die wirtschaftlichen Möglichkeiten, vor allem über das Leben der arbeitenden Men- schen in Kanada informieren. Die meisten Deutschen, die hier schon lange leben, sind immer noch mit der alten Heimat ver- bunden und hören sehr interessiert den Berichten aus Deutsch- land zu. Trotzdem haben wir bisher noch keinen gesprochen, der wieder zurückkehren möchte – freilich, zu Besuch würden sie alle gern kommen, sehr viele tun es auch. Wenn man das Land mit all seinen Vorzügen kennengelernt hat, bekommt man Verständnis dafür. Hier herrschen eben außerordentlich saubere Verhältnisse, die Kriminalität ist unbedeutend, die Lebensbedingungen sind sehr gut.

Am nächsten Morgen fährt unser Gastgeber zur Arbeit und wir mit seiner Frau ins Zentrum von Winnipeg, denn wir haben noch einiges für die Weiterfahrt einzukaufen. Gegen Mittag nehmen wir Abschied und fahren immer noch bei heftigem Regen – in Richtung Regina.

Bei der vielen Post, die wir in Winnipeg aus der Heimat vorfanden, war auch ein Brief von Professor Heck, der uns einem Freund von ihm empfahl, dessen großer Privatzoo in der Nähe von Edmonton sehenswert sei. Im Radio hören wir auch, daß das Wetter in dieser Gegend besser sei, was uns unseren Entschluß noch leichter macht. Vorläufig aber geht's noch bei Sturm und Regen weiter durch die Prärie. Wir passieren Brandon, ein wichtiges landwirtschaftliches Zentrum mit beachtlichem Industriegebiet, und erreichen gegen Abend kurz vor Regina den Provincial Park Mc. Lee, wo wir in unserem Camper übernachten. Mittlerweile ist es schon Freitag, der 27. Juni.

Der Rundgang durch Regina am nächsten Tag hat sich gelohnt. Die schnell gewachsene Stadt von mehr als 300 000 Einwohnern hat viel mit Winnipeg gemein. Wir besichtigen das Regierungsgebäude mitten in der Stadt an einem schönen See, vor dem jeden Vormittag eine kleine Parade der ,,Mountys" in ihren prächtigen Uniformen stattfindet. Dann besuchen wir das Naturhistorische Museum. Besonders beeindruckt hat uns, daß alle Tiere, die im Staate Saskatchewan leben, dort in ihrer natürlichen Lebensweise zu sehen sind. Man hat sich diese Darstellung viel Mühe und Geld kosten lassen, so daß man glaubt, die Tiere in den Dioramen hinter Glas müßten sich jeden Augenblick bewegen.

Am Mittag setzen wir unsere Fahrt fort, wir haben heute noch 500 km zurückzulegen, denn unser Ziel ist North Battleford. Der Himmel hat inzwischen seine Schleusen geschlossen, die Sonne lacht und verwandelt die Prärie in eine zauberhafte Landschaft. Wir sehen nun nicht nur die riesigen Getreidesilos, sondern auch weitverstreute Farmhäuser, kommen hier und da an einem See vorbei und finden diese Fahrt, entgegen anderer Ansichten, besonders schön. Gegen Abend erreichen wir, nachdem wir Saskatoon, eine betriebsame und rasch gewachsene Stadt, durchfahren haben, den Battleford Provincial Park am Jackfish Lake.

Auch hier zeigt sich eine großzügige Anlage, selbstverständlich mit Tischen und Bänken und Feuerstellen mit viel Holz, das die Forstverwaltung auf allen Plätzen in reichlichen Mengen bereitstellen läßt.

Auf dem Wege nach Edmonton haben wir bei Meilenstand 5.547 eine Polizeikontrolle. Die freundlichen Beamten hören sich sehr interessiert unsere Reiseabsichten an und wünschen uns gute Weiterfahrt. Jetzt kommen wir durch eine Gegend, in der überall nach Öl gebohrt wird. In Loydminster an der Grenze nach Alberta schauen wir uns ein Wildlife-Museum an, das im selben Gebäude untergebracht ist wie das Touristen-Informationsbüro. Hier sehen wir uns plötzlich einem alten Herrn gegenüber, einem Mister Fuchs, der auch mal aus Deutschland kam und uns mit Begeisterung sein Museum zeigt, das er selbst in jahrelanger Arbeit angelegt hat. Hier finden wir, wie auch in Regina, die jagdbaren Tiere in Lebensgröße und in ihrer natürlichen Umgebung dargestellt. Besonders fällt uns eine Gruppe Timberwölfe auf. Herr Fuchs hat auch das kleine Holzblockhaus, das er sich vor etwa 60 Jahren als erste Bleibe gebaut hatte, hier in diesem Museum wieder aufgebaut. Lange Jahre diente dieses Blockhaus als Jagdhütte. Der alte Herr ist schon über 80 Jahre alt und freut sich riesig, mit uns über seine alte Heimat zu sprechen, vor allem aber über die Jagdmöglichkeiten hier in Kanada. Ein anderer Kanadier, der zwar kaum unsere deutsche Unterhaltung versteht, lädt uns zur Besichtigung einer kleinen Bildgalerie ein. Den Eintritt zahlt selbstverständlich er. Diese Art der Gastfreundschaft muß man annehmen.

Auf dem nächsten Picknickplatz werden wir, wie so oft, wieder von freundlichen Menschen angesprochen. Diesmal sind es geborene Frankfurter, die in den Vereinigten Staaten leben und sich auf einer Zweimonatstour befinden.

Mr. Al Oeming, den wir auf seiner Alberta Game Farm besuchen wollen, treffen wir zunächst nicht an. Telefonisch vereinbaren wir mit seiner Frau einen Termin für den nächsten Tag. Inzwischen fahren wir zu dem Elk Island Provincial Park, der sicher größer ist als unser Land Hessen, und doch können wir nur mit viel Mühe auf dem Campingplatz unterkommen, denn es ist „verlängertes Wochenende" in Kanada. Hier werden nämlich alle Feiertage – mit einer Ausnahme – auf den Montag verlegt, damit die arbeitenden Menschen drei zusammenhängende Tage arbeitsfrei haben. Die eine Ausnahme ist der Heldengedenktag am

11. November, der immer an diesem Tag begangen wird. Zum Abendbrot essen wir heute ein Riesensteak und müssen zum siebten Mal die Uhr um eine Stunde zurückstellen.

Am nächsten Morgen suchen wir die Bisons im ,,Buffalo Paddock'', einem Teil des Elk Island Provincial Parks. Es gelingt uns, an eine dieser Herden heranzufahren, und wir können diese seltenen Tiere in Ruhe bei der Äsung filmen und fotografieren. Später, als wir zur Alberta Game Farm kommen, werden wir von Mr. Oeming, einem sympathischen Vierziger erwartet, der aus dem Osten Europas stammt. Wir sitzen sehr lange mit ihm in unserem Camper, er gibt uns einige Tips für unsere weitere Reise, und dann machen wir einen Rundgang durch sein riesiges Gelände. Lange haben wir uns mit ihm über das Land und seine Menschen unterhalten und besonders natürlich über die Jagdmöglichkeiten und das Wild.

,,Unsere Farm ist etwa 740 Hektar groß'', erzählt Herr Oeming, ,,wir haben die Bergtiere von Kanada und Alaska. Zum Beispiel Schneeziegen, die weißen Dallschafe, Bighorn-Schafe aus den Rocky Mountains und selbstverständlich auch Caribous. Auch Moschusochsen gehören dazu. Sie finden aber auch exotische Tiere aus Afrika. Ich möchte Ihnen auch unsere Waldbisons zeigen, wir haben jetzt neun Tiere. Im Jahre 1963 haben wir angefangen mit einem Bullen und einer Kuh. Diese Tiere sind ganz selten'', fährt er fort, ,,in der freien Wildbahn leben keine mehr.''

Mr. Oeming bereitet gerade einen Wagen für die ,,Stampede'' in Calgary vor, jenes große Volksfest des Jahres, an dem die Cowboys und Pferdeburschen ihre Künste im Umgang mit ungezügelten Pferden und mit Stieren zeigen – ein Fest, das Besucher aus vielen Ländern und auch aus Übersee anzieht.

In der Absicht, unseren Weg nach dem Kleinen Sklavensee fortzusetzen und dort einen bekannten Jäger aufzusuchen, verabschieden wir uns sehr herzlich. Doch als wir hören, daß der Weg dorthin über eine Schotterstraße führt, verzichten wir auf diesen Besuch, denn auf unserem Weg nach Alaska werden wir noch 3.000 Kilometer auf solch einer gefürchteten Schotterstraße fahren müssen.

Zum Abschied hat uns Herr Oeming noch die Geschichte erzählt, wie ein Indianer Teller wäscht: ,,Wir sind draußen auf der Jagd und haben sehr empfindliche Jagdgäste mit, die ganz besonders auf Sauberkeit bedacht sind, denn sie wollten, wie sie sagten, keine Krankheiten mit nach Hause bringen. ‚Wer wäscht die Teller?' fragt einer von ihnen. ‚Die Indianer hier', sagte ich. ‚Das ist großartig, jeden Abend sehen wir die blank geputzten Teller, aber niemals heißes Wasser oder ein Tuch zum Abtrocknen. Wie machen es die Indianerjungens?' Da habe ich Louis, den einen Indianer gefragt, wie er die Teller wäscht. ‚Das ist nicht schwer, macht keine Arbeit', sagt Louis, ‚pass auf!' Er pfeift, es kommen vier riesige Hunde. Louis hält ihnen die Teller entgegen, und im Nu sind die Teller blitzblank sauber."

Es ist der 30. Juni, wir sind kurz vor Jasper, der Stadt am Fuße der Rocky Mountains. Von einer Anhöhe, auf der wir kurz Rast machen, haben wir einen zauberhaften Blick auf die reißenden Wasser des Athabaska-Flusses unter uns, der bis zur Fertigstellung der kanadischen Eisenbahn als Transportweg zum Pazifik benutzt wurde. Wir haben bis jetzt schon sehr viel Schönes erlebt, aber dieses Panorama übertrifft doch alles, was wir im Osten Kanadas sahen. Natürlich müssen wir diese neuen Eindrücke auf Film festhalten. Und schon steht wieder ein Auto neben uns; es sind nette junge Deutsch-Kanadier, die uns zu Grünkohl mit Mettwurst einladen und auch zu einem Besuch in Edmonton, wo sie leben. Sie wollen nächstes Jahr eine Tour durch Australien mit einem VW-Bus machen und hätten gern unseren kleinen Kühlschrank gekauft.

Über eine Schotterstraße, die in Serpentinen hinaufführt, machen wir einen Abstecher zu den schwefelhaltigen heißen Quellen, die in ein Schwimmbad geleitet werden. Die Hauptquelle spendet täglich 100.000 Liter Wasser, wie eine Hinweistafel besagt.

Eine der interessantesten Sehenswürdigkeiten im Jasper National Park ist der 4.000 Meter hohe Mount Edite Cewell. Von Jasper aus fahren wir wieder über eine schmale, sich schlängelnde Schotterstraße dorthin. Unser Wägelchen hat Mühe, über die steilen Serpentinen den Weg zum Gipfel zu schaffen. Am liebsten hätten wir hinter jeder Kurve Halt gemacht und fotografiert, so herrlich ist diese Landschaft. Es ist schön und warm, in der Ferne hört man das Grollen eines nahenden Gewitters, doch es zieht an uns vorbei. Um ein großartiges Erlebnis reicher, fahren wir die Paßstraße wieder hinunter. Kaum sind wir wieder am Athabaska-Fluß, kreuzt ein Rudel Wapitis unseren Weg, Kahlwild mit Kälbern, das wir bei mäßiger Fahrgeschwindigkeit filmen können.

Am Fluß machen wir kurz Rast, und schon nach einer Viertelstunde Fahrt bietet sich uns ein phantastischer Blick über die

Rocky Mountains. In einiger Entfernung entdecken wir Schneeziegen, die in einer steilen Wand äsen. Es sind acht Tiere, die ich
mit dem Teleobjektiv filme. Wir sind ganz begeistert von der Sze-
nerie entlang der Straße, denn sie wird immer schöner und gewaltiger. Auf der Höhe angekommen, sehen wir in etwa 500 Meter
Entfernung ein Snowmobil (Motorschlitten) auf dem Gletscher
fahren. Obwohl die Sonne noch scheint, ist es in dieser Höhe,
etwa 3.500 Meter, doch schon sehr frisch.

Am nächsten Morgen fahren wir über den Sunwapta-Paß, etwa
3.550 Meter hoch, zum Moskito Creek. Man meint, die Götter
hätten hier Burgen gebaut, so gewaltig sind diese Bergriesen, und
hinter jeder Kurve immer wieder neue Bilder von unbeschreibli-
cher Schönheit. Die Wolkenfetzen umspielen die Berggipfel und
scheinen uns ein Fanal und eine Warnung an die Menschen, zu
erkennen, daß hier überirdische Kräfte am Werke waren, als
dieses herrliche Land geschaffen wurde. Das gleißende Licht der
Sonne schafft Farbeffekte, die jede Vorstellungskraft übersteigen.
Hoch oben in den Felsen wissen wir manches Getier seine Fährte
ziehen, so die Schneeziegen und die Dallschafe, die hier ihre
spärliche Nahrung finden. Ab und zu halten wir an, suchen das
Wild mit unseren Gläsern und sind ganz erfüllt und überwältigt
von diesem Erlebnis.

Langsam werden wir müde und bleiben auf einem idyllisch
gelegenen Campingplatz an der Highway. Es wird, wie üblich,
Feuer gemacht, in der Wärme und im Gefühl der Geborgenheit
genießen wir unser Abendessen. Am nächsten Morgen ist das
Wasser in unserem Eimer gefroren, aber in der Sonne ein paar
Meter weiter ist es bereits 30 Grad warm. Auf der alten Highway
A1 geht's durch wunderschöne Wälder, die von wildromantischen
Wiesentälern unterbrochen werden, nach Banff. Vorher kommen
wir aber zum Lake Louise, diesem traumhaft schönen Bergsee,
der in der ganzen Welt bekannt ist. Ein feudales Luxushotel am
Ufer ist Treffpunkt der Internationalen Welt, es heißt ,,Hotel
Chateau". Nach der wochenlangen Campfahrt ist ein Besuch dort
auch für uns eine willkommene Abwechslung.

Wir bleiben hier aber nicht lange – es gibt zu viel Schönes zu
sehen, und so fahren wir wieder auf einem schmalen Serpentinen-
weg zu einem anderen sehenswerten Gebirgssee, dem Moraine-
See, dessen Wasser die Farbe dunkler Türkise hat. Dann kommen
wir nach Banff, Kanadas berühmten Kurort, der ursprünglich nur
aus einem riesigen, pompösen Hotel bestand, das heute ein

Sanatorium ist. Wir sehen uns den Ort an und lassen in einer Werkstatt das Öl wechseln und den Wagen nachsehen. Auf der Weiterfahrt wechselt die Landschaft allmählich wieder in Prärie über. Nach einigen Stunden erreichen wir Calgary, den Stampede-Ort, und sind überrascht, eine große, moderne Stadt mit Wolkenkratzern vorzufinden. Einen ganz kleinen Teil der weltberühmten Stampede bekommen wir auch zu sehen: einen Umzug der Cowboys.

Am nächsten Morgen suchen wir in Edmonton nochmals die VW-Werkstatt auf, um unseren Wagen einer gründlichen Kontrolle zu unterziehen, denn nun sind wir nicht mehr weit vom Alaska Highway. Auch hier werden wir wieder von deutschstämmigen Kanadiern eingehend nach der Heimat befragt und erfahren selbst aus diesen Unterhaltungen aufs neue, daß die Verdienstmöglichkeiten hier wesentlich besser sind, weil die Löhne um etwa 150 Prozent höher liegen als bei uns, und zwar bei etwa gleich hohen Lebenshaltungskosten. Das bestätigt uns auch ein Herr Schmitt, der früher in einer Stuttgarter Brauerei tätig war und nun seit zwölf Jahren als Installateur sein sehr gutes Auskommen in Edmonton hat. Zu unserem Ärger läßt sich die in Montreal gekaufte Propangasflasche in keinem der maßgeblichen Unternehmen Edmontons auffüllen, da der passende Adapter fehlt. Auch Herrn Schmitts Bemühungen helfen nichts – wir müssen einen neuen Kocher kaufen, der mit Spezialbenzin betrieben wird.

Jetzt sind wir schon in Grand Prairie. Hier wollten wir einen uns empfohlenen Jagdführer und -ausrüster aufsuchen, treffen ihn aber leider nicht an. Ein sympathischer Mann, der sich – wie so viele – für unseren Camper interessiert, nennt uns einen anderen zuverlässigen Jagdführer in Wembley. Nach einer Fahrt von sechs Kilometern erkundigen wir uns im Dorf bei einem zünftig aussehenden älteren Kanadier nach dem Haus des Gesuchten – und siehe da, er ist es selber. Mit seinem Lastwagen fährt er uns voraus, weitab in der Prärie finden wir uns dann in seinem sogenannten Haus, das mehr eine Hütte ist, ein. Anhand der Unterlagen und der Trophäen, die er uns zeigt, überzeugen wir uns von seiner Qualität als Jagdführer, der sein Handwerk seit 41 Jahren ausübt und sicher befähigt ist, seine Jagdgäste zufriedenzustellen.

Auf dem Weg nach Dawson Creek filme ich einen Laster, der ein komplettes Haus im Neunzigkilometer-Tempo transportiert –

ein für uns völlig unbekannter Anblick. Gegen 17 Uhr erreichen wir Dawson Creek und damit die berühmte Alaska Highway – berühmt, aber auch von vielen gefürchtet.

Am nächsten Morgen bereiten wir unseren Wagen sorgfältig für die 2.500 km lange Fahrt auf der Schotterstraße vor. Die Vorderfront haben wir gegen Steinschlag mit Schaumgummi abgepolstert. Ein amerikanisches Ehepaar hilft uns dabei und gibt uns das erforderliche Klebeband. Diese Amerikaner waren schon 200 Meilen auf dem Alaska Highway gefahren, als sie von einem zwei Tage anhaltenden Unwetter überrascht wurden. Sie hatten den Mut und die Lust verloren und sind zurückgekehrt.

Mit einiger Verspätung verlassen wir Dawson Creek und haben zunächst eine recht gute Fahrbahn, die von Farmhäusern, meist ärmlichen Pferdefarmen, flankiert ist. Nach etwa zwei Stunden kommen wir auf die Schotterstraße, die die Amerikaner während des letzten Weltkrieges innerhalb von sechs Monaten bis nach Alaska gebaut hatten. Nach der Landung der Japaner auf den Aleuten waren die Amerikaner gezwungen, diese Straße provisorisch anzulegen. Wer sie einmal befahren hat, wird es kaum für möglich halten, daß es gelang, sie in so kurzer Zeit zu erstellen. Über und zwischen den gewaltigen Berggipfeln schlängelt sie sich über Höhen und Täler bis zur Grenze von Alaska.

Zunächst fahren wir mit etwas gemischten Gefühlen im 20-Kilometer-Tempo. Aber bald gewöhnen wir uns an die schmale Straße und an entgegenkommende Fahrzeuge. Zum Teil sind es Schwerstlaster, die die Güter von Alaska nach den Vereinigten Staaten transportieren. Beifahrer kennt man hier nicht. Diese Fahrzeuge fahren im 90- bis 100-km-Tempo über diese Schotterstraße. Auf die Wagen wird keine Rücksicht genommen, denn es gilt, so schnell wie möglich ans Ziel zu kommen. Es ist gerade Ferienzeit, deshalb sieht man auch viele Fahrzeuge mit Wohnwagen. Wegen der enormen Staubentwicklung ist es vorgeschrieben, auch bei hellstem Sonnenschein mit Licht zu fahren. Nach einem kleinen Gewitter wird die Fahrt etwas angenehmer, wir können ein Tempo von 40 bis 50 km halten und erreichen nach mehreren Stunden Fort Nelson, ein unbedeutendes Städtchen. Es geht weiter in einer wildromantischen Fahrt bei Sonne, Regen und Staub. Ein Ford, der einen anderen Wagen im Schlepp hat, überholt uns, dabei fliegen die Schottersteine, und zwei davon lassen an unserer Windschutzscheibe kleine Spinnen zurück. Als wir etwas später Pause machen und am Mundscho Lake in einem

Blockhaus Kaffee trinken, treffen wir auch den Fordfahrer, der sich als geborener Deutscher herausstellt. Hier an diesem See finden wir auch einen schönen Campingplatz, auf dem wir die Nacht verbringen.

Die Landschaft, in der wir uns jetzt befinden, ist fast unheimlich schön. Die Berge werden immer gewaltiger, die Straße schlängelt sich in unzähligen Windungen durch die Täler. Wir haben das zauberhafte Land zwischen Jasper und Banff, diese Traumstraße der Rocky Mountains, erlebt, finden aber, daß wir nun Gewaltigeres sehen. Die schmale Straße mit ihren Schlaglöchern und oft steilen Abhängen läßt nur eine Geschwindigkeit von 30 bis 50 km zu, zumal die Sicht vielfach durch Staub behindert ist und sich oft gefährliche Situationen ergeben. Gegen 20 Uhr passieren wir die zweithöchste Stelle der Highway auf dem Trutch-Paß.

Der folgende Tag beginnt für uns schon um 6 Uhr früh und führt uns am Prophet River vorbei in eine lavagesteinshaltige Gegend. Der Untergrund der Straße ist hier schwarz und naß; nach wenigen Minuten schon ist unser Auto auch grauschwarz. Wir erreichen Watson Lake, dann entdecken wir zufällig einen kleineren See, an dem wir die Mittagszeit verbringen. Unterwegs begegnen uns sehr oft Pferde, in Gruppen und einzeln, die mitunter ahnungslos auf der Straße stehen oder am Rande weiden. Manche von ihnen haben kleine Glocken umhängen. Es sind Pferde der irgendwo in der Gegend lebenden Indianer oder Trapper. Wenn sie auch weitab von den Gehöften herumstreifen, sie finden immer zurück. Nach stundenlanger Fahrt, vorbei am Teslin Lake, überqueren wir die längste Brücke der Highway, die Nisutin Bay Bridge. Im Fox Point Motel am Teslin-See verbringen wir die nächste Nacht. An diesem Tag haben wir fast 600 Kilometer zurückgelegt. Nun sind wir im Land der Mitternachtssonne. Als wir gegen 24 Uhr die Sonne hinter den Bergen verschwinden sehen, ist es immer noch hell. Zum achten Mal stellen wir die Uhr um eine Stunde zurück.

Fünfzig Meilen vor Whitehorse biegen wir ab nach Carcross, um das sagenhafte Goldrauschgebiet zu besuchen. Von Carcross aus wurde der Klondyke entdeckt, von diesem Ort aus starteten die Indianer George Carnacks, Skookum Jinn und Dawson Charlie 1897/98 die historische Expedition, die dann den großen Klondyke-Goldrausch auslöste. Ein Jahr darauf, am 29. Juli 1900, wurde das letzte Stück der Yukon-Eisenbahn eingeweiht und damit die Verbindung zwischen dem Yukon und Skagway in Alaska hergestellt.

Wir besichtigen den kleinen historischen Bahnhof der Goldgräberbahn, an dem nichts verändert wurde. Dann gehen wir auf die Brücke, die über den See führt, und sehen auf der gegenüberliegenden Seite das letzte Schiff aus jener sagenhaften Zeit, die ,,Tussy". Passionierte Angler wird es interessieren, daß von dieser Brücke in Carcross die ,,Weltrekord-Seeforelle" geangelt wurde. (Sie wog 80 Pfund und war 1,60 Meter lang, ganz genau: 87 englische Pfund schwer, 5 Fuß und 2 Inches lang.) Zum Abschluß werfen wir noch einen Blick in das Caribou-Hotel, das die gleichen Räume wie vor 70 Jahren hat.

Allmählich nähern wir uns dem Yukon-Fluß und sind nun nicht nur im Lande des starken Wildes, sondern auch im Land der Yukon-Blume angekommen. Sie gleicht etwa unserer Fuchsie, hat eine zartlila bis rosa Farbe und beherrscht hier das Landschaftsbild. Man findet sie überall, amWegrand und auf großen Flächen zwischen den Wäldern. Besonders auffallend ist sie in den riesigen abgebrannten Waldflächen, wo die verkohlten Baumstämme zu Tausenden stehen. In dieser öden Landschaft wirkt die Blumenpracht wohltuend. Der letzte Wegabschnitt bis Whitehorse ist gleichbleibend schön, nach jeder Kurve ein neues Panorama, prachtvoll im Sonnenlicht – man möchte alles im Bild festhalten.

Wir sind in Whitehorse. Nach langer Zeit wieder mal ein kurzes Stück Betonstraße bei der Einfahrt, die am Flugplatz vorbeiführt. Auch diese Stadt hat sich aus einem Stützpunkt der Verwaltung und Indianerreservaten in wenigen Jahren zu einer modernen Westernstadt entwickelt, die Hauptstadt und wirtschaftliches Zentrum des Yukon ist. Hierher kommen die Menschen in tagelangen Reisen, vielfach noch zu Pferd oder mit kleinen Flugzeugen, um einzukaufen und Abwechslung zu suchen. Besonders auffällig sind die vielen Indianer, die das Straßenbild stark beeinflussen. Wie wir erfahren, bekommt jeder Indianer von der Regierung 100 Dollar, wenn er im Reservat lebt. Das Geld landet meistens in den Bars und den Bierschwemmen. So sieht man sehr viel betrunkene Indianer, auch Frauen.

Wir suchen alte erhaltene Kultstätten auf, aber was heißt hier schon ,,alt"? Älter als etwa 70 Jahre sind diese Bauten noch nicht. Da gibt's eine alte Holzkirche und den alten Bahnhof, dann sehen wir eine alte Lokomotive neben einer modernen Diesellok, die aber die alten Personenwagen zieht wie ehedem. Geheizt werden diese Wagen auch heute noch mit Holz. Auch die alten Schiffe, die einst auf dem Yukon bis nach Dawson City fuhren, sind erhalten. Über Nacht bleiben wir am Yukon. Margot macht uns ein deutsches Abendessen: Speck mit Eiern, Spätzle und grünen Salat. Dazu trinken wir das recht gute kanadische Bier, an das wir uns inzwischen gewöhnt haben.

Vor der Weiterfahrt am nächsten Morgen lassen wir unseren Wagen in der Werkstätte, die von einem Deutschen geleitet wird, abschmieren. Dort sehen wir einen anderen Camper, der durch Steinschlag die Windschutzscheibe verloren hat. Fünf Tage hat es gedauert, bis die Ersatzscheibe von Vancouver eingeflogen war, eine sehr teure Sache. Beim Einkauf kommen wir mit einem jungen deutschen Verkäufer ins Gespräch, der, wie er sagt, sehr gut verdient, aber trotzdem nach ein paar Jahren nach Deutschland zurückkehren möchte. Er lebt zwar bei seinen Eltern, vermißt aber die deutsche Atmosphäre und Geselligkeit.

Dann besuchen wir noch ein Museum, in dem alte Gebrauchsgegenstände, die von den Indianern und den Goldwäschern benutzt wurden, ausgestellt werden, aber vor allem auch ein präparierter hochkapitaler Dallschafwidder und der Schädel eines riesigen Elches. Es ist der Zweitbeste in der Weltrangliste und an der Grenze nach Alaska erlegt. Für Jäger ist solcher Anblick natürlich besonders fesselnd.

Bis zur Alaska-Grenze sind es noch etwa 500 km. Am frühen Mittag erreichen wir eine alte Poststation, von der aber nicht mehr viel zu sehen ist, nur einige Blockhäuser und Pferde. Von hier aus starten zur Jagdzeit die Jagdführer mit den Jägern in die nahegelegenen Jagdgebiete und Canons, insbesondere in Gebiete, wo die Dallschafe zu finden sind.

Unterwegs besichtigen wir einen Indianerfriedhof. Über den Gräbern werden kleine Häuschen gebaut und bunt bemalt. Selbst bei den inzwischen getauften Indianern wird dieser Brauch beibehalten. So sieht man vor einigen dieser Häuschen das Christenkreuz. Die bunten Bauwerke erwecken den Eindruck eines Kinderspielplatzes.

Etwa 150 Meilen vor der Alaska-Grenze haben wir unser Lager für die Nacht an dem wunderschönen Clon Lake aufgeschlagen. An diesem Abend machen wir Dallschafe aus, diese großen weißen Schafe, die bis zu 100 kg schwer werden. In dem wilden Berggestein wirken sie wie kleine wandernde Schneehaufen.

Lange genießen wir das Schauspiel. Es ist bereits 11 Uhr nachts und immer noch heller Tag. Es fällt uns schwer, sich von dem Anblick zu trennen, aber wir müssen ja auch schlafen.

Am Morgen genießen wir noch einmal die Schönheit um unser Lager. Und nun kommt die schlechteste Strecke: Schlagloch auf Schlagloch, dazu sehr unfreundliches Wetter. Trotzdem halten wir ab und zu an, um die Gegend zu betrachten. Auf der Weiterfahrt erreichen wir den höchsten Berg Kanadas, den Mount Logan, der 6.050 m hoch ist.

Kurz danach sind wir endlich an der Alaska-Grenze. Die Gemütsverfassung dieses Augenblicks ist schwer zu beschreiben – es ist eine unvergeßliche Stunde. Nach dieser abenteuerlichen Reise sind wir doch recht froh, das erste Ziel erreicht zu haben.

Die Zollformalitäten sind nur eine Nebensächlichkeit, und als wir nach etwa 20 Meilen Fahrt auf der Schotterpiste endlich die Asphaltstraße erreichen, wissen wir, daß wir wirklich in Alaska sind. Fünf Wochen erlebnisreicher Zeit trennen uns von der Heimat – nun geht's neuen Erlebnissen und neuen Abenteuern entgegen.

Bei Lachsen, Elchen und Caribous

Nach 21 Tagen erlebnisreicher und abenteuerlicher Fahrt durch Kanada haben wir Alaska erreicht! In flottem Tempo geht's jetzt der amerikanischen Zollstation zu, 80 Meilen weiter. Hier, in Tok, werden die Zollformalitäten rasch erledigt. Im nächsten kleinen Hotel telefonieren wir mit unseren Freunden in Anchorage. Dann fahren wir noch 60 Meilen bis zum nächsten Campingplatz zum Übernachten. Kaum ein Fahrzeug begegnet uns. Bei einem Gewitter erleben wir die eigenartige Stimmung der alaskanischen Wildnis. Wiederholt sehen wir Elchwild im Wasser oder Morast stehen. Sie lieben Pflanzen, die im Wasser wachsen. Die Straße ist schmal, das Tal eng. Bei gutem Wind entdecken wir einen Elchschaufler beim Äsen. Wie Urwesen aus vergangenen Zeiten wirkt dieses große Wild in seiner Umgebung. In dem befriedigenden Gefühl, schon in den ersten Stunden mit der Tierwelt Alaskas in enge Fühlung gekommen zu sein, genießen wir in unserem Camper einen erquickenden Schlaf in dieser herrlichen und gesunden Landschaft.

So großartig wir die Fahrt über die Rocky Mountains zwischen Banff und Jasper fanden – eindrucksvoller und gewaltiger war unser Weg über den Alaska Highway. Diese 2.500 Kilometer lange Straße, die sich über Höhen, Pässe und Täler windet, erfordert vom Fahrer größte Konzentration, denn sie hat viele Tücken. Man ist um so glücklicher, wenn man diesen langen Weg ohne Schwierigkeiten bezwungen hat und dabei die Schönheit der Landschaft genießen konnte.

Kanada ist das Land der naturverbundenen Menschen, vor allem der Fischer und Jäger. Die Städte bieten uns Europäern nicht viel. Die Prärieorte sind rein zweckmäßig in den letzten Jahrzehnten entstanden. Alte Kulturschätze kann man hier nicht erwarten. Wer aber für die Vergangenheit der Indianer und Eskimos Interesse hat, findet hier hinreichend Gelegenheit, sich mit ihrer Kultur zu befassen. Die herrliche Landschaft dieses Landes haben wir nun hinter uns und sind schon tief in Alaska.

Bei Meilenstand 8.640 fahren wir am nächsten Morgen Richtung Anchorage, erst durch das Alaska-Gebirge, dann durch die Nebasna-Berge. Ab und zu halten wir an und betrachten die Gegend, jetzt die Wrangel Mountains, deren Anblick uns überwältigt. Die sehr gute Straße windet sich in ungeheuren Serpentinen hinauf und hinunter. In Gekona erblicken wir von einer Paßhöhe tief unten im Tal den Tesline-See und sind bald darauf tief beeindruckt vom riesigen Natanuska-Gletscher.

Gegen 18 Uhr erreichen wir Palmer. Hier hatten wir uns mit Heddy verabredet, die uns abholt und die letzten 50 Meilen begleitet. Die Wiedersehensfreude ist auf beiden Seiten groß. Dann lotst sie uns in ihr sehr schönes Heim. Unser Zimmer ist vorbereitet und das Bad gerichtet – wir sind glücklich. Hier erwarten uns deutsche Gastfreundschaft und Post aus der Heimat. Bei einem üppigen Abendessen und gutem Wein findet dieser Tag in froher Stimmung seinen Abschluß.

Bei unseren Freunden werden wir wohltuend umsorgt. Auch an Abwechslungen fehlt es nicht. Am ersten Tag habe ich mir unser Auto vorgenommen, während Margot die Waschmaschine in Bewegung setzte. Und nun folgt Einladung auf Einladung. In einem auf der höchsten Erhebung nahe Anchorage gelegenen Holzblockhaus, das aufs modernste eingerichtet ist, verbringen wir mit alten und neuen Freunden einen Abend. Es wird hier nicht ganz dunkel um diese Jahreszeit, so daß ich noch um 22 Uhr das weit in der Ferne über dem Cock Inlet gelegene Gebirge, die

Sleeping Lady, fotografieren kann. Man sieht die Formen einer schlafenden Frau. Weit im Hintergrund können wir auch den fast 7.000 Meter hohen Mount McKinley, den höchsten Berg Nordamerikas, sehen. Als es später kühler wird, sorgt der große offene Kamin für Wärme.

Ein andermal besuchen wir das Lokal ,,Rabatt Creek" und essen den berühmten Salm, den wir später selbst fischen und noch öfter aufgetischt bekommen. So geht das Leben in den nächsten Tagen abwechslungsreich dahin. Anchorage selbst ist mit seinem Flugplatz die Drehscheibe aller Flüge, die von Japan über den Nordpol nach Europa oder umgekehrt führen, und auch das wirtschaftliche Zentrum Alaskas, wobei der Hafen mit seinem Schiffsverkehr immer mehr an Bedeutung zunimmt. Die Entdeckung großer Ölvorkommen an der Eismeeküste des Landes ließ den Ölrausch ausbrechen. Die Hotels reichen nicht mehr aus, obwohl schon eine ganze Anzahl großer und moderner Hotelhochhäuser das Stadtbild prägen. Viele Spekulanten sind unterwegs. Die Preise für Land gehen sprunghaft in die Höhe. Ein deutscher Unternehmer baute als erster eine Brauerei in Alaska. An der Aktivität der Stadt merkt man die schnell aufstrebende Entwicklung. Die Hauptstraßen laufen zum Meer bzw. Hafen. Zwischen hohen modernen Häusern stehen auch heute noch alte Buden und unbebaute Flächen. Im Zentrum, in der Nähe des Bahnhofs der Alaska-Eisenbahn, ist das Vergnügungsviertel. An Spelunken, die überwiegend von Indianern und Eskimos – den Einheimischen, wie man hier sagt – besucht werden, fehlt es nicht. Die militärischen Einrichtungen, besonders der große Flugplatz der amerikanischen Luftwaffe, liegen weitab und bilden ein Zentrum für sich.

Eines Tages fahren wir eine sehr gute Straße am Cook Inlet entlang. Man glaubt am Vierwaldstätter See zu sein. Die Straße wird flankiert von schneebedeckten Bergriesen, zur Küste oft steil abfallend. Auch hier herrscht die Einsamkeit der Natur. Wir passieren den Indian Creek und beobachten Angler, die Salme fischen. Zwei der Männer haben fünf kapitale Exemplare im Netz. Dann kommen wir an zwei Gletschern vorbei, die schon von weitem smaragdgrün schimmern, und sind wenig später am Fuße eines gewaltigen Gletschers, dessen riesige Eisbrocken in die See kullern. Ich filme und fotografiere dieses einmalige Spiel der Farben. Noch ganz unter dem Eindruck dieses Erlebnisses sehen wir uns auf der Rückfahrt die als Denkmal erhaltenen

Überbleibsel des schrecklichen Erdbebens an. Als sei das Land mit einem Riesenpflug durchwühlt, so sieht es an dieser Stelle aus. Nach dem Beben war die Erdoberfläche an vielen Stellen um ein bis zwei Meter abgesunken, einige Häuser, die erhalten blieben, fand man an einer anderen Stelle.

Bei einem Bummel durch Anchorage am nächsten Vormittag beobachten wir die Menschen, besonders die Indianer, die zwischen den anderen gelassen ihrer Wege gehen, und kommen zu Jonas Brothers, jenem Unternehmen, das sich ausschließlich mit dem Wild des amerikanischen Nordens beschäftigt. Die Geschäftsräume befinden sich in einem aus mächtigen Stämmen gefertigten Holzhaus. Dazu gehört ein Museum, in dem man die Tiere Alaskas in natürlicher Größe sehen kann.

Tags darauf geht's zum Goldwaschen. Erst fahren wir wieder die schöne Straße am Cook Inlet entlang, dann über einen engen Paß und durch eine lange Schlucht, in der kaum zwei Wagen aneinander vorbei können. Nach einer weiteren Stunde sind wir an einem reißenden Bach, der sein Wasser tief ins Tal hinabstürzt, und kommen dann zu einer Stelle, an der bei der Schneeschmelze der Bach über schroffe Felsen zu einem reißenden Fluß wird und dabei aus den Bergschluchten goldhaltiges Gestein mitbringt. Hier treffen wir einen bärtigen Goldwäscher, der jedem von uns eine Goldwaschpfanne ausleiht und den Vorgang erklärt. Wir versuchen nun unser Glück, müssen aber bald erkennen, daß das Goldwaschen doch sehr mühselig und anstrengend ist.

Hier, hoch oben in einer Felsenschlucht des fernen Alaska, die wir nur mit viel Mühe gefunden haben, spricht uns ein deutscher Kameramann an und stellt sich als Wiesbadener vor, der mich erkannt hat. Er ist hier, um im Auftrag eines deutsch-amerikanischen Konsortiums einen Kulturfilm zu drehen. Da kann man wirklich sagen, daß ,,die ganze Welt ein Dorf ist!"

Am Abend sind wir bei Fern, einer Alaskanerin mit Indianerblut, einer ausgesprochenen Lady, zu Gast. Sie hat uns in ihrem sehr geschmackvoll eingerichteten Heim zum Cocktail erwartet. Die Gastgeberin bekleidet einen verantwortlichen Posten in der Staatsverwaltung. Am Abend versammelte man sich zum Filet-Goulasch am Kaminfeuer. Wir erleben eine vom Charme unserer Gastgeberin erfüllte Atmosphäre und genießen ein Essen, das in einem Luxusrestaurant nicht besser hätte geboten werden können. Der Abend klingt aus mit einem herrlichen Blick auf den Sonnenuntergang, über die Stadt und das Meer, den wir nach einer Rundfahrt durch Anchorage mit unserer Gastgeberin bei einem Drink im Captain Cook's Hotel genießen.

Am nächsten Morgen führen wir im zehnten Stock des Westwood-Hotel ein aufschlußreiches Gespräch mit Mr. Baeding, einem Kenner der Jagdverhältnisse von Alaska. Dabei erfahren wir aber auch einiges über die aufstrebenden wirtschaftlichen Verhältnisse des Landes und daß sich viele Einwohner über die Auswirkung der neu entdeckten Ölvorkommen nicht klar sind. Wir hören, daß alle Industriezweige hier eine große Zukunft haben. In den letzten Monaten sind bereits Tausende von Menschen eingereist und beteiligten sich an der Ausbeute der großen Ölvorkommen am Eismeer. Am Nachmittag gehen wir in der Stadt auf die Suche nach einem aus Nugget-Gold gefertigten Bärenkopf, den man an einer dicken Schnur statt einer Krawatte trägt.

In einem einschlägigen Geschäft finden wir auch einen – für mich ein begehrtes Schmuckstück, denn ich hatte vor zwei Jahren hier schon einen Bären erlegt. Zum Abendessen hat Heddy einen mehrpfündigen Salm, den ihr Mann ein paar Tage zuvor geangelt hatte, nach Landessitte zubereitet. An diesem Abend essen wir uns bis oben hin satt an Salm.

Eine Besichtigung des Privatflughafens von Anchorage erweist sich als recht interessant. Viele Hunderte Privatflugzeuge, von den kleinen zweisitzigen Wasserflugzeugen bis zur DC 3 für 20 Personen und mehr stehen hier. Alaska ist das Land des Luftverkehrs.

Nun starten wir nach Homer, einem 250 Meilen entfernten wunderschönen Städtchen am Ende der Kenai Peninsula (Halbinsel). Heddy und Fern kommen mit ihrem Wagen nach. Am Abend finden wir uns im Hause von Schatzi und Jess Willard. Jess hatte mich vor zwei Jahren erfolgreich zur Jagd geführt, und wir sind Freunde geworden. Am Ende der Homer Spit, einer Landzunge, die weit in den Inlet hineinreicht, treffen wir auch Bruce, Willards Sohn, der vor zwei Jahren auch mit von der Jagdpartie war. Nach dem Essen besuchen wir die Homestaad Bar, deren Besitzer Deutsche sind. Es wird viel über Deutschland gesprochen, man hört immer wieder viel Bewunderung für Bayern. Das Oktoberfest hat's hier vielen angetan.

Nach dem Frühstück kommt James, der Mann von Heddy Thomas, der im Cook Inlet bei einer Ölgesellschaft beschäftigt ist. Heute wird Heddys Geburtstag gefeiert. Es kommen noch andere

Freunde, manche von ihnen haben deutsche Verwandte. Bill, der ausgezeichnete Pilot, der mich schon vor zwei Jahren zu Willards an den Caribou Lake geflogen hatte, bringt die Geburtstagsgesellschaft in Etappen auf die Bartsch, eine schwimmende Insel, auf der James tätig ist. Hier sind wir von Captain Brown, einem urwüchsigen Eingeborenen, zum Mittagessen eingeladen. Dieser freundliche Captain lehrt uns hilfsbereit die Angel führen, als die Flut einsetzt. Auch die anderen im Boot beteiligen sich am Angeln, diesem Volkssport hierzulande. Als Margot ihre ersten Silberlachse glücklich an Bord hat und es auch mir gelingt, einen besonders großen Salm zu angeln, herrscht allgemeine Freude und Ausgelassenheit. Das sind die ersten Fische, die wir in Alaska erbeuten. Einer der Männer nimmt sie aus und macht sie bratfertig. Sie landen in einem Tiefkühler. (Wir haben sie später nach Deutschland mitgebracht.)

Nach dem Abendessen lädt uns Captain Brown zum Heilbuttfang ein. Mit einem sehr modern eingerichteten Fischerboot dampfen wir in der Abendstunde weit hinaus in den Cook Inlet und erwarten mit Spannung ein neues Erlebnis. An einer zum Fischen geeigneten Stelle bleibt das Boot liegen, etwa zehn Personen beteiligen sich am Angeln. Einer von der Crew macht für uns das Gerät zurecht, es sind besonders schwere Angeln, denn die Heilbutte können bis 200 kg schwer werden. Sie sind die Startrophäe der alaskanischen Fischer. Die Bewertung ist der eines kapitalen Elchschauflers gleichzusetzen. Es dauert gar nicht lange, bis Captain Brown einen starken Heilbutt an der Angel hat, den er auch gut an Bord bringt. Der Fisch ist etwa einen Meter lang und 40 Pfund schwer. Die Freude ist groß, denn einen Heilbutt zu angeln ist eine Seltenheit. Manche auf unserem Boot haben schon Jahre vergeblich danach gefischt. Dieser Raubfisch lebt auf dem Meeresboden von allem Getier, das er erwischen kann. Als Köder benutzt man ein Stück Fischfleisch an einem großen Haken. Meistens sind aber die Krabben oder Haie schneller am Köder. Das Ungewisse und Prickelnde dabei mag der Grund für die Vorliebe zu dieser Angelart sein.

Und nun geschieht etwas, womit wir auf keinen Fall gerechnet haben. Gegen 21 Uhr spürt Margot einen sehr starken Ruck an ihrer Angel. Sie muß alle Kraft aufbieten, um den Fisch zu halten, muß kurbeln und die Angelleine einholen. Nach etwa fünf Minuten haben wir – ich kam ihr zu Hilfe – mit vereinten Kräften einen großen Heilbutt glücklich im Boot. Es ist ein wilder Kampf, bis wir den Fisch gemeinsam an der Wasseroberfläche haben. Einer der Männer an Bord springt hinzu und gibt dem Fisch aus seiner Pistole zwei Schüsse in den Kopf. Der Fisch wird aufgehängt und von allen mit Freude bewundert. – Glücklich, zufrieden und um ein großes Erlebnis reicher lassen wir uns dankbar an die Küste von Homer zurückbringen. Margot hat am nächsten Tag Muskelkater von der Anstrengung und blaue Flecken in der Magengegend vom Gegenstemmen der Angel.

Bill fliegt uns am nächsten Tag zu dem etwa 30 Meilen entfernt gelegenen Caribou Lake. Hier haben Jess und Schatzi Willard ihren wunderschönen am Ufer des Sees gelegenen Besitz. Dabei überfliegen wir die nahegelegenen Gletscher, die ich filme. Schon beim Landen erkennen wir unsere Freunde winkend auf der Brücke. Von Schatzi und Jess hatte ich mich vor zwei Jahren nach erfolgreicher Jagd an der gleichen Stelle verabschiedet, nun komme ich mit Margot mit dem gleichen Flugzeug zurück. Es gibt ein herrliches und frohes Wiedersehen, viele schöne Erinnerungen und viel zu erzählen. Noch am gleichen Abend fahren wir bei schönem Wetter mit einem kleinen Boot zum Fischen.

Am Morgen führt uns Jess die Pferde mit neuen Sätteln vor, auf die er sehr stolz ist. Nach einem längeren Ritt durch die Gegend am See finden wir uns abends in der Bar des Hauses ein. Wir haben viel Freude und lachen viel, denn für diese Gelegenheit habe ich mein Witzerepertoire aufgehoben.

In der Hoffnung, Elchwild zu fotografieren, bringt uns Jess am nächsten Morgen mit seinem großen Raupenfahrzeug auf eine entfernt gelegene Anhöhe. Für die Jagd ist es noch zu früh, die Jagd auf Elche fängt in diesem Teil Alaskas erst am 20. August an. Unterwegs müssen wir durch große Sumpfflächen, die nur mit diesem Spezialfahrzeug passierbar sind. Von der Höhe aus haben wir einen herrlichen Rundblick und den bezaubernden Anblick der nahen Gletscher. Die Elche, die Jess hier vermutete, haben ihren Einstand gewechselt. Wir sehen nur einen Braunbären an diesem Vormittag.

Die Braunbären, von denen die größten Exemplare als Kodiakbären bekannt sind, kommen leider hier nicht mehr vor. Sie sind in den letzten Jahren von amerikanischen Jägern sehr stark bejagt worden. Größere Exemplare findet man zur Zeit nur auf der Kenai Peninsula oder der Aleutenkette. Der Abschuß ist aber seit 1968 von der Jagdbehörde stark begrenzt. Die Jagd kann auch nur mit einem ermächtigten Jagdführer erfolgen. Jeder Jagdführer hat aber nur drei Braunbären bzw. Grizzlys pro Jahr frei. Um den Bestand wieder anzuheben, haben die Jagdführer noch zusätzlich eine Maßnahme ergriffen und den Abschußpreis auf das Mehrfache erhöht. Damit soll auch die Existenzgrundlage der Guides erhalten bleiben.

Die Einsamkeit und Ruhe am Caribou Lake ist einmalig und wohltuend. Sie wird nur unterbrochen, wenn ab und zu Bill kommt und Gäste oder Post bringt, oder sonst ein Flugzeug landet, wie jetzt. Es ist der Beauftragte der Jagdbehörde, der an der Brücke sein Wasserfahrzeug festmacht. Wir bekommen schnell Kontakt mit ihm, denn seine zukünftige Frau stammt aus meiner Heimatstadt Zweibrücken. Die Unterhaltung mit diesem Mann – er heißt Bob, sieht gut aus und hat eine gewinnende Art – ist für uns sehr interessant. Man bekommt einen Einblick in die Überwachung dieses riesigen Landes mit seiner rauhen Landschaft und erfährt, daß sie sehr sorgfältig ausgeübt wird. Jess darf zum Beispiel seinen großen reservierten Jagdraum nur bis zu einer vorgeschriebenen Stelle mit dem Raupenfahrzeug befahren. Alle sonstigen Bewegungen sind nur zu Pferd oder zu Fuß gestattet. Die Überwachung durch Flugzeuge und Hubschrauber macht eine Übertretung der Bestimmungen fast unmöglich, denn die Fahrzeuge hinterlassen in dem sumpfigen Gelände eine tiefe Spur, die aus der Luft nicht zu übersehen ist.

Noch am späten Abend nach einem wieder hervorragenden Abendessen rudert Margot mit Temmy, der kleinen Tochter von Bruce, über den See zum Fischen. Drei der sehr begehrten Lachsforellen sind die Ausbeute.

Mit dem Motorboot fahren wir auch mal zur Honeymoon-Insel, die mitten im See liegt und Willards gehört. Ein besonders schönes Ferienhaus steht dort, in dem schon manches Hochzeitspärchen die Flitterwochen verbracht hat.

Sonst ereignet sich nicht viel in der Stille am See; aber Jess ist ein Spaßvogel, der immer zu lustigen Streichen aufgelegt ist. Wir genießen diese Fröhlichkeit und das schöne Wetter. Als uns Bill mit seinem Flugzeug abholt, ist es diesmal ein Abschied für nur kurze Zeit.

In Homer, wo wir unseren Camper vor Willards Haus aufgebaut haben, treffen wir wieder Fern, die für uns etwas Neues arrangiert hat: Wir sollen das Fischen der Salme im Meer miterleben. Fern bringt uns zu Mr. und Mrs. Matson, die ihre Sommerferien in Alaska verleben. Die ganze Familie campiert dann in einem großen Wohnwagen. Im Winter leben Matsons in USA. Die Salmfischerei mit Netzen ist eine harte Arbeit, sie wird aber nicht schlecht bezahlt. Das Gesetz schreibt vor, daß in der Zeit, in der die Salme zum Laichen in die Flüsse ziehen, nur freitags und samstags während der erlaubten Fischzeit im Juli gefischt werden darf. Es gehört schon viel Erfahrung dazu, unter Ausnutzung von Ebbe und Flut ergiebige Fangresultate zu erzielen.

Nach sehr herzlicher Begrüßung und dem üblichen gemeinsamen Kaffee steigen wir zu Mr. Matson in ein großes Holzboot mit Außenbordmotor. Die Söhne, zwei kräftige Burschen, heben bei gedrosselter Fahrt die Netze an und holen die Fische an Bord. Wir haben den letzten Fangtag miterlebt. Die Ausbeute ist nicht allzu groß, aber es sind diesmal auch fünf Königssalme im Netz, die gut anderthalb Meter lang sind und einen sehr guten Preis bringen. Noch in der Nacht kommt der Aufkäufer mit seinem Lastwagen direkt an den Strand. Jeder Fisch wird einzeln beurteilt, sofort übernommen und bezahlt. Als wir gegen 19 Uhr aus dem Boot steigen, serviert uns Mrs. Matson in dem Wohnwagen am Meer ein richtiges Souper – köstlich zubereitet.

Matsons haben in dem nahegelegenen Ninilchick eine Wohnung für den Sommer. Dankbar verabschieden wir uns von ihnen und finden bald einen einsam gelegenen Campingplatz für die Nacht. Bei unserem abendlichen Bierchen beobachten wir am Hang in der Nähe einen Schwarzbären.

Heute ist der 26. Juli. An einem besonders schönen Punkt halten wir und filmen aus einer Entfernung von über 500 Meter die weißen Dallschafe beim Äsen. Dieser Anblick ist ein aufregender Genuß fürs Jägerherz, und jeder wird den Wunsch verstehen, einen guten Dallschafwidder zu erlegen.

Wir kommen wieder über Portage und an riesigen Gletschern vorbei und sind am Mittag wieder bei unseren Freunden in Anchorage.

Inzwischen haben wir uns ja ausgeruht, so fahren wir am nächsten Tag schon in Richtung Fairbanks, kommen wieder auf den Highway, durchfahren das idyllisch gelegene Palmer und erreichen nach ein paar Stunden den Matuneska-Gletscher. Kurz hinter Glenallen biegen wir auf den Highway 4, nach seinem Erbauer ,,Richardson Highway`` genannt, ein und übernachten am Dean Creek. Über Paxen, den Sunat Lake entlang und an Delta Junction vorbei kommen wir am nächsten Mittag nach vielem Suchen in der sehr abseits gelegenen Jagdhütte eines empfohlenen Jägers an. Man kennt ja hier keine Hausnummern und sucht die Häuser zwischen den angegebenen Meilensteinen. Oft sind die Hütten noch weitab von der Straße gelegen. Es geht darum, daß ich ein Dallschaf schießen will. Aber mit diesem Jäger kommen wir nicht klar, er verlangt einen sehr hohen Preis. Die Jagd auf den Dallschafwidder hat einen besonderen Reiz. Gewiß ist ein kapitaler Elch – man nennt ihn hier Moose – die begehrteste Trophäe für uns deutsche Jäger, und man muß schon recht fit sein, um darauf zu jagen. Zur Widderjagd gehört aber schon ein bißchen mehr. Die Schafe leben in etwa 2.000 Meter Höhe. Der Weg dorthin erfordert körperliche Anstrengung und auch Mut. Außerdem ist es schwierig, an sie heranzukommen, denn die Schafe äugen sehr gut.

Ein Zufall bringt uns an den, wie ich hoffe, richtigen Mann. Als wir kurz vor Fairbanks das Eskimo-Museum besuchen und im Souterrain die Präparatoren (,,Skinner" heißen sie hier) bei ihrer Arbeit beobachten, frage ich sie, ob sie mir einen guten Jagdführer für die Schafsjagd nennen könnten. Freundlich und schnell erhalten wir Antwort. Ein Telefongespräch bringt mich mit einem deutschen Jagdführer zusammen, der Wiesbaden kennt und durch einen Artikel einer Wiesbadener Zeitung, der ihm von Freunden zugeschickt wurde, von unserem Vorhaben in Alaska schon Kenntnis hatte. Er wollte uns schon schreiben und hat uns eigentlich erwartet. Wir werden uns recht bald einig, da er auch an anderen Jägern Interesse hat und ich ihm versprechen kann, bei der Werbung behilflich zu sein. Einige Freunde des Jagdführers Bernd lernen wir auch gleich kennen, es sind Professoren der Universität Fairbanks. Zufrieden mit dem Gesprächsergebnis verabschieden wir uns und fahren den gleichen Weg zurück. Ganz dicht an der Straße beobachten wir einige Elche, machen am Tanana River halt und bleiben über Nacht dort.

Schon um sechs Uhr früh fahren wir weiter, durch eine herrliche Gegend, in der noch Bisons in freier Wildbahn vorkommen. Von Paxen aus geht es auf einer Schotterstraße, die den hochtrabenden Namen Denali Highway (Nr. 8) hat, zum Mt. McKinley Nationalpark. Wir durchfahren nun die Tundra, ein riesiges Talbecken, das durch die Alaskablume ein schönes Farbenspiel bekommt. Rechts sehen wir die schneebedeckten Gipfel der Alaska-Gebirgskette. Die Wolken hängen in bizarren Fetzen um die Bergkämme. Man kann den Glauben der Indianer und Eskimos verstehen, die in diesen gewaltigen Bergen, Tälern und Schluchten ihre Götter zuhause wissen wollen. Unser Ziel ist der Mt. McKinley, mit fast 7.000 Metern der höchste Berg Nordamerikas. Die Indianer nennen ihn ,,Home of the Sun" (Heim der Sonne). Wir wissen aber, daß in den Tälern, Hängen und in der Tundra dieses Nationalparks von der Größe unseres Landes Hessen die Tiere Alaskas zuhause sind. Der Staat hält hier seine schützende Hand über sie. Kein Schuß fällt in diesem Teil des Landes. Gegen 10 Uhr abends erreichen wir den Park.

Nach gutem Frühstück setzen wir die Fahrt am nächsten Morgen fort und sehen schon bald an den steilen Hängen in etwa 2.000 Meter Höhe die Dallschafe als weiße Punkte. Unser Weg windet sich weiter an recht gefährlichen Stellen vorbei. Über einen schmalen Paß erreichen wir die höchste Stelle, etwa 2.000 m hoch. Wir haben das große Glück, hier ein Rudel Caribous anzutreffen. Es sind etwa zehn Hirsche, die wir nahe am Weg beobachten und filmen. Wie erregend ist doch solch ein Anblick für den Jäger! Wenig später beobachten wir eine Grizzly-bärin mit ihren Jungen. Leider sind die Tiere, die hin- und herwechseln, von dem hohen Unterwuchs verdeckt, so daß wir sie nicht auf den Film bannen können.

Die großen Eindrücke lassen uns nicht zur Ruhe kommen. So fahren wir in den Abendstunden – es ist ja bis Mitternacht fast hell – nochmals 100 km auf der Parkstraße. Wieder beobachten wir die weißen Schafe und genießen den Anblick bei der untergehenden Sonne. Dann verzaubert uns noch der Anblick eines kapitalen Elchschauflers mit Kahlwild.

Unser Campingplatz ist besonders schön gelegen, wir trennen uns nur schwer und fahren am nächsten Morgen nicht allzu früh in Richtung Fairbanks zurück.

Wir haben es nicht eilig, denn wir werden am 3. August mit dem kleinen Flugzeug von Bernd Gaedeke, dem Jagdführer, in die Brooks-Berge starten, in jene riesige schroffe Gebirgskette, die sich quer durch Alaska zu der Eismeerküste hinzieht.

So genießen wir bei strahlender Sonne die Schönheit dieses Landesteiles. Nach etwa zwei Stunden erreichen wir ein aus mächtigen Stämmen gebautes Holzhaus. Hier erwerben wir die Jagdlizenz und die Wildmarken für die bevorstehende Jagd. Sehr genau und korrekt wird der Jagdschein ausgefüllt, selbst meine Körpergröße und Gewicht will man wissen. Hier fotografieren wir auch ein sogenanntes kleines Fleischhaus, das mehrere Meter hoch, ähnlich unseren Jagdkanzeln errichtet ist. Im Winter wird das Wildfleisch zum Schutz gegen Wildtiere darin eingelagert, das sich leicht bis in das Frühjahr hinein hält.

Am Abend erreichen wir einen an einem See gelegenen Campingplatz. Margot läßt es sich nicht nehmen, die Angel zu schwingen, sie will das Mittagessen für morgen noch heute Abend angeln.

Von einem der interessanten Naturwunder, dem geheimnisvollen Zug der Lachse im Sommer, haben wir schon viel gehört. Wir wissen, daß die Lachse in den Quellgebieten der Flüsse hoch in den Bergen geboren werden und dann als junge Fische hinabziehen ins Meer bis in die Beringsee. Nach vier Jahren kommen sie zu ihrer Geburtsstätte zurück, denn der Fortpflanzungstrieb zwingt sie, diesen sehr langen Weg aus dem Meer über die Flüsse, zum Beispiel über den Yukon, die Nebenflüsse und Bäche hinauf bis zu ihrer Geburtsstätte zu machen, um dort zu laichen. Mehrere tausend Kilometer haben sie zurückzulegen. Auch die männlichen Tiere ziehen den gleichen Weg. Viele verenden schon auf diesem langen und beschwerlichen Weg. Die anderen gehen später zugrunde und dienen den Junglachsen als Nahrung. Während die Fische aus dem Salzwasser in das Süßwasser der Flüsse wechseln, verfärben sie sich langsam rot. Hier, an einer Stelle unweit von Paxon, haben wir das große Glück, in einem wildreisenden Flußbett den Zug der Lachse zu beobachten. Man sieht die roten Körper der Fische gegen die Fluten ankämpfen; es sind bestimmt Tausende. Es ist grausam anzusehen, wie sich diese Fische über die blanken Steine hinwegwälzen und von den gierigen Möwen umflogen werden, die besonders in den Augen der Lachse ihre Beute sehen und ihnen diese aushacken. Wir beobachten, wie diese Tiere, dem Urtrieb folgend, sich ihren Weg nach oben suchen, Meter um Meter kämpfend. Die Stelle, an der wir dieses Erlebnis haben, ist etwa 1.000 Kilometer vom Meer entfernt, die Lachse sind also schon mehrere Wochen unterwegs. Die, die übrig bleiben, brauchen noch ein paar Wochen, bis sie ans Ziel kommen.

Schlechtes Wetter empfängt uns in Fairbanks. Also schauten wir uns die Sehenswürdigkeiten der Stadt an. Da gibt es eine kleine naturgetreu erstellte Westernstadt aus der Goldrauschzeit. In den Häusern bewegen sich Menschen in der Kleidung der damaligen Zeit. Auch der „Saloon" (die Kneipe), die übrigen Lokale und das Theater sind in Betrieb.

Mit Bernd Gaedeke, diesem sympathischen jungen und lebensfrohen Menschen, mit dem wir in den nächsten Tagen zur Jagd in die Brooks-Berge fliegen wollen, besuchen wir das alte Goldwäscherzentrum Cripple Creek. Hier ist noch ein echter Western-„Saloon" erhalten. Hier sitzen Abend für Abend die Menschen aus nah und fern dichtgedrängt auf Bierfässern um primitive Tische, um diese eigenartige Atmosphäre zu genießen. Man trinkt das Bier hier aus Maßkrügen. Auf der kleinen Bühne spielt eine vollbusige Dame, in Westernstil gekleidet, alte Lieder auf einem alten Klavier. Die Vorstellung jener Zeit wird noch lebendiger, als der Lokalbesitzer in vorgerückter Stunde eine Story aus der Goldrauschzeit erzählt. Spät in der Nacht fahren wir nach Fairbanks zurück. Auch in dieser Stadt werden wir als Deutsche an unserem Wagen erkannt und oft angesprochen.

Als das Wetter endlich etwas besser wurde, macht Bernd sein Flugzeug klar, um schon mal die wichtigsten Utensilien, Zelte und Lebensmittel in das vorgesehene Jagdlager zu fliegen. Jack, ein stämmiger Jagdführer, der aber in seinem Hauptberuf Dekan und Professor der Universität Fairbanks ist, startet mit dem Flugzeug.

Jetzt ist es soweit. Der Pilot Martin fliegt uns in die Brooks-Range. Ich kann den Flug auf der Karte verfolgen. Wir waren schon bald über den Yukon hinaus und schwankten nach etwa zwei Stunden in das Tal des Alatna-Flusses, nach dem Bernd sein Flugzeug „Alatna" genannt hat. Hier und da sehe ich einen Elch, sonst herrscht tiefe Einsamkeit um uns. Dann überfliegen wir einen etwas größeren See. Jetzt sehe ich unten eine kleine Blockhütte, die – wie man mir sagt – von einem Einsiedler bewohnt ist. Als dann unsere Maschine auf dem kleinen, etwa 1.000 Meter hoch gelegenen Alatna-See aufsetzt und wir von Jack in dem kleinen Zeltlager, das er inzwischen errichtet hat, begrüßt werden, empfängt uns gleichzeitig auch eisige Kälte. Es hat sogar geschneit. Trotzdem sind wir guter Dinge. Wir beziehen unser kleines Zelt und machen uns für die Nacht bereit. Die heiße Hühnerbrühe, die Jack inzwischen zubereitet hat, tut gut bei der Kälte.

Es schneit, stürmt und ist bitterkalt in der Nacht. Diese Kälte sei in dieser Jahreszeit sehr verfrüht, sagt man uns. Im Jahr zuvor hat man in diesen Tagen im See baden können. Jetzt wurde im Eßzelt mit einem kleinen Propangasofen geheizt, aber inzwischen ist das Gas ausgegangen. Im Moment sind wir etwas mutlos und kriechen in unsere Schlafsäcke.

Als wir am Nachmittag wach werden, hören wir am Knistern des Feuers, daß wieder ein Ofen brennt. Jack, dieser fabelhafte Mann, hat einen kleinen Yukonofen, der im Berghang im Versteck lag, ausfindig gemacht und angezündet. Er stammt von den Chrislers, die im Auftrag von Walt Disney an dieser Stelle Wolfsforschungen durchgeführt hatten. Margot geht zum See und angelt einen Grayling, eine besonders schmackhafte Forellenart. Sie sieht plötzlich eine Caribouherde über den Rücken der Tundra heranziehen und verständigt uns im Zelt. Wir erleben nun ein Schauspiel, wie es in dieser Jahreszeit kaum sonst zu sehen ist. Jack schätzt die Herde auf 700 bis 1.000 Stück. Bei gutem Wind gehen wir sie an und machen zwei gute Hirsche aus. Ich versuche zu schießen, habe aber keine gute Auflage. Die Entfernung ist auch zu groß, der Schuß geht vorbei. Etwas enttäuscht kehren wir ins Zeltlager zurück.

Um ein Ofenrohr anzufertigen, mußte Jack alle vorhandenen Hühnerbüchsen entleeren. Also essen wir Hühner. Das Wetter hat sich inzwischen etwas beruhigt. Nach dem Essen beobachten wir, daß sich die riesige Caribouherde wieder nähert. Die Tiere sind ganz ruhig. In einem Graben gut getarnt warten wir ab und versuchen, einen guten Hirsch auszumachen. Jack gibt nicht auf, endlich sehen wir wieder den besonders starken Hirsch, den wir schon vorher beobachtet haben. Ich lege auf Jacks Schulter an und schieße. Ich bin gut abgekommen. Der Hirsch geht nicht mehr weit. Nun stehe ich vor der ersehnten Beute, einem sehr guten Caribou. Jack gratuliert mir zu dieser besonders guten Trophäe, denn ich habe einen der seltenen Doppelschaufel-Caribou geschossen. Man nennt ihn hier Bonanza-Caribou. Das Geweih hat nicht nur eine, sondern zwei ,,Schneeschaufeln'' (Breite Augsprossen, die in der Regel nur an einer Stange voll ausgebildet sind). Alle freuen sich mit mir. Es ist fast Mitternacht, bis wir das Wildbret und das Geweih geborgen haben. Ein Umtrunk mit Bier im Zelt läßt diesen schönen Jagdtag ausklingen.

Es ist der 7. August, immer noch bitterkalt, es stürmt und schneit. Wir schlafen alle lange. Nach dem Frühstück pirschen wir erneut eine Caribouherde an, um zu filmen. Leider halten sie uns nicht lange genug aus, da der Wind umgeschlagen hat. Aber ein paar recht gute Szenen durften doch gelungen sein. Gegen Abend kommt Martin, der am Morgen nach Fairbanks geflogen war, zurück und bringt ein Tierforscher-Ehepaar mit. Es sind gebürtige

Tschechen, die in der Schweiz leben und sich jetzt im Auftrag der Eidgenossen hier in Alaska aufhalten. Sie beobachten auf eigene Art und nach besonderen Methoden das Leben der Caribous, Elche und Schafe. An diesem Abend haben wir eine recht gemütliche Runde, es wird Mitternacht, bis wir in die Schlafsäcke kommen.

Am nächsten Morgen, 8. August, ist die ganze Landschaft wieder in eine Schneedecke gehüllt. In der Nacht hatten wir einen starken Schneesturm und befürchteten schon, unser Zelt fliegt davon. Nach dem Frühstück beruhigt sich das Wetter aber, und wir machen uns für einen größeren Marsch zurecht. Wir marschieren die Tundra hinunter und biegen in einen Talkessel ein. Hier bietet sich uns ein seltsames Schauspiel, denn bei gutem Wind kommen wir an eine Caribouherde bis auf 50 Meter heran. Es mögen 100 Stück sein. Leider habe ich meine Filmkamera im Zelt liegen lassen, ich hätte an diesem Morgen bei gutem Licht die besten Aufnahmen von Caribous machen können. Nach etwa vier Stunden kommen wir beglückt zum Zeltlager zurück.

Zum Abendbrot hat Margot wieder einen Grayling geangelt. Während wir noch beim Essen sitzen, kommt Bernd mit seinem vollbeladenen Flugzeug an. Wir helfen alle, die Maschine zu entladen, nach etwa 20 Minuten fliegt er trotz des Nebels nach Fairbanks zurück.

Es hat die ganze Nacht gestürmt und geschneit. Unser Lager ist im tiefen Schnee versunken. Trotzdem versucht die Sonne am Vormittag durchzukommen, aber die Tundra und die Berge um uns sind im Schneedunst kaum zu sehen. In der Nacht hatten wir − 20 °C. Unser Eßzelt ist im Sturm zusammengebrochen, aber bereits wieder aufgebaut. Im Innern habe ich Ordnung geschaffen. Margot ist trotz des kalten Wetters am See und angelt. Die Bubeniks, das Wildbiologen-Ehepaar, sind mit Wolf und Jack unterwegs. Sie wollen sehen, wo die Schafe infolge des großen Wettersturzes geblieben sind. Wir warten auf Martin mit dem Flugzeug.

Es ist faszinierend und kaum zu glauben, daß mitten im Sommer, am 9. August, hier tiefer Winter herrscht. Trotzdem sind wir guter Dinge. Der Wind hat etwas nachgelassen, ich mache mit Margot einen längeren Pirschgang. Auf dem Rückweg, etwa 1.000 Meter vor unserem Lager, entdecke ich plötzlich einen Timberwolf. Schnell laufen wir zum Zelt, ich will mein Gewehr holen und dem Wolf den Weg abschneiden. Es kommt aber anders. Dieser sehr starke Wolf will eine Caribouherde verfolgen, die wir leider nicht gesehen haben. Jack hat aber alles vom Lager aus mit dem Fernglas verfolgt. Als der Wolf uns bemerkt, läßt er davon ab. Wir hoffen jetzt, daß er in der Nacht zu unserem Lager kommt. Der Wind ist günstig, und da es ja kaum dunkel wird, rechnen wir uns eine Chance aus. Jack ist auch dieser Meinung. Wir sind sehr gespannt.

Ständig beobachten wir die Gegend und bemerken etwa um 10 Uhr abends einige Caribous mit ihren Kälbern, die sehr eilig, ja fast flüchtig am gegenüberliegenden Hang in etwa 1.000 Meter Entfernung entlangziehen. Das letzte Muttertier äugt häufig zurück. Wir kombinieren, daß der Wolf das zu diesem Tier gehörende Kalb gerissen hat. Deshalb ist auch nicht mehr damit zu rechnen, daß er in der Nacht an mein ,,Kill" (Luder) kommen wird, er hat für die nächsten Tage Fraß genug. Leider.

In der Nacht sinkt das Thermometer auf − 11 °C. Mit Windstärke 10 bläst der Wind. In unseren doppelten Schlafsäcken und mit Angora-Unterwäsche fühlen wir uns mollig warm. Deshalb stehen wir auch am Morgen – es ist Sonntag – erst gegen 10 Uhr auf, denn wir warten, bis unser Eßzelt einigermaßen warm ist.

Gegen Mittag starten wir mit Jack in das erste Delta. Wir wollen uns nach Schafen umsehen, die sich durch den Kälteeinbruch und Schnee umgestellt haben. Es ist ein harter und langwieriger Weg. Jeder Schritt muß überlegt sein, denn die Steine, auch die in dem schmalen Bachbett, sind mit einer Eisschicht überzogen. In dem eisigen Bachbett steigen wir zwei Stunden. Unsere Lungen müssen tüchtig arbeiten. Ab und zu suchen wir mit den Gläsern die Hänge nach Widdern ab. Hier und da finden wir tote Vögel, auch eine Schnepfe, die von dem frühen Winter und der eisigen Kälte überrascht wurden. Gegen 17 Uhr kommen wir von dieser schwierigen Kletterei zurück, ohne Schafe gesehen zu haben. Auch diese strapaziöse Pirsch haben wir gut überstanden. Unsere Romika-Spezialstiefel haben sich hierbei bestens bewährt. Die Amerikaner haben uns darum beneidet, weil ihre Schuhe wesentlich schwerer und nicht wasserdicht sind. Wir haben dann auch nach den Jagdtagen die Stiefel unseren Jagdführern geschenkt, die sehr dankbar dafür waren.

Nachdem wir uns mit heißem Kaffee und prima Suppe aufgewärmt haben, laufen wir später nochmal eine Stunde zu meinem Kill. Wie zu erwarten war, ist er immer noch nicht angenommen. An diesem Abend hat Jack Steaks aus meinem Caribou zubereitet. Bernd kommt auch mit seinem vollbeladenen Flugzeug. Diese kleine Maschine ist die einzige Verbindung zu uns in die Arktis, an den Alatnasee in den Brooks-Bergen.

Während Margot noch am späten Abend angelt, hört sie einen Polarfuchs bellen. Gleichzeitig hat sie auch eine große Caribouherde ausgemacht und kommt ins Zelt, um zu berichten. Alle schauen wir uns dieses faszinierende Bild an, wobei die untergehende Sonne die Tiere gespensterhaft in der Tundra erscheinen läßt.

Berndt hat fast die ganze Nacht gearbeitet, um unser Eßzelt noch bequemer herzurichten. Dann fliegt er wieder nach Fairbanks zurück, um noch zwei Zelte zu holen, die er etwa sechs Meilen weiter abwerfen will. Wir wollen dort zwei weitere Zeltlager – man nennt sie hier ,,Spikecamp'' – für die Schafsjagd einrichten.

Als wir heute früh vier sehr gute Caribouhirsche filmen, beobachten wir auch einen Junghirsch, der sich eigenartig und unverständlich bewegt, nicht sehr weit von unserem Zeltlager. Wir können nicht feststellen, ob er krank ist; auf jeden Fall ist es ein Sonderling.

Jack und Wolf haben unter schwierigsten Wetterbedingungen Proviant in die vorgesehenen ,,Spikecamps'' gebracht. Erschöpft kehren sie am Abend zurück. Margot hat trotz des schlechten Wetters wieder Forellen gefischt, und als wir dann beim Abendessen zusammen mit Berndts Braut Jeanette, einer jungen Kanadierin, sitzen, sind die Strapazen des Tages vergessen.

Am 12. August starten wir nach einem kräftigen Frühstück in das neue Zeltlager. Dr. Bubenik hat in der Nacht bei starkem Nordostwind eine Temperatur von $-20\,°C$ gemessen. Während wir schon losgehen, fliegen Berndt und Wolf mit dem Flugzeug und werfen die Zelte und Schlafsäcke an den vorgesehenen Stellen ab, damit wir sie nicht zu schleppen brauchen. Die erste Stelle erreichen wir nach einem über sechsstündigen schwierigen Marsch am Berghang. Die abgeworfenen Utensilien finden wir unbeschädigt vor. Nach einer Stunde geht's mit Berndt weiter zum nächsten Zeltplatz. Über Felsen, Bäche und die sogenannten ,,Negerköpfe'' verläuft der Marsch unter schwierigsten Bedingungen. Margot vertritt sich dabei den Fuß, läßt sich aber nichts anmerken. Als wir gegen acht Uhr abends endlich an der Stelle ankommen, an der wir das Zeltlager aufbauen wollen, und auch die vom Flugzeug abgeworfenen Zelte und Schlafsäcke vorfinden, friere ich mächtig und habe auch einen beachtlichen Schnupfen. So schnell wie möglich stellen wir die Zelte auf. Berndt hat inzwischen sein Teleskop aufgestellt und kann uns zwei recht gute Widder in sechzigfacher Vergrößerung hoch oben auf einem Kamm im tiefen Schnee vorführen. Der Anblick hat uns wieder munter gemacht und gibt Auftrieb. Ich verkrieche mich aber recht bald in meinen Schlafsack. Margot hat einen heißen Grog bereitet und unser kleines Benzinöfchen spendet sogar etwas Wärme. Trotz bitterer Kälte in der Nacht schlafen wir recht gut. Sehr wichtig gegen die Kälte ist, daß wir unsere eigenen leichten Daunenschlafsäcke mithaben, die wir in die vorhandenen Schlafsäcke stecken. So ist man gegen jede Kälte geschützt. Dieser federleichte Schlafsack begleitet mich von da an auf allen Reisen.

Die Sonne scheint, als wir am nächsten Morgen, am 13. August, aufbrechen. Es geht in ein steil ansteigendes Seitental, wieder über schroffes Gestein. Wir klettern durch das Bachbett über Felsen, durchqueren die tundraartige Landschaft dieser Schlucht und machen endlich gegen zehn Uhr hoch oben auf dem tiefverschneiten Grat mit dem Teleskop vier starke Widder aus. Nach den anstrengenden Tagen hatten wir nun wirklich Waidmannsheil verdient. Eine weitere mühsame Wanderung führt uns auf ein Hochplateau in etwa 2000 Meter Höhe. Nach langer Umschau und Beobachtung müssen wir einsehen, daß die Mühe umsonst war. Der starke Wetterumschwung hat die Widder auf die äußersten Gipfel getrieben, während die Caribous die Schluchten verließen und sich für den großen Zug in den Süden sammelten. Trotzdem steigt Berndt noch einmal auf einen erreichbaren Grat, um sich zu vergewissern, ob wir nicht doch noch eine Chance haben. Ich mache auch selbst den Versuch, weiter hinaufzusteigen, muß es aber aufgeben, da ich bis zum Bauch im Schnee versinke. Gegen 16 Uhr kommt Berndt zu uns zurück, und als wir um 9 Uhr abends am Ende der Schlucht zu unseren Zelten kommen, sind wir alle recht erschöpft und unsere Stimmung auf dem Nullpunkt. Auch der heiße Whisky ändert nichts daran.

Im Sonnenschein des nächsten Morgens hält Berndt schon lange Ausschau, kann aber keinen Widder sehen, nur die weiblichen Schafe mit ihren Lämmern in niedrigen Hängen. Dann entdeckt er auch einen sehr starken Grizzly mit drei jüngeren Bären. Es ist zwar ein herrlicher Anblick, da aber die Schußzeit erst am 1. September beginnt, muß es heute bei diesem Anblick bleiben.

Nach einer eingehenden Lagebesprechung entschließen wir uns, da das Wetter sich vorerst nicht zu ändern scheint, die Jagd einstweilen aufzugeben, alles zusammenzupacken und den Weg zum Hauptlager am See – es mögen etwa 20 Kilometer sein – wieder zurückzugehen. Nach einigen Stunden erreichen wir das Zwischenlager. Hier treffen wir Jeanette, die schlanke Kanadierin, sie hat frischgebackenes Gebäck hierher gebracht. Sie mußte noch in der Nacht allein zurücklaufen, da sie den Elchhund Alatna über Nacht nicht allein lassen kann, weil er von einem Wolf gerissen werden könnte. Eine sehr sportliche und mutige Leistung dieses jungen Mädchens.

Um vor einem Wetterumschwung im Hauptlager anzukommen und heute noch zum Rückflug starten zu können, treibe ich unsere kleine Gesellschaft zu einem Eilmarsch an. Wir sind dann auch gegen 16 Uhr am See. Ich helfe, das Flugzeug klarzumachen, unser Gepäck und das Caribougeweih sind schon bereitgelegt. Plötzlich hören wir ein Flugzeug, das näherkommt und auf dem See landet. Zwei Männer von der Jagdbehörde, die auf dem Kontrollflug sind, kommen zu uns. Da sind wir aber froh, daß wir die Wildmarke am Caribougeweih angebracht haben. Sie halten uns nicht lange auf, um 18 Uhr können wir mit Berndt den Rückflug nach Fairbanks antreten.

Wir fliegen wieder durch das Alatna-Tal. Von weitem sehen wir einen großen Waldbrand. Bei schönstem klaren Wetter überqueren wir den Yukon, wo ich bizzare Landschaftsbilder filme. Gegen 21 Uhr landen wir auf dem kleinen Wasserflughafen Fairbanks.

Mit Berndts Jeep, der an seiner Landestelle stand, fahren wir zu Frau Hollerbeck, der Frau vom Jagdführer Wolf, der noch in den Brooksbergen am Alatna-See ist. Wolf – im Hauptberuf ebenfalls Professor an der Universität Fairbanks – hat uns zu diesem späten Besuch veranlaßt. Mit einer selbstverständlichen Gastfreundschaft, wie man sie kaum woanders erlebt, empfängt uns Frau Hollerbeck um 23 Uhr. Wir baden, machen uns frisch und bekommen ein gutes Abendessen. Nach 1 Uhr nachts legen wir uns in unserem Camper, den wir neben Hollerbecks Haus gestellt hatten, behaglich zum ersehnten Schlaf. Nach dem Frühstück verabschieden wir uns von Berndt und den lieben Gastgebern und verlassen das gastliche Haus.

Mit der Trophäe auf dem Dach unseres Wagens fahren wir in Richtung Anchorage. Nach Stunden erreichen wir wieder Paxon und sehen, wie sich die Lachse immer noch den Fluß hinaufquälen. Noch in dieser Nacht fahren wir bis Anchorage, zwischendurch haben wir Heddy telefonisch verständigt. Um 23 Uhr kommen wir bei ihr an und sitzen bis in die frühen Morgenstunden beim Erzählen von unseren Abenteuern zusammen. Gleich nach Mitternacht – es ist nun der 16. August – können wir auch Margot noch zu ihrem Geburtstag gratulieren. Der ganze Tag ist festlich und klingt aus mit einem Geburtstagsessen mit unseren lieben Freunden. In unserer Runde sind auch Paul und Pauline, die unseren Wagen übernehmen; auch ihr Sohn ist dabei, der ein Eskimomädchen zur Frau hat.

Am nächsten Vormittag fahre ich mit Paul zum Flughafenzoll, um meinen Wagen zu verzollen. In diesem Land macht das der Verkäufer. Nach wenigen Minuten ist alles problemlos und günstig geregelt. Bei dieser Gelegenheit buchen wir auch schon unseren Rückflug, denn die Flugzeuge sind um diese Jahreszeit, durch die von Tokio kommenden Japaner, überbelegt. Man muß seinen Flug schon früh vormerken lassen. Paul, der Angehöriger der amerikanischen Luftwaffe ist, zeigt mir den großen Militärflughafen Elmendorf, eine der vielen militärischen Einrichtungen.

Da wir zur Elchjagd zu Willards auf die Kenai-Halbinsel wollen, macht uns die Nachricht Sorge, daß der Waldbrand auf der Halbinsel immer größeren Umfang annimmt und schon 4.000 Personen zur Bekämpfung eingesetzt sind. Deshalb ist auch die Jagd geschlossen und wird so lange geschlossen bleiben, bis Regenwetter die Brandbekämpfung unterstützt. Wir haben also Zeit.

Ich habe heute unseren Wagen gründlich gewaschen und poliert. Wir sind mit ihm nun 20.000 Kilometer gefahren, davon etwa 5.000 Kilometer Schotterstraßen. Er hat sich bestens bewährt. Die gute Vorbereitung und eine vernünftige Fahrweise haben sicher wesentlich dazu beigetragen, daß wir bis zur Stunde keinen Schaden und keine Reparaturen hatten.

Wir wollen kurz vor Glenallen in der Nähe des Matanuska-Gletschers einen mir empfohlenen Jagdführer, Herrn Reese, aufsuchen. Zwar finden wir sein Blockhaus, treffen aber nur seine Frau an. Wir unterhalten uns mit ihr über die Jagdmöglichkeiten mit ihrem Mann. Leider hat er auf dem kleinen Landeplatz vor dem Haus bei plötzlich einsetzendem Schneetreiben eine Bruchlandung gemacht und ist damit beschäftigt, sein Flugzeug wieder in Ordnung zu bringen und mit der Versicherung einig zu werden. Schade, mit diesem Jäger hätte ich gern etwas unternommen, da ich die Überzeugung gewann, daß er sein Handwerk versteht. Am Freitag, 22. August, fahren wir wieder nach Homer zu Willards. Dort lernen wir auch Venise und Ralf Sutherland kennen, die uns herzlich aufnehmen und sehr verwöhnen. Sie laden uns zum großen Fischfang mit ihrem Boot auf dem Meer ein. Heddy und James sind auch mit von der Partie. Mit einem robusten Hochseefischerboot ,,Moonlighter" fahren wir los und suchen in den Abendstunden eine Bucht zum Heilbuttfischen. Margot, die inzwischen eine passionierte Anglerin geworden ist, kann das neue Erlebnis kaum abwarten. Doch zunächst will außer einem Seestern nichts anbeißen. Heddy läßt ihre Angel stehen, James soll darauf achtgeben. Plötzlich hängt Margots Leine fest. James hilft ihr, dabei sehen wir, daß seine Angel über Bord geht. Ein Heilbutt hat angebissen und ist mit der Angel abgegangen. Wir sind betrübt, denn die Angel war neu und teuer. Mit einer anderen Angel fischt James weiter. Nach einer Stunde hat er wieder etwas am Haken. Nun geschieht etwas höchst Merkwürdiges: James zieht seine verlorengegangene Angel an Bord und hat daran einen 25pfündigen Heilbutt. Viel Mühe hat er, seinen Fisch ins Boot zu bekommen. Klar, daß wir uns alle mit ihm freuen.

Margot kann von der Fischerei nicht genug bekommen; sie geht sogar nach dem Abendessen, zu dem wir eingeladen wurden, und angelt, fast im Dunkeln, noch zwei recht gute Seezungen. Zum Abschluß des schönen Tages besuchen wir auf der Landzunge von Homer das ,,Salte-Dutch" und trinken noch ein kühles Bier. In diesem uralten Holzgebäude, das schon zur Russenzeit als Post und Schule gedient hat, ist alles Alte erhalten geblieben. Auch das Erdbeben hat das Haus nicht aus den Fugen bringen können.

Am nächsten Morgen laufen wir mit dem Fischerboot bei schönem Wetter nochmal aus. Heute wird die lange Leine ausgelegt, mit 80 Haken dran, an jedem Haken hängt ein großes Stück Fisch als Köder. Auf der Rückfahrt am Spätnachmittag wird sie dann wieder eingeholt. An drei Gletschern vorbei gleitet unser Boot langsam in den Cook-Inlet. Als wir aber nach drei Stunden unsere Angeln bereit machen, sehen wir plötzlich eine Robbe ganz in der Nähe unseres Bootes. Wo die Robbe aber fischt, brauchen wir es nicht mehr. Also fahren wir weiter und legen in einer romantischen Bucht die Leinen aus, die schweren

Angeln für Heilbutt, die anderen für Lachse. Nach einer halben Stunde hat Ralf einen sehr starken Heilbutt an der Angel. Er kann sie kaum halten. Zu gleicher Zeit hat aber auch Margot einen schweren Fisch am Haken. Mit viel Mühe hebt sie den Fisch ins Boot. Ralf kämpft immer noch mit seinem, der viel größer sein muß. Er steigt nun ins Beiboot und versucht, den Fisch, der vermutlich die Leine um einen Felsen am Meeresboden geschlungen hat, frei zu bekommen. Es gelingt ihm aber nicht, nach einer weiteren Stunde war die Angel plötzlich frei – die Leine war gerissen. Schade, wir hätten Ralf den Erfolg gegönnt. Er und Venise überschütten uns auch heute mit Gastfreundschaft.

Mit den beiden, die übrigens geborene Iren sind, verbringen wir den Abend in einem der gemütlichen Lokale von Homer und trinken zum Abendessen Rheinwein.

Auch am nächsten Tag scheint die Sonne, während wir auf Regen warten, der die Brandbekämpfung unterstützen soll. Der Brandumfang hat inzwischen ungeheure Ausmaße angenommen, es sollen schon 90.000 Hektar Wald vernichtet sein. Seit zehn Tagen wütet schon das Feuer, und es sieht nicht aus, als ob es durch Menschenhand zum Stillstand gebracht werden kann, zumal starker Wind die Flammen vor sich hertreibt.

Vor Willards Haus in Homer haben wir unseren Wagen abgestellt und müssen nun abwarten. Ralf und Venise, diese lieben und gastfreundlichen Menschen, helfen uns die Zeit vertreiben.

Jess Willard, der es am Caribou-Lake auch nicht mehr aushält, kommt an und will sich selbst bei der Forstbehörde, die ihren Hauptsitz in Kenai, etwa 90 Meilen von Homer entfernt hat, Gewißheit verschaffen und hören, ob mit der Aufhebung des Jagdverbots bald zu rechnen sei. Wir fahren mit ihm, aber obwohl Jess bei den Dienststellen gut bekannt und geachtet ist, kommen wir unverrichteter Dinge zurück.

Währenddessen habe ich am kleinen Wasserflughafen einen deutschen Jäger aus München begrüßt, den Bill samt seinem Jagdführer im Alaska-Gebirge abgeholt hat. Einen recht guten Widder haben sie mitgebracht. Bill, der Pilot, kann in seinem kleinen Flugzeug erstaunlich viel verstauen. Zu der sehr schwierigen Jagd auf die Dallschafwidder gehören Anlauf und eine Menge Dusel.

Auch in den nächsten Tagen sind wir mit Ralf und Venise draußen auf dem Meer. Diese Art der Fischerei ist sehr reizvoll und spannend. Wir besuchen auch eine große Fabrik, wo die Königskrabben verarbeitet werden. Das sind hummerartige Tiere, die aber zehnmal so groß werden wie unsere Hummer. Sie werden von Fischdampfern aus in großen Eisenkörben, die mit Ködern beschickt sind, gefangen. In dem sehr sauberen Verarbeitungsbetrieb arbeiten etwa 30 Personen, der ganze Vorgang bis zum Einlegen in den Versandbehälter dauert nur 17 Minuten. Sie schmecken köstlich, ebenso die Shrimps, wir haben uns davon überzeugt.

Auf Umwegen hören wir nun, daß das Jagdverbot in wenigen Tagen aufgehoben werden soll, denn inzwischen hatte es auch einige Male geregnet, und das Feuer ist eingedämmt. – Da die Jagd in den hohen Bergen frei war, hatte ich mit dem Gedanken gespielt, mit Bruce zur Jagd auf Schneeziegen zu gehen. Sie leben, ähnlich wie die Gemsen, hoch oben im schroffen Gestein. Wir hatten schon die Einzelheiten durchgesprochen und mit Bill verabredet, daß er uns am nächsten Tag über die Berge an einen See fliegt, von wo aus wir dann zu Fuß gehen würden. In der Nacht kamen mir aber Bedenken. Mir lag daran, daß Margot die Elchjagd erlebt, bei der ich dabeisein wollte. Da man aber nie weiß, was bei einer schwierigen Gebirgsjagd passieren kann und ob wir auch rechtzeitig zurückkommen, entschloß ich mich, auf die Schneeziegenjagd zu verzichten. Bruce, dem ich das am frühen Morgen sagte, war sehr enttäuscht, er hatte sich auch darauf gefreut.

Am 1. September sind wir mit Bill zum Caribou Lake geflogen und warten weiter auf die Freigabe der Jagd. Schatzi und Jess empfangen uns auch diesmal wieder sehr herzlich. Nach einer Rundfahrt auf dem See gehen wir am Nachmittag mit Jess zur Jagd auf ,,Spruce-Hühner", einer Art kleiner Rauhfußhühner. Sie leben in offenem Wald und baumen gern auf. Zwei dieser Hühner schießen wir an dem Nachmittag. Kaum sind wir zurück, hören wir das Gebrumme eines Hubschraubers. Es sind die Männer von der Jagd- und Fischereibehörde, die zu Besuch kommen. Auch Bob ist dabei. Gemütlich trinken wir alle zusammen Kaffee. Bob verrät uns inoffiziell, daß das Jagdverbot nach drei Tagen aufgehoben werden soll, das Feuer sei soweit gelöscht. Dieser riesige und langanhaltende Brand hat an den Nerven aller gehörig gezerrt. Schatzi, eine sonst robuste Frau, litt besonders darunter, denn sie erwarten in einigen Tagen zwei deutsche Jäger. Eine telegraphische Absage der Jagd wäre für Willards unangenehm gewesen. Bob macht noch einen Informationsflug mit dem Hubschrauber, und da noch ein Platz frei ist, nimmt er Margot mit. Sie ist hocherfreut über dieses seltene Erlebnis. Am nächsten Morgen erfahren wir durch den Rundfunk, daß das Jagdverbot seit Mitternacht aufgehoben ist. Wahre Freudentänze vollführen wir über diese frohe Botschaft nach der wochenlangen Ungewißheit.

Nun geht's an die Vorbereitungen für die Jagd, auch wir helfen mit. Aber am Nachmittag fahren wir mit dem Boot über den See und gehen „Spruce"- und Schneehühner jagen. Mit 13 Vögeln kehren wir zurück. Später beschäftige ich mich mit dem Rupfen und Ausnehmen der Hühner. Hier rupft man die Vögel nicht, man zieht ihnen einfach den Federbalg über den Kopf und verwendet auch nur die Brust und die Schenkel. Olaf, der Labrador, sitzt neben mir und frißt alles, was ich ihm hinwerfe.

Wenn ich manchmal in unserem „Gästehaus" sitze und mit meiner Schreiberei beschäftigt bin, schweift mein Blick oft über den See. Da steht eben ein Elchtier mit seinem Kalb im Wasser, sie äsen an den Wasserrosen. Einmalig schön ist die Stimmung nachmittags, wenn das Spiel von Licht und Schatten in der langsam sinkenden Sonne die herbstliche Färbung der Landschaft in ihrer ganzen Pracht offenbart. Die Stille ringsherum vertiefen alle Eindrücke.

Jetzt höre ich das kleine Motorboot, mit dem Margot vom Fischen kommt. Aber in der Ferne ist auch das Geräusch eines Flugzeugs wahrnehmbar. Wahrscheinlich wird es Bill sein, der die Post und hoffentlich auch Nachricht aus der Heimat bringen wird. Mit dem Flugzeug kommt aber auch Bruce. Er geht als zweiter Jagdführer mit zur Jagd. Er bringt die Sättel, Packtaschen und sonstige Utensilien mit dem Boot über den See zum Sattelraum. Renny, ein junger Farmerssohn aus USA, hilft ihm dabei. Im Morgengrauen beobachten wir, wie die Pferde durch das kalte Wasser hinter dem Boot von Bruce herschwimmen. So etwas haben wir auch noch in keinem anderen Land gesehen. Erstaunlich, daß die Pferde die Kälte so gut vertragen.

Wenig später sind auch wir über den See gesetzt und reiten mit allen guten Hoffnungen los in eine Gegend, wo Jess starke Elche vermutet. Obwohl wir den ganzen Tag unterwegs sind, sehen wir nur einige Elchtiere und drei Junghirsche. Öfters sitzen wir ab und führen unsere Pferde, da wir sie schonen möchten. Es geht steile Hänge hinauf und auf der anderen Seite wieder herunter. Immer wieder halten wir Ausschau. Langsam schmerzen unsere Knie, denn das Reiten ist für uns ungewohnt. Einen kapitalen Schwarzbären sehen wir, den wir hätten schießen können. Aber wir sind zunächst auf Elchjagd aus. Gegen 19 Uhr kommen wir ergebnislos zu Schatzi zurück.

In früher Morgenstunde geht's wieder mit neuer Hoffnung über den See, und dann reiten wir direkt ins Jagdlager. Margot reitet ,,Dan'', ein jüngeres Pferd, ich habe ,,Kelly'', einen Fuchs, den ich schon kenne: Vor zwei Jahren habe ich dieses Pferd zur Jagd benutzt. Es herrscht herrliches, sonniges Wetter. Bruce und Renny führen die Packpferde. Auch ein Fohlen läuft hinter einer Stute her. Ab und zu sitzen wir ab und suchen mit den Gläsern das Gelände ab. Wir sehen aber auch heute nur Elchtiere und junge Hirsche. Bruce und Renny sind mit den Packpferden schon vorausgegangen. Als wir am Abend im Jagdlager ankommen, befindet sich schon alles in bester Ordnung. Bruce hat sein Spektiv aufgestellt und sucht damit die Hänge ab. Bald hat er einen starken Schaufler ausgemacht, allerdings in etwa 2.000 Meter Entfernung. Wir reiten mit Jess unter gutem Wind los, kommen aber an diesen Elch nicht heran, er hat sich irgendwo in den Zwergweiden niedergetan. Wir sehen aber einen etwa fünfjährigen Schaufler, auch einige Junghirsche und stellen fest, daß die Brunft begonnen hat. Mit unseren heutigen Beobachtungen können wir recht zufrieden sein.

Schon um fünf Uhr sind wir am nächsten Morgen auf. Das Wasser war gefroren, aber der Alaska-Ofen spendet in wenigen Minuten mollige Wärme. Bruce war längst wieder draußen an seinem Spektiv. Es ist aber noch nicht hell genug. Weit draußen am Hang hören wir einen Elchhirsch schreien.

An diesem Morgen habe ich mich zu einem Entschluß durchgerungen, den man als Jäger nur ungern trifft. Ich verzichte heute auf die Jagd und bitte Jess, seinen Sohn Bruce, der mehr Erfahrung in der Elchjagd hat als ich und der für Jess eine sehr wichtige Unterstützung bedeutet, mitzunehmen. Wir haben nämlich nur drei Reitsättel. Inzwischen hat Bruce mit seinen geschulten Augen vier recht gute Hirsche entdeckt. Er zeigt sie mir durch das Spektiv. Wir wissen nun, daß einer davon für Margot der richtige ist.

Als Margot, Jess und Bruce fortreiten, bleibe ich mit etwas wehem Herzen im Lager mit Renny zurück und beobachte mit meinem Glas die drei. Ich habe den Eindruck, daß Bruce, der die Führung übernommen hat, ganz zielbewußt auf den Schaufler zugeht, den er heute morgen im Spektiv hatte.

Über den weiteren Verlauf berichtet nun Margot selbst: ,,Bruce zeigt mir durch sein Spektiv ein Geweih mit vielen Enden. Er meint, die Schaufeln seien nicht so sehr breit, er sei aber kapital und habe eine mächtige Auslage. Der Schaufler sitzt in den Zwergweiden. Sein Geweih wirkt wie ein Christbaum. Wir reiten noch etwas näher heran. Die Pferde lassen wir dann zurück und gehen den Elch an. Nach einer guten Stunde haben wir uns an den Hirsch bis auf etwa 150 Meter herangepirscht. Ich sehe nun in den Weiden die gewaltigen Schaufeln. Wir müssen warten, bis der Elch aufsteht. Bruce hat mir einen Schießstock zurechtgemacht. Der Schaufler läßt sich Zeit und steht nicht auf. Erst als Bruce den Brunftruf nachahmt, reagiert er und scheint in Wallung zu kommen. Mir kommt es wie eine Ewigkeit vor, bis der Elch endlich hoch wird und zu uns hinäugt. Meine Knie zittern. Als er sich endlich nach einigen Minuten umdreht, lasse ich die Kugel fliegen. Ich bin gut abgekommen. Das mächtige Tier liegt im Knall. Ich kann das alles noch nicht fassen, zitternd trete ich langsam an das verendete Wild. Ein großartiger Anblick! Ergriffen von dem Erlebnis, nehme ich den Bruch entgegen, den mir Bruce dann an meine Mütze steckt.

Bruce meint, ich solle noch nicht an den Hirsch herangehen, denn Reflexbewegungen und ein Schlag mit seinen starken Schalen könnten gewährlich werden. Aber der Schaufler rührt sich nicht mehr. In die Freude mischt sich auch ein bißchen Stolz, als ich erfahre, daß der Hirsch etwa 15 Jahre alt ist. Immer wieder bewundere ich die Schaufeln und die vielen langen Enden. Es tut mir aber auch sehr leid, daß Bertel, mein Mann, bei diesem Erlebnis nicht dabei war. Um 11.15 Uhr habe ich meinen Schuß abgegeben, bis 15 Uhr dauert die Bergung des schweren Wildes. Die mächtigen Keulen bindet Bruce seinem Pferd auf den Rücken, wir laufen neben dem Pferd mit seiner schweren Last und gefolgt von dem Fohlen bis zum Sattelraum am See. Auf dem Weg dorthin sehen wir in einiger Entfernung zwei starke Braunbären. Hoffentlich finden sie nicht die Fleischmengen in den Zwergweiden!

Unterdessen war Jess mit den Pferden und Renny zum Jagdlager geritten, um Bertel zu holen. Wir treffen uns am Abend am Caribou-Lake bei Schatzi. Als ich mit Bruce und den Pferden am Sattelraum nach einem dreistündigen Gewaltmarsch ankomme, bin ich doch recht erschöpft, denn Bruce hatte ein schnelles Tempo vorgelegt, um noch vor Dunkelheit das Ziel zu erreichen. Wir sind auch froh, daß wir unter gutem Wind an den Braunbären vorbeigekommen waren, denn der frische Wildbretgeruch hätte sie sonst angelockt." Soweit Margot.

Unterdessen bin ich mit Jess auf dem Weg zum Caribou-See. Wir beeilen uns auch wegen der hereinbrechenden Dunkelheit. Auf halbem Wege sehen wir noch auf etwa 120 Meter einen mächtigen Elchschaufler, der zu uns hinäugt, an dem wir aber unter gutem Wind vorbeikommen.

Den Abend verbringen wir – wie üblich – in der ,,Bar" des Blockhauses. Schatzi mixt die Cocktails, das große Ereignis des Tages wird gefeiert. Auf einmal hören wir Flugzeuggeräusch, es ist wieder mal Bob Ricci, diesmal mit seiner Braut, die von Deutschland kommt. Er hat sie am Flugplatz in Anchorage abgeholt und kommt, auf dem Flug in sein Heim, zu uns, um das hübsche Mädchen vorzustellen.

Der nächste Tag ist ausgefüllt mit dem Einbringen der Jagdbeute. Bereits um 6 Uhr früh ist Jess über den See gefahren und mit allen Pferden losgezogen, aber erst gegen 15 Uhr sehen wir sie zurückkommen. Wir sind schon lange am Sattelraum. Beim Anblick des mächtigen Geweihs auf dem Rücken von Dan läuft auch mir eine Gänsehaut über den Rücken. Ich halte die ganze Szene gut im Bild fest. Besonders eindrucksvoll war, als Dan mit seiner schweren Last am Seeufer das Wasser schöpft und dann das Geweih auf dem großen Motorboot einen Platz findet. Ich fahre mit dem kleinen Boot schon zum anderen Ufer, denn ich will das ankommende große Boot mit Elch, Margot und Jess filmen.

Gegen 9 Uhr am anderen Morgen holt uns Bill mit seiner Cessna ab. Der Abschied fällt uns doch sehr schwer, noch lange winken wir zurück zu Jess, Bruce und Schatzi, die am Landungssteg stehen. Wir lassen wunderschöne Tage am Caribou-Lake mit den einmaligen Jagderlebnissen hinter uns.

Am kleinen Wasserflughafen von Homer finden wir unseren Camper unversehrt vor, dieses praktische Wägelchen, das uns Heimat und Wohnung zugleich geworden ist und das wir nun abgeben müssen. Paul wartet schon in Anchorage darauf. Wir verabschieden uns auch hier von allen liebgewordenen Menschen, besonders von Ralf und Venise Sutherland, und sind nach fünf

Stunden Fahrt wieder bei unserer Freundin Heddy. Sie erwartet uns mit einem festlichen Essen.

Zwei Tage später verabschieden wir uns am Flugplatz von Anchorage von Heddy, dieser lieben treuen Seele, und von Fern, die hinzu kam, aufs herzlichste und in der Gewißheit, daß wir wiederkommen dürfen und daß uns auch einige unserer alten und neuen Freunde aus Alaska in Deutschland besuchen werden. Auf dem Rückflug sehen wir noch einmal die Brooks-Gebirgskette, diesmal endgültig unter Eis und Schnee versunken. Wenig später überfliegen wir die Eismeerküste an einer Stelle, wo der Ölrausch ausgebrochen ist und wo das Leben mancher Männer einen ebenso abenteuerlichen Verlauf nehmen wird wie dies in der Goldrauschzeit der Fall war.

Auf halbem Wege über dem Nordpol nehme ich das vereiste Grönland mit den letzten Metern meines Filmes auf, während meine Gedanken immer wieder zurückgehen zu den Erlebnissen der Hunderttage-Reise fast um die halbe Welt bei Sonne, Regen, Eis und Schnee und lange verweilen bei allem Schönen und Großartigen, was wir mit lieben Menschen erlebt haben.

Als wir wohlbehalten in der Heimat ankamen, war zu damaliger Zeit unsere abenteuerliche Reise eine kleine Sensation. Im Fernsehen gab man uns fünf Minuten Zeit, darüber zu berichten.

Der Wiesbadener Kurier schrieb:

,,Nach einer abenteuerlichen Fahrt im ,Camper' von mehr als 100 Tagen quer durch den amerikanischen Kontinent bis hinauf in die Arktis und mehr als 25.000 Kilometern, wovon 8.000 Kilometer Schotterstraßen zu befahren waren, ist das Wiesbadener Jägerehepaar Berthold und Margot Köhr wieder in die Heimat zurückgekehrt (am 12. September 1969).

Sie haben in ihrem Reisegepäck vieles mitgebracht, was die manigfaltigen Eindrücke widerspiegelt: Etwa 1.000 Dias, ein abendfüllender Filmstreifen erzählen von den großartigen Eindrücken und Erlebnissen. Vor allem aber, haben sie umfangreiches Material über neue Jagdmöglichkeiten in Alaska mitgebracht!

Sie sahen ihre Aufgabe darin, zu untersuchen, wie man bei ,minimalsten Kosten' in dem menschenleersten Land des nordamerikanischen Kontinents die ,maximal besten jagdlichen Erfolge' erreichen kann. – Völlig auf sich selbst und nur unterstützt von ein paar Freunden in der Wildnis Alaskas und den hilfsbereiten Menschen in der Stille und Einsamkeit dieses riesigen Landes, haben sie ihre Aufgabe erfüllt und ohne Schaden durchgeführt.''

Im ausverkauften großen Saal des Kurhauses Wiesbaden zeigten wir später unseren Tonfilm: ,,Mit dem Wohnmobil zum Jagen und Fischen in Alaska'', später auch in anderen Städten, vor allem aber bei Jagdvereinen.

In der Folge haben wir alle Jagdreisen im Film festgehalten und damit lebendige Tagebücher geschaffen, die als Dokumentarfilme vielen Jägern und naturverbundenen Menschen, auch bei Volkshochschulen, gezeigt werden.

Auf alten Fährten

Die Welt ist klein geworden. Das Flugzeug bringt uns in wenigen Stunden in ferne Kontinente, die noch vor einigen Jahrzehnten nur in wochenlanger Schiffsreise erreichbar waren. Straßen und Motoren erschließen entlegene Wildnisse, und das Funkgerät mildert Einsamkeit und Gefahren. Jagdtourismus und Abenteuerreisen sind zum gut organisierten Gewerbe geworden. Da ist es reizvoll und regt zum Nachdenken an, zu lesen, wie Menschen vor uns als Pioniere die Wege bereitet haben, die wir heute so viel leichter und schneller gehen. Wir hören mit Bewunderung von den Leistungen dieser Männer, aber wir vergleichen auch, um wieviel reicher und ursprünglicher damals noch viele Gebiete waren, die heute für allzu viele allzu leicht zugänglich geworden sind.

Abenteuerliche Reise 1935

Sigmund Széchenyi schildert in seinem herrlichen, leider längst vergriffenen Buch ,,Alaska – eine abenteuerliche Jagdreise durchs weite Land" seine Jagderlebnisse in besonders anschaulicher Weise. Es sind mehr als fünfzig Jahre her, als er mit zwei Freunden zur Jagd nach Alaska aufbrach. Damals gab es allerdings noch nicht den bequemen Weg mit dem Flugzeug. Viele Wochen dauerte es, bis die Männer in Alaska ankamen.
Sein 1935 in Ungarn erschienener Erlebnisbericht wurde 1959 von Paul Graf Pálffy – dem bekannten Karpatenjäger – ins Deutsche übersetzt (BLV-Verlag München). Daraus hier einige Passagen, die verdeutlichen, was eine solche Reise damals bedeutete.

4. August 1935, New York, ,,The Savoy Plaza"
In Alaska dreht sich alles um drei Dinge: um Gold, Fische und Pelze. 99,5 Prozent der Bevölkerung leben dieser drei Dinge wegen in Alaska. Wir drei – meine beiden Freunde und ich – gehören zu dem restlichen halben Prozent: Wir gehen jagen.

Erst wenige Tage sind wir in New York, und schon hat sich die
Frage erhoben, ob wir nicht zurückkehren und die Reise nach
Alaska auf das nächste Jahr verschieben sollten. Im Reisebüro
erwartete uns nämlich die Nachricht, daß auf dem wöchentlich
nach Alaska fahrenden Schiff kein Platz mehr zu haben und selbst
in den nächsten drei Schiffen keine Kabine mehr frei sei. Im
Sommer gebe es viele Touristen, man spreche auch von neuen
Goldfunden, und da sei der kleine Dampfer bald überfüllt.
Wir dachten bereits daran, im äußersten Fall ein Flugzeug zu
mieten. Der billigste Flug hätte uns von Vancouver nach Alaska
1800 Dollar gekostet, ungefähr das Zehnfache der Schiffskarten.
Davon konnte also keine Rede sein; unser Geld, das für die
Jagdexpedition bestimmt war, wäre dabei draufgegangen.
    Ich sitze im verhältnismäßig kühlen, verdunkelten Leseraum
des vornehmen Knickerbocker Clubs; erfrische mich mit dem
amerikanischen Nationalgetränk: mit Eiswasser. Die Ventilatoren
summen und blasen Kühle auf mein patschnasses Hemd. Durch
die halbgeschlossenen Rolläden werfe ich einen Blick auf das von
heißem Brodem braungedörrte Gras des ,,Central Parks" und auf
die unter fahlblättrigen, durstigen Bäumen wie Leichen herumlie-
genden Arbeitslosen. Ich erwarte meinen Freund Kermit Roosevelt, der mich hierher zum Lunch eingeladen hat.

    Kermit Roosevelt, der Sohn des verstorbenen Präsidenten
Theodor Roosevelt, ist ein berühmter Jäger, Wissenschaftler und
Forschungsreisender. In alle Richtungen führten ihn seine Reisen, jedoch ist seine Spezialität: Asien. Dort war er der erste, dem
es gelang, das ,,seltenste Wild der Welt", den im westchinesischen
Sechuan lebenden schwarz-weiß-scheckigen Bambusbären, den
,,Riesen-Panda" (Ailuropoda melanoleuca), zu erbeuten. Sein im
Jahre 1929 erschienenes Buch ,,Trailing the Giant Panda"
beschreibt auf ausgezeichnete Weise die vielartigen Abenteuer
seiner China-Expedition.
    Wie gesagt, wenn Kermit bisher bereits ein berühmter Mann
gewesen ist, so hat er heute doch alle seine anerkannten Leistungen überboten: Er hat uns die Schiffskarten besorgt! Zwar nur für
alle drei eine schäbige Einzelkabine, aber immerhin, dies war ihm
gelungen. Sogar die Hilfe seines Vetters, des gegenwärtigen
Präsidenten Franklin D. Roosevelt, mußte er in Anspruch
nehmen. Unsere Schiffskarten waren zu einer Staatsaffäre geworden.

5. August 1935
Selbst hier unter der Erde, im zugigen Labyrinth des Great-
Central-Bahnhofes, sind wir in Schweiß gebadet, als wir gegen
Mitternacht in den Zug steigen.
    Dieser „20. Jahrhundert" benannte Eisenbahnzug ist der Stolz
der New Yorker Central Lines. Geruchlos, geräuschlos, ohne
Ruß, wohltemperiert, legt er die 1600 km zwischen New York
und Chicago in 17 Stunden zurück. Seine Lokomotive scheint auf
den ersten Blick alles andere eher als eine solche zu sein. Sie hat
keinen Rauchfang, kein Fenster, man weiß nicht, wo vorne und
wo hinten ist. Alles ist Stromlinie; ein erschreckendes Ungeheuer.
    Das Hauptmerkmal der amerikanischen Eisenbahnzüge ist
übrigens ihr nicht endenwollendes, unbändiges Pfeifen. Er hat
eine große Kupferglocke, die ebenfalls unentwegt geschüttelt
wird. Die Straßenübergänge haben keine Schranken, obwohl die
Züge mitten durch Ortschaften und Städte rasen. Wahrscheinlich
wird darum ein derartiger Lärm geschlagen.

6. August 1935
Wir rasen in dem berühmten Zug weiter. Er frißt die Kilometer;
bald treffen wir in Chicago ein. Auf der Landkarte ersehe ich,
welches Riesengebiet wir in der Nacht durchquert haben. Den
heutigen Tag bleiben wir hier, nach dem Abendessen brechen wir
wieder auf.
Die Stadt ist stolz auf ihr schwindelerregendes Anwachsen, auf ihr
wirklich amerikanisches Tempo. Sie brüstet sich damit, keine
Vergangenheit zu haben, ohne hemmende Tradition zu leben; daß
sie ein Kind ist, jedoch ein Wunderkind, das bereits mehr weiß als
Erwachsene. Hochtrabend wird verkündet, daß hier vor hundert
Jahren nur ein unbekanntes Dorf in der Wildnis stand, eine
Gemeinde von armseligen Holzhütten. Eine auftauchende Insel
der Zivilisation im Meer der Wildnis. Ein einsamer Vorposten,
dessen Siedler aus verschiedenen Ländern nur in schweren
Kämpfen den ständigen Angriffen der Rothäute widerstehen
konnten. Im Jahre 1835 war Chicago von knapp 4.000 Menschen
bewohnt, heute sind es Millionen. Ein Jahrhundert genügte, um
es auf diese Einwohnerzahl zu bringen.

7. August 1935
Am Abend begeben wir uns wieder in den Eisenbahnzug, diesmal
heißt er: *Empire Builder*. Er ist ebenfalls vornehm, wenn auch

nicht aus so guter Familie wie der vorherige. Bei diesem müssen wir nicht mehr umsteigen, er führt uns die restlichen 3.500 Kilometer bis an den Stillen Ozean.

In der Nacht verließen wir den Staat Illinois und blieben am linken Ufer des Mississippi bis zur Hauptstadt Minnesotas, St. Paul. Diese Stadt ist mit dem benachbarten Minneapolis fast zusammengewachsen, und darum sind sie unter dem Namen „Twin Cities" – Zwillingsstädte – bekannt. Alles in allem bestehen sie seit achtzig Jahren.

Aber jetzt durcheilen wir schon die endlosen Weizen- und Maisfelder Nord-Dakotas. Jeder muß hier an unsere Ungarische Tiefebene erinnert werden. Wenn ich zum Fenster hinausblicke, scheint es mir fast unglaublich, daß ich mich in der nie gesehenen Gegend eines fremden Erdteiles befinde, so vertraut scheint sie mir.

Es folgt eine leere, öde Ebene: die uns aus der Wildwestlektüre gut bekannte Prärie, die einstige Heimat Hunderttausender Büffel, das Jagdgebiet der Rothäute, das abenteuerliche Gelände der Lederstrumpfphantasie unserer Kinderjahre. Verschwunden sind die Legionen der „buffalos" und die federgeschmückten, kämpfenden Rothäute. Hier, aus dem Fenster des Abteils, sieht man jetzt hin und wieder eine Viehherde, einen durch Staubwolken reitenden Cowboy, vereinzelt ein kleines Gehöft; sonst zeigt sich in der braungedörrten, sich in die Unendlichkeit verlierenden Einöde kein Lebewesen.

8. August 1935

Jetzt wird die Gegend ausgesprochen gebirgig. Die Bergspitzen werden höher, jede kommende übertrifft die vorherige. Unerwartet haben wir dann plötzlich ein noch viel höheres Gebirge vor uns. Der Zug bleibt stehen. Die Station heißt Glacier Park, wir haben die Schwelle der Rocky Mountains erreicht. Der Aufenthalt dauert eine Viertelstunde. Wir steigen aus, um uns umzusehen, und atmen die reine Luft der Nadelwälder.

Am Bahnhof stehen Indianer herum; sie haben faltenreiche Altweibergesichter und tragen gefranste Lederkleidung und den flatternden Kopfschmuck aus Adlerfedern. Sie sind alle prächtige Häuptlinge, genau wie sie in Indianergeschichten beschrieben werden. Aus der Nähe betrachtet, verlieren sie etwas an Romantik. Zu schön, zu gut gewaschen ist das viele bunte Zeug. Sie gehören eher in eine Schau und nicht in ein Indianerzelt. Beim

Verkauf ihrer Fotos geben sie für 10 Cents extra ihr Autogramm, und für weitere 10 Cents stellen sie sich vor die Kamera. In fehlerlosem Englisch teilen sie mir mit, daß sie „Schwarzfuß-Indianer" sind. Aber schon fahren wir weiter; wir bohren uns vorwärts durch wildromantische Steilhänge des Felsengebirges. Wir durcheilen in einer Stunde 35 Tunnels – es ist wie ein Versteckspiel im Felsengebirge.

Jetzt noch einige Worte über die amerikanische Zeitrechnung, die dem fremden Reisenden Kopfschmerzen verursacht. Wer schwache Nerven hat, tut gut daran, in amerikanischen Eisenbahnzügen die Uhr überhaupt zur Seite zu legen, damit man sie nicht früher oder später gegen die Wand haut. Die Uhrzeit ändert sich nämlich täglich. Es gibt Uhren, die die vorgestrige und andere wieder, die die morgige Zeit anzeigen. Bereits in New York war die Sache nicht einfach und schon dort haben wir begonnen, das Rätselraten zu üben. Wir waren überrascht, uns je nach Wunsch die „New York time", „Railway time" oder „Day light sawing time" auswählen zu können.[1] Dreierlei Zeitrechnungen, die voneinander ganze zwei Stunden differieren. Für die Eisenbahnzüge gilt eine andere Zeitrechnung als für die Läden, und für Turmuhren wieder eine andere. Aber schließlich kann man es noch – sofern man keine Eile hat – mit dreierlei Zeitrechnungen aufnehmen. Nun hat man es seit New York jedoch mit noch dreien mehr zu tun. Wir bekamen noch die „Central time", eine „Mountain time" und schließlich eine „Pacific time".[2]

Nun haben wir bereits über einen Paß das Felsengebirge überquert, Montana verlassen und sehen in der herbstlichen Dämmerung die herrlichen Nadelurwälder von Idaho. Heute schlafen wir das letzte Mal im Eisenbahnzug, morgen vormittag kommen wir in Seattle an, dem Schiffshafen für die Dampfer nach Alaska.

9. August 1935
Wir erwachen im Staate Washington noch gerade zeitgerecht, um, zwischen senkrechte Felswände gezwängt, tief unter uns den Columbia-Fluß glitzern zu sehen. Das letzte Hindernis, die mächtige Bergkette der Kaskaden, überwinden wir mit Leichtigkeit: wir eilen unter ihr hindurch in einem dreizehn Kilometer

---

[1] New Yorker Zeit, Fahrplanzeit, Sommerzeit
[2] Mittelstaatenzeit, Gebirgszeit, Pazifische Zeit

langen Tunnel. Dies ist übrigens Amerikas längster Tunnel, mit elektrischem Licht, luftgekühlt. Von hier rasen wir noch ungefähr anderthalb Stunden durch eine dschungelartige, wuchernde Waldwildnis, bis man unerwartet das Blau des Meeres erblickt. Es ist Puget Sound, eine vielarmige Bucht im Stillen Ozean, in deren windgeschützter Ecke sich die Stadt Seattle, die westliche Endstation unserer Eisenbahnlinie, drückt. Und somit hat die Eisenbahnfahrerei über 5.100 Kilometer ihr Ende gefunden. Es tut einem wohl, auszusteigen. Viereinhalb Tage sind selbst in so einem feinen Zug mehr als genug.

Seattle, ,,The Olympic Hotel"
Hier sind es nicht mehr – wie in den Bahnhöfen von New York oder Chicago – schwarze Träger, die sich um unser Gepäck drängen, sondern kleine, höfliche Japaner, deren gelbe Gesichter unter dem roten Käppchen hervorgrinsen. Hier weht bereits ein östlicher Wind, hier ist anscheinend schon die gelbe Arbeitskraft billiger als die schwarze. Die Stadt gleicht einem in die Berglehne hineingebauten Amphitheater. Treppen und steil aufwärtskletternde Gassen verbinden die übereinanderstehenden Häuserreihen. Bis wir unser Hotel, das ,,Olympic" erreichen, hat das Taxi drei bis vier steile Hügel aufwärts zu keuchen.

Nachmittags machen wir einen Spaziergang zum Hafen, wir suchen unser Schiff, die ,,Yukon". Ich bin gepannt, ob wir uns gegenseitig gefallen. Aufrichtig gestanden: nein. Auf alle Fälle ist es ein beruhigendes Gefühl, daß unser Weg von acht Tagen nicht weit vom Ufer, größtenteils sogar diesem entlang führen wird. Die ,,Yukon" ist nämlich nicht genau das, was wir erhofft hatten. Sie ist klein, häßlich, abgenützt und riecht nach Fisch.

Nun wird unsere Kabine gesucht, die durch die Protektion des Präsidenten ergatterte, einzige kleine Kabine – für uns drei. Sie kann uns tatsächlich aufnehmen – aber nur, wenn wir stehen. Nur ein Bett steht darin. Ein Bettchen. Im Notfall hat einer noch unter diesem Platz, was soll aber mit dem Dritten geschehen?

Aber vergessen wir das Schiff und gehen wir einkaufen, da wir doch außer unseren Büchsen keinerlei Ausrüstung mitgebracht haben. Nach meiner Erfahrung ist es immer am zweckmäßigsten, die für ähnliche Expeditionen erforderlichen Sachen an Ort und Stelle zu besorgen. Von ,,Ort und Stelle" sind wir zwar auch jetzt noch weit entfernt, auf Anraten meines Alaska-Führers jedoch – mit dem ich schon seit einem Jahr in Briefwechsel bin – will ich einiges hier in Seattle kaufen. Zelt, Konserven und Kochgeschirr stellt der Jagdführer, und so brauchen wir uns um diese Sache nicht zu kümmern. Alles übrige ist jedoch unsere Sorge. Darunter das Wichtigste: der Schlafsack.

Nach langem Wählen kaufen wir drei Schlafsäcke. Sie sind kanadisches Erzeugnis. Federleicht, wasserdicht, mit Eiderdaunen gefüttert und mit Reißverschluß. Ich spürte alle meine Knochen, nachdem ich mich in den verschiedensten Schlafsäcken auf dem Fußboden gewälzt hatte.

Außerdem besorgten wir uns Unterkleidung verschiedener Art; kanadische, buntkarierte Baumwollhemden, wasserdichtes Gummischuhwerk, Regenmäntel, die man in die Tasche stecken kann, wasserdichte Tabakbeutel, wasserdichte Zündholzbehälter, wasserdichte Geldbeutel, wasserdichte Filmbehälter. Gottlob fanden sich im Geschäft keine weiteren wasserdichten Artikel, denn da wir nun in Schwung gekommen waren, waren wir entschlossen, alles zusammenzukaufen.

10. August, an Bord der ,,Yukon''

Wir übersiedelten auf das Schiff. Dort fanden wir ein lebhaftes Treiben, denn nicht nur Reisende sind im Überfluß da, sondern auch vieles zum Verfrachten: Traktoren, Automobile, 3 Kühe, 8 bissige Hunde und eine Hühnerzucht. Das Einschiffen beim biblischen Noah muß ähnlich vonstatten gegangen sein.

Das Gepäck von uns dreien, samt unseren hiesigen Einkäufen, wurde vor unserer Kabine aufgetürmt und ihr Eingang verbarrikadiert. Aber auch schon das Gedränge genügte, um sich kaum bewegen zu können: jeder Reisende erschien an Deck in Begleitung von vier bis fünf Abschiednehmenden, auch die Großmütter wurden mitgebracht. In solchen Fällen hat es keinen Zweck, ungeduldig zu werden.

Erst nach einer guten Weile scherten sich die Angehörigen vom Schiff. Einige hatten sich beim Abschied so angetrunken, daß man sie nur mit großer Mühe aus der Schiffsbar hinausschleppen konnte. Wir suchen den Kapitän und interessieren uns, wie dieses Einzelloch von uns dreien zu bewohnen wäre? Auf unsere Frage kommt bald Antwort, und zwar in Form von noch zwei unbesetzten Kabinen! Jetzt hat also jeder von uns seine eigene – ohne Protektion des Präsidenten!

Wenn ich daran denke, wieviel Lauferei wir wegen der Kabine hatten, wenn ich mich erinnere, daß wir mangels Fahrtmöglichkeit um ein Haar Alaska aufgegeben hätten, bricht mir noch jetzt der Angstschweiß aus. Dabei ist es hier schon recht kühl. Ich will nicht daran zweifeln, der Präsident ist ein großer Mann, aber ein Schiffskapitän in Alaska ist ein größerer. Das heisere Nebelhorn des Dampfers brüllt, es brüllen auch die drei Kühe; unser aus drei Damen bestehendes Orchester tritt in Aktion, und die acht Polarhunde beginnen zu heulen. Wir setzen uns gen Norden in Bewegung, auf das Polarlicht, die Heimat des Goldes und der starken Elchschaufler zu.

12. August 1935, an Bord der ,,Yukon"
Wie die Kulissen einer Drehbühne ziehen auf beiden Seiten die steilen Nadelwälder an uns vorüber. Eine unbewohnte Wildnis; nur selten zeigt sich am Wasserrand eine einzelne Holzhütte, die einsame Behausung eines Fischers oder Pelzjägers.

Die geheimnisvollen, in der Kühle von Dunst dampfenden, finsteren Urwälder öffnen dem Schiff einen Weg, um sich sogleich hinter ihm wieder zu schließen, sie ziehen erneut den düsteren Vorhang zu. Es ist eine herrliche Gegend, aber traurig; melancholisch sogar im Hochsommer. Man spürt den eisigen Atem der großen Stille des Nordens.

Ich führe eine interessante Unterhaltung mit dem Kapitän. Er erzählt mir, daß in diesen engen Kanälen das Meer eine Tiefe von 300 bis 400 Metern erreiche und daß es von scharfen Felsriffen wimmele, deren Gipfel an manchen Stellen sich kaum tiefer als 10 bis 15 Zentimeter unter der Wasserfläche verbergen. Stellenweise ist die schiffbare Rinne so eng, daß wenige Meter Abweichung das Schiff auf eine Klippe setzen würden.

,,Sie können sich vorstellen, wie groß meine Verantwortung ist. Bei Nebel und bei Sturm getraue ich mich nicht, mich von der Brücke wegzurühren", sagte er und fuhr fort: ,,Es kommt vor, daß ich mich tagelang nicht niederlegen kann und auch mein Essen hierher gebracht werden muß. Lange kann man das auch nicht aushalten. Die ständige Aufmerksamkeit, die ununterbrochene Besorgnis sind nervenaufreibend. Auf dieser Linie kann der Kapitän seinen Dienst kaum länger als zwei bis drei Jahre durchhalten.

Der Verfasser an seinem 75. Geburtstag mit dem erlegten alten, starken Schaufler.

Es vergeht kaum ein Jahr, in dem nicht ein bis zwei Schiffe daran glauben müssen. Auch das meine ist zweimal an eine Klippe gefahren, wir hatten das Glück, einer Katastrophe zu entgehen. Die meisten unserer Schiffe haben jetzt einen doppelten Boden; auch wenn der äußere aufgerissen würde, kann das Wasser nicht in das Schiffsinnere dringen. Der enorme Unterschied zwischen Ebbe und Flut – hier an den Ufern Alaskas ist der größte, den es überhaupt gibt, er entspricht der Höhe eines zweistöckigen Hauses – erschwert das Sichzurechtfinden zwischen den Klippen bedeutend. Bei Flut genügend mit Wasser überspült, kommt man gefahrlos über sie hinweg, bei Ebbe können sie das Schiff zermalmen."

Gegen Mittag fahren wir am Hafen von Prince Rupert vorbei. Dort ist die Endstation der kanadischen transkontinentalen Eisenbahnlinie. Unser Dampfer legt nicht an, denn die dortigen Reisenden werden von kanadischen Schiffahrtslinien befördert. Nachmittags verliert sich allmählich das kanadische Ufer an unserer Seite. Wir haben die südliche Spitze Alaskas erreicht und steuern in seinen ersten Hafen: Ketschikan.

Ketschikan ist in die Seite eines Berges gebaut; seine untersten Häuser stehen auf Pfählen, dahinter reihen sich lauter kleine Häuschen wie Holznester in seiner Lehne. Die ganze Stadt besteht aus Holz: die Häuser, die Straßen, selbst die bemoosten Treppen, die sie miteinander verbinden. Auch zu den Eingangstüren führen Holzstiegen; die Ketschikaner klettern nach Hause wie Hühner auf ihrer Leiter. Es dämmert schon, als wir Ketschikan, diese ewig durchnäßte, nach Fisch riechende Bretterstadt, verlassen.

Mitternacht ist vorüber. Minutenweise ertönt das Nebelhorn, es brüllt in die Finsternis hinaus; von der eigenen Angst getrieben, will es die schwarze Nacht erschrecken. Wir fahren mit gedrosselten Maschinen, vorwärtastend wie ein Blinder, um nicht anzurennen. Das Nebelhorn soll aber nicht nur ein entgegenkommendes Schiff auf uns aufmerksam machen. Das geübte Ohr des Kapitäns lauscht auf sein Echo.

Vor dem Start mit dem Wohnmobil nach Alaska. Rechts Professor Lutz Heck im Gespräch mit dem Verfasser.

13. August 1935, an Bord der „Yukon"

Am Morgen hielten wir uns eine halbe Stunde im Hafen von Vrangel auf, welcher Erinnerungen an russische Zeiten wachruft. Ich höre, daß auch Vrangel nur Holzbauten hat, daß es dort ebenfalls ständig regnet, daß es viele Totems gibt und daß die Stadt nach Fisch duftet. Es regnet immer weiter. Doch die Luft wird allmählich kühler, die Berge um uns herum werden höher und ihre Schneedecke nimmt zu.

Im Wasser schwimmen kleine Eisbrocken; die Vorläufer des Nordens, die von den vorderhand noch unsichtbaren Gletschern abbröckeln. Wir fahren an der Insel Mitkow, später an der Insel Kuprijanow, vorbei. Sie sehen wir kleine, abgetrennte Stücke der Nadelwälder an den Ufern aus.

Alles drängt zum Deck hinauf. Vor uns erhebt sich der erste richtige Gletscher. Sicherlich der, dessen abgebröckelten Stücken wir seit dem Morgen begegnen. Zu Ehren des Gletschers heitert sich das Wetter zeitweise auf, selbst die Sonne wagt sich für Augenblicke hervor, um die bis zum Ufer abfallende, zu Eis erstarrte blau-weiße Masse erglänzen zu lassen.

Zu seinen Füßen schwimmt eine Anzahl kleinerer und größerer Eisschollen. Es wird erzählt, daß man in vergangenen Zeiten, ehe noch Gefrieranlagen zur Verfügung standen, die zur Konservenfabrikation benötigten Fische an dieser Stelle auf Eis legte. Es war billiges Eis und ist es heute noch. Unsere Matrosen fischen es für unsere Küche mit Drahtnetzen heraus. Gegen Mittag kommen wir wieder in einen Hafen: „Petersburg" stammt ausnahmsweise nicht aus der russischen Periode. Es hat seinen Namen von einem norwegischen Fischer, der sich als erster in der Nähe des kostenlosen Eises des Le-Conte-Gletschers niedergelassen hatte.

Zu unserer Linken erreichen wir die Baranow-Inseln, Tschitschagow und später die Admiralty-Insel, jede ist ein Stück schwimmender Urwald im Meer. Auf jeder von ihnen gibt es viele Grizzly-Bären, und auch der Riesenbraunbär, der Kodiak, kommt dort schon recht zahlreich vor. Auf der Baranow-Insel liegt Sitka, die älteste Siedlung Alaskas, einst seine Hauptstadt. Sie wurde im Jahre 1800 von den Russen gegründet. Die Residenzstadt des russischen Gouverneurs, Hauptquartier der Pelzjäger des Zaren. Sie blieb selbst nach dem Erwerb Alaskas durch die Union noch vierzig Jahre Hauptstadt. Ihren Rang als Residenzstadt hat sie erst im Jahre 1912 an Juneau abgegeben.

Am Abend sollten wir in Juneau, der jetzigen Hauptstadt,

eintreffen. Dort ist der Sitz des obersten Jagdamtes, und dort wird entschieden, ob ich die Sondererlaubnis erhalte, um die ich bereits aus New York telegraphisch angesucht hatte. Der gewöhnliche Jagdschein gibt nämlich als Abschuß für ein Jahr nur einen Elch und ein Wildschaf frei.

Es ist bereits Nacht, als wir in den Hafen von Juneau einlaufen. Der Himmel ist wolkenlos, es ist kalt, und der Mond streut sein geisterhaftes Licht auf die schneebedeckten Gipfel der schwarzen Berge. Unmittelbar hinter den lichtspendenden Stadtlampen erheben sich die finsteren Felswände fast senkrecht gegen den Himmel.

Die Uhr zeigt Mitternacht. Bei nächtlichen Schiffsankünften sind aber alle auf den Beinen, die Wirtshäuser offen und ebenso alle Läden. Die Ankunft des wöchentlichen Dampfers ist der große Tag des Reiseverkehrs, da ist Geld zu verdienen. Pelze, aus Walroßzähnen geschnitzte kleine Totems, weiche Elchledermokassins, Indianerfederschmuck sind leicht zu verkaufen, ebenso noch hunderterlei unnützes Zeug an Reiseerinnerungen sammelnde Touristen, die leicht zu bereden und noch leichter hereinzulegen sind.

Aus einem Bazar rufe ich das Jagdamt an, obwohl ich zu dieser Nachtstunde wenig Hoffnung habe, mit irgend jemand sprechen zu können. Trotzdem meldet sich jemand und teilt mir mit, daß der Gamewarden (Wildschutzinspektor) über meine Ankunft informiert sei. Ich möge in das Amt kommen, er würde gleich benachrichtigt werden und mich erwarten.

Ich hatte damit nicht gerechnet und war auf Amtsstunden um Mitternacht nicht vorbereitet. So eile ich also über die verkehrsreiche Hauptstraße, an Krämern vorbei, die von ihren Ladentüren aus mit einem Redeschwall die Passanten einladen, und finde nach einigem Umherirren in finsteren Gäßchen das aus den Holzhäusern herausragende stattliche Steingebäude, in dem das Jagdamt seinen Sitz hat.

Der Gamewarden, über dessen Schreibtisch ich ein so riesenhaftes Elchhaupt erblicke, daß es mir die Sprache verschlägt, empfängt mich mit wohltuender Zuvorkommenheit. Ich müsse ihm nicht erklären, warum ich ihn aufsuche – die Erlaubnis für zwei Elchschaufler und zwei Bergschafe sei eingetroffen. Alles sei in bester Ordnung. Auf meine Frage, ob ich die Hoffnung haben könne, einen Elchschaufler in der Güte des über seinem Schreibtisch hängenden zu erlegen, antwortete er mir, daß es für Alaska

eine Schande wäre, wenn es mir nicht gelänge, einen gleichwerti-
gen, wenn nicht sogar besseren, zu erlegen.

In Juneau brennen die Lampen im Winter von zwei Uhr
nachmittags bis neun Uhr früh. Jetzt, um diese Zeit dagegen, hält
das Tageslicht bis zehn Uhr abends an, während der neue Tag
bereits kurz nach Mitternacht anbricht.

14. August 1935, an Bord der ,,Yukon"
Ich erwache durch Gläserklirren und kann nur mit Beklemmung
feststellen, daß in meiner Kabine alles herumtanzt. Mein Koffer
macht sich unter dem Bett auf die Beine, stößt gegen die Tür,
nachdem er unterwegs das auf einem kleinen Tisch vorbereitete
Obst und Mineralwasser umgestoßen hat. Die über dem Wasch-
tisch friedlich geordneten Fläschchen machen einen Kopfsprung
ins Waschbecken, wo sie zerschellen und mit ihrem Inhalt meine
an der Stuhllehne hängenden Kleider bespritzen. Nichts ist an
seinem ursprünglichen Platz, alle meine Habseligkeiten haben
sich zu einer Entdeckungsreise aufgemacht. Meine Bücher liegen
verstreut am Boden, meine Rasierseife im Papierkorb.

Draußen pfeift der Sturm, mit Schnee vermischter Regen
schlägt gegen die Luken – der Stille Ozean stellt sich in einer
Weise vor, die seinen Namen keine Ehre macht.

Meine Kabinentür geht auf das offene Deck. Sie zu öffnen,
wäre nicht ratsam, da die über das Schiff schlagenden Wellen
dagegen hämmern.

Der Kapitän erwähnt, daß unser Radio in der Nacht SOS-
Zeichen aufgefangen habe. Die Hilferufe kamen von dem Schiff
,,Mermaid", aus der Richtung der japanischen Küste, also einer
so großen Entfernung, daß wir ihr nicht hätten beistehen
können...

15. August 1935, an Bord der ,,Yukon"
Es regnet und das Deck trieft von Nässe. Wir spielen Karten im
Qualm des überfüllten Rauchzimmers. Ich glaube bereits erwähnt
zu haben, daß uns zu allem Lärm, der diese Reise begleitete, das
Schicksal auch noch mit einer Musikkapelle strafte. Sie besteht
aus zwei Musiklehrerinnen aus Seattle. Von Noten spielt nur die
Cellistin, die Pianistin liefert dazu ihre eigenen Improvisationen.

Mittags fahren wir unter dem ohrenbetäubenden Kreischen der
Möwen in den Hafen von Cordova ein. Wir verlassen das Schiff
und machen einen Spaziergang nach Cordova. Es regnet ununter-

brochen, aber so leise rieselnd, daß ich – würde ich dabei nicht durchnäßt – den Regen überhaupt nicht merken würde. Nie zuvor habe ich eine derartige Niederschlagsmenge so geräuschlos fallen sehen wie an diesen Gestaden Alaskas. In Cordovas Holzstraßen japanisches, indianisches und Eskimo-Gesindel, reichliche Totemauswahl und nasses Fischaroma. In einem freundlichen ,,Biersalon" – wie man die Gasthäuser hier nennt – essen wir uns an frischen Hummern und ausgezeichneten, mit Sahne übergossenen Himbeeren halbtot.

,,Bereiten Sie sich vor, nehmen Sie Ihre Fotoapparate zur Hand", sagte der Kapitän, ,,bald werden Sie den berühmten Colombia Glacier, Alaskas schönsten Gletscher, sehen können." Wir nähern uns bis auf 200 Meter. Während wir das Gefühl haben, still zu stehen, scheint sich uns das in den Himmel reichende Eisgebirge lautlos und unaufhaltsam zu nähern. Die Luft wird plötzlich eiskalt. Wir stürzen in die Kabinen, um alles, was wir an wärmender Kleidung besitzen, anzuziehen. Aber selbst so angetan, klappern wir draußen, vor Kälte zitternd, mit den Zähnen. Im Lichte der untergehenden Sonne sprüht der Riesenkristall, der aus unzähligen scharfkantigen Eisgipfeln besteht, Funken. Vor ihm schwimmen Eisschollen verschiedener Größen im fast schwarzleuchtenden Wasser: abtrünnige Kinder des großen Gletschers. Darunter sind Bruchstücke von der Größe eines einstöckigen Hauses.

So schön der Anblick war, so wohltuend war es, in die geheizte Kabine zurückzukehren. Das viele Eis war mir bis in die Knochen gedrungen. Um zwei Uhr früh müssen wir eines einzigen Fahrgastes wegen wieder anlegen. Der Hafen heißt Valdez.

16. August 1935, an Bord der ,,Yukon"
Wir nähern uns unserem Ziel und packen. Keiner von uns wird der Verpflegung auf dieser rostigen ,,Yukon" nachtrauern. Das Wetter ist klar, die Sonne scheint, der Schnee glänzt auf den Bergeshöhen. Auf beiden Seiten sehen wir Land. Zu unserer Linken die Insel Montague, zur Rechten bereits das gelobte Land, die Heimat der kapitalen Elche: die Halbinsel Kenai.

Wir kommen gerade zum richtigen Zeitpunkt an, in vier Tagen endet die Schonzeit in Alaska, und bis dahin hätten wir sowieso nichts unternehmen können. Seit 21 Tagen sind wir unterwegs, alle unsere Glieder sind vom Nichtstun eingeschlafen.

Geborgen an seinem sicheren, windgeschützten Ende liegt Seward. Diesem kleinen Meerbusen, der einem stillen Bergsee ähnelt, kann der Ozean tatsächlich nichts anhaben. Kein noch so hoher Seegang, nicht einmal dessen Brausen kann bis zu den Bewohnern von Seward dringen.

Wir stehen an Deck. Von unten winken an die dreißig Wartende herauf, und wir erkennen sogleich Andy, unseren zukünftigen Führer, mit dem ich schon seit zwei Jahren in Briefwechsel stehe. Ich hatte nie vorher eine Fotografie von ihm gesehen, niemals über sein Aussehen etwas gehört, und doch wußte ich genau: das muß er sein. Zwischen Jägersleuten besteht eine Art telepathischer Anziehung, in verwandter Denkungsart erkennen sie einander auch in der Masse. Auch Andy mußte später zugeben, daß es ihm genauso ergangen war. Als er den Blick über die fast vierzig Reisenden aller Arten schweifen ließ, blieb er auf uns haften.

Andy – mit Nachnamen Simons – war ungefähr fünfzig Jahre, klein, mit rotem, rasiertem Gesicht und verschmitztem Blick. Finnländischer Abstammung, war er schon als kleines Kind mit seinen Eltern nach San Franzisko ausgewandert. Von dort lockte dann den Zwanzigjährigen das Gold hierher. Da er damit kein Glück hatte, wurde er Pelzjäger und ist heute der bekannteste Jagdführer Alaskas. In den letzten zwanzig Jahren hatte er an jeder bedeutenderen Jagdexpedition in Alaska teilgenommen und war größtenteils auch deren Anführer gewesen. Diese Tatsachen waren mir aus Büchern bekannt, denn fast jede Jagdbeschreibung, die ich über Alaska gelesen hatte, erwähnt Andy Simons. Auch der Wildschutzinspektor in Juneau, den ich wegen der Sondererlaubnis aufgesucht hatte, war der Meinung gewesen: ,,Solange Sie mit Andy jagen, können Sie ruhig sein.''

Der berühmte Andy brachte noch zwei Kollegen mit, das hatte ich bereits brieflich mit ihm ausgemacht. So hatte jeder von uns dreien seinen eigenen Führer. Dies war nicht nur aus Gründen der Bequemlichkeit so eingerichtet, sondern weil das Jagdgesetz in Alsaka jedem Fremden das Jagen ohne staatlich vereidigten Führer aufs strengste untersagt. Die Fremden, die sich hierher verirrten, hatten die Vorschriften wohl nie genügend ernst genommen, darum müssen wir nun ,,unter Kontrolle'' waidwerken.

Der berühmte Andy Simons war nun also Jagdführer von Sigmund Széchenyi. Von ihm wird noch zu berichten sein. Széchenyi einigte

sich mit Andy auf einen Pauschalpreis. Für fünfzig Tage 750 Dollar je Person – das waren noch Zeiten!
Viele Wochen waren die Jäger unterwegs, um in das Jagdgebiet zu gelangen. Zunächst mit dem Schiff in die Neue Welt. Dann mit der Bahn quer durch den Erdteil bis Seattle, von wo dann die Reise mit dem kleinen Schiff fortgesetzt wurde.
Um wieviel einfacher hat es doch heute der europäische Jäger! Mit dem Düsenriesen erreicht er von Hamburg in acht Stunden über die ,,Polroute" Alaska und ist infolge der Zeitgrenze mit nur einer Stunde Differenz noch am gleichen Tage angekommen! Durch einen erfahrenen Jagdführer wird er heutzutage in den meisten Fällen noch am gleichen Tag in das Jagdgebiet eingeflogen, wo ihn im Jagdcamp der bestmögliche Komfort erwartet. Freilich ist auch heute die Jagd kein Honiglecken, und der Zauber der Wildnis ist geblieben. Die Erinnerungen an das herrliche Land, seine Menschen und Tiere, werden unvergeßlich sein.
Die sogenannten ,,Inside Passage" entlang dem ,,Panhandle" von Seattle nach Alaska gilt als eine der schönsten Schiffahrtsrouten der Welt. Als Széchenyi und seine Freunde im Jahre 1935 auf der kleinen ,,Youkon" dort unterwegs waren, war die Fahrt wegen der Klippen, Felsriffe und Nebel in den engen Durchfahrten noch äußerst gefährlich. Heutzutage fahren Luxusschiffe entlang der Bergriesen und Gletscher mit all ihren Schönheiten.

Andy Simons – der legendäre Alaska Guide Nr. 1

Er wurde in Finnland geboren. Er war Goldwäscher, Pelzjäger und Jagdführer. Wegen seines großen Wissens um die Tierwelt Alaskas, das in Niederschriften erhalten ist, wurde er der erste lizenzierte Jagdführer Alaskas.

Andy Simons wurde im Jahre 1886 in ärmlichen Verhältnissen in Finnland geboren. Schon als kleiner Bub wanderte er mit seinen Eltern nach San Franzisco aus. Sein abenteuerliches Blut trieb ihn bald unter die Goldsucher. Dort, wo die ewig notleidenden, meist elend zugrunde gehenden Menschen dem Goldfieber verfallen waren, fühlte er sich zunächst wohl. Er hatte aber kein Glück. Es lohnt sich aber, in den Aufzeichnungen dieser Zeit zu lesen: ,,Damals lagerten wir zu zweit in einer unbewohnten, verlassenen

Gegend als einsame Goldgräber in einer Hütte. Gearbeitet wurde auf gemeinsamen Verdienst, und wir lebten eine Zeitlang in Frieden. Eines Tages gerieten wir trotzdem in Streit und trennten uns. Vorher wollten wir jedoch unsere Sachen gerecht teilen. Kahn hatten wir nur einen, und da konnten wir uns nicht einig werden, wem er zufallen sollte. Nach langer Zankerei – wir waren nicht weit davon, uns umzubringen – sägten wir ihn endlich entzwei!"

Die meisten Goldwäscher wollten frei sein wie Andy; lieber verhungern als sich den Großkapitalisten zu unterwerfen, auch wenn sie das tägliche Brot sicherten. An anderer Stelle erzählt Andy:

,,Im Biersaloon bekamen wir heute verdorbene Eier. Solche, mit denen man nach etwas wirft, die man aber nicht ißt. Ich beklagte mich beim Patron (mit diesem Namen beehrt man in Alaska den Wirt). Er lächelte nachsichtig über meine Beschwerde: Man merkt, daß die Herren Fremde sind und nicht aus Alaska. Einem Ureinwohner würde ich selbst heute noch vergeblich ein frisches Ei anbieten. Es hat nicht den richtigen Geschmack für ihn."

Einem Jagdgast erzählt Andy von den alten Zeiten, als er noch Goldgräber war; von einem seiner Freunde, der, nachdem er auf einen großen Goldfund gestoßen war, durch das Schicksal der anderen gewitzigt, Alaska sofort verließ, damit sein hart erworbenes Vermögen nicht in die Hände der Falschspieler gerate.

,,Wir reisten zusammen nach Seattle, waren aber auf dem kleinen Schiff so zahlreich, daß man sich kaum rühren konnte. Nun schliefen wir zu sechst in einem kleinen Loch, d. h., wir wollten schlafen, wenn es wegen der dicken Luft nicht unmöglich gewesen wäre. Mein Freund, der gewisse Glückspilz, hätte nämlich für nichts auf der Welt seine Wäsche gewechselt. Er trug Tag und Nacht dasselbe schmutzige Hemd, in dem er bis zum Schluß Gold gegraben hatte. Wir beschimpften ihn vergeblich; er gab an, daß dies das einzige Hemd sei, das er besitze, und bis zu seiner Ankunft würde es noch seinen Dienst tun.

Schließlich rächten wir uns und spielten ihm am Vorabend unserer Ankunft einen Streich. Wir machten ihn tüchtig betrunken. Als er eingeschlafen war, zogen wir ihm das nach Aas riechende Hemd aus, warfen es ins Meer und zogen ihm ein frisches an. Das weggeworfene war ein dick gefüttertes, schmutziges, durchgeschwitztes Flanellhemd.

Wir hatten erwartet, daß unser Freund am nächsten Tag voll Freude über das frische Hemd erwachen würde. Statt dessen wollte er jedoch voller Verzweiflung in die See springen. Denn in das Futter des alten Hemdes hatte er 1.000 Dollar in Noten, die Früchte seiner harten Goldgräbertätigkeit, eingenäht. Jetzt wurde uns klar, warum er um keinen Preis das Hemd wechseln wollte. Das wenige Geld, das wir besaßen, gaben wir ihm, und so reiste er mit dem nächsten Schiff zurück. Seither haben wir nichts mehr von ihm gehört."

Andy hatte kein Glück, gab die Goldwäscherei auf und wurde Pelzjäger.

Die Trapper arbeiten im Winter. Die meisten hausen in der Einsamkeit in selbstgezimmerten Hütten und in unerreichbarer Entfernung. Wenn im Frühjahr die Pelze nichts mehr taugen, endet die Arbeit des Pelzjägers; er zieht dann in die Stadt, um sich mit dem Geld, das ihm die Fallenstellerei brachte, auszuruhen und eigentlich ... um sich auszutoben. Es mag Ausnahmen geben, aber jeder richtige Trapper versäuft im Sommer, was er im Winter gefangen hat. Von dem wenigen Geld, das übrigbleibt, kauft er Winterproviant und einige neue Fallen, um im Herbst für sechs Monate wieder zu seiner einsamen Hütte zu laufen. Dieses harte Handwerk treibt er so lange, bis der Gastwirt einer Ortschaft im Frühling vergeblich auf seinen gut zahlenden Gast wartet. So einem Pelzjäger kann nämlich, wenn er draußen erkrankt oder bei seinen halsbrecherischen Rundgängen verunglückt, selten ein Mensch helfen.

,,Der alte Jack ist in diesem Frühjahr nicht wiedergekommen", das ist alles. Jeder in Alaska weiß, was das bedeutet.

Die Erfahrungen als Pelzjäger kamen ihm später als Guide sehr zugute. Er sagte einmal, als er einen Jäger führte: ,,Natürlich ist der Elch nicht gefährlich! In den Wäldern Alaskas gibt es nur ein gefährliches Tier: den Jäger, der mit dem Gewehr nicht umgehen kann!"

Mehr sagte der Alte nicht. Sein Gast aber wußte, worauf er anspielte. Letztes Jahr begleitete er irgendeinen Stadtfrack, dem sich die Büchse in der Aufregung entlud. Der Schuß ging knapp an Andys Ohr vorbei. Oft sind die Abendgespräche mit ihm recht wortkarg. Er spricht dann mehr mit den Augen. Ein Spiel der Mienen, das Heben der Brauen, eine kleine Handbewegung drücken aus, was andere mit einem Wortschwall sagen wollen.

Die Gedankengänge des schlauen Alten waren manchmal so

scharf, daß man seine eigenen daran schleifen könnte. Es war von einem seiner Kollegen die Rede, der sein ganzes Geld verputzt hatte." Wofür hat er es ausgegeben?" fragte einer. ,,Teilweise für Frauen", antwortete Andy ernsthaft, ,,teilweise für Getränke, das übrige für Unsinn."

Ein Freunde beklagt sich über einen Schuldner. Dazu bemerkt Andy: ,,Ich sage immer, man tut besser daran, zu verschenken statt zu verleihen. Es kostet ein und dasselbe."

Andy führte auf der Bärenjagd. Es war an einer Stelle, wo dichter Nadelwald bis an den Rand einer Überschwemmungszone reichte. An mehreren Stellen versuchten sie in den Wald zu dringen. Das war jedoch so mit dornigem Unterwuchs verflochten, daß es unmöglich war und ein Weiterkriechen auch keinen Sinn hatte.

Andy meinte: ,,Wir wollen heute nur das Ufergelände erkunden. Bis zum Dunkelwerden können wir getrost weitergehen. Am Wasser entlang würden wir auch im Finstern nach Hause finden, und obendrein haben wir Mondlicht."

Am Rande des Fichtenbestandes fällt uns etwas Bräunliches auf... nein, es ist kein Bär, keine Rede davon... was mag es sonst sein?

Erst beim Näherkommen sehen wir, daß es eine menschliche Behausung ist. Eine unter Fichten versteckte Hütte. ,,Bei Gott", sagt Andy, ,,das muß die Hütte des armen Jack sein, des Pelzjägers, von dem wir schon seit Jahren nichts mehr gehört haben. Als wir vor fünf Jahren unser Camp hier hatten, streiften wir niemals hier am Ufer entlang. Es war Frühjahr, und wir mußten die Bären auf den Berghöhen suchen. Ich hatte keine Ahnung, daß der Alte hier hauste."

Die Männer näherten sich zögernd der Hütte und glaubten, daß der Arme wohl ohne Zweifel hier zugrunde gegangen sei. Aufatmend bemerkten sie, daß die Tür von außen zugenagelt war. Folglich mußte der Bewohner fortgegangen sein.

Auch ein Schild hing dran, die verwaschene Schrift war fast nicht mehr zu lesen. Mit viel Mühe entzifferten sie schließlich: ,,Dieses Haus mit aller darin befindlichen beweglichen Habe ist der Besitz Jack Millers. Wer Hand daran legt, ist vor dem Gesetz dafür verantwortlich. Oktober 1930!" Die Hütte war noch in ganz gutem Zustand. Im Halbdunkel erkannten sie durch das zerbrochene kleine Fenster ein Bett aus Brettern. Am Fußboden lagen rostige Fallen, Konservenbüchsen, zerrissene hohe Stiefel, gebrochene Schneereifen, ein Eisenofen mit einem Topf darauf. Am meisten beeindruckte sie eine auf dem Tisch in einer alten Konservenbüchse stehende Kerze: des alten Jacks Lebenslicht.

Wohin er wohl gegangen sein mag, nachdem er die Tür seiner Hütte so sorgfältig vernagelt hatte?

Auch Andy ist einer von den Leuten in Alaska, die immer darauf eingestellt sind, daß sie alle an sie herantretenden Aufgaben alleine, nur mit Hilfe ihrer Hände bewältigen müssen, auch wenn es unmöglich erscheint.

Unter Führung von Andy war wieder einmal ein Riesenbär gestreckt worden, der aber, das Unglück wollte es, in einem reißenden Wasser sein Lebenslicht ausblies.

Ich zitiere, wie Andy die Bergung des Riesen in den Griff bekam:

,,Also folgen wir den Weisungen Andys und bauen eifrig den Bärendamm auf. Besser gesagt, eine Bank. Große Erdschollen werden vom Ufer gebrochen und in das Wasser vor den halbversunkenen Bären geworfen. Dann tragen wir Reisigbündel auf die auseinanderfallenden Erdbrocken und Äste. Als sich die Bank immer mehr erhöht, stampfen wir sie fest. Dann bringen wir Holzklötze heran und spreizen sie zwischen den Bärenkörper und die aufgebaute Bank. Schließlich knüpfen wir einige Stricke zusammen, befestigen mit Schlingen die Vorderpranken des Bären, werfen den Strick um einen starken Baum und ziehen, uns gegen den Baumstamm stemmend, mit aller Kraft . . . die Muskeln spannen sich, die Hosenriemen krachen . . . der Bär bewegt sich . . . Hau-ruck, hau-ruck! Bei jedem Ruck kommt er ein paar Zentimeter höher. Auch der Fluß kommt zu Hilfe und drückt den Riesenkörper (etwa 500 kg) nach oben, der, auf dem Bauch liegend, sich allmählich aus dem Wasser hebt. Nur noch das letzte Viertel ist im Wasser versunken, und rührt sich keinen Zentimeter mehr weiter. Doch Andy meint, das tue nichts, es sei in Ordnung, den rückwärtigen Teil könne er auch unter Wasser abstreifen.''

Der für die jagdlichen Verhältnisse in Nordamerika richtungsweisende ,,Boone and Crockett-Club'' befaßte sich damals mit der Klassifizierung der Braun- bzw. Grizzlybären, über deren Systematik bei Zoologen und Jägern wenig Klarheit herrschte. Andy Simons schrieb dazu folgendes allein aus seinen praktischen Erfahrungen – und nahm damit die später auch wissenschaftlich begründete Erklärung voraus:

„Viel ist über die wissenschaftliche Klassifizierung dieser Bären geschrieben worden, aber für den normalen Beobachter ist all das höchst verwirrend. Ich muß gestehen, daß ich – nach mehr als 30 Jahren Bärenjagd – unmöglich unterscheiden könnte, ob es sich um einen Braun- oder Grizzlybären handelt, wenn ich zwei davon in gleicher Größe nebeneinander sehen würde. Nach meiner Überzeugung sind alle von derselben Rasse, wenn auch verschieden in der Schädelform, z. B. wenn einer von der Insel Kodiak kommt, wo er sich nicht mit anderen Vertretern hat mischen können und sich allein entwickelt hat, oder wenn er vom Festland kommt, wo die Kreuzung mit allen Bären möglich ist, die nicht insolar leben. Sie kommen in allen Farben von fast schwarz bis hellblond vor. Manche haben den Silberreim am Haarende, was den Namen „Silvertip" entstehen ließ. Sie leben über fast ganz Alaska verteilt und sind im benachbarten Yukon genauso vorhanden wie drüben, jenseits der Beringstraße, in Kamtschatka.

Einen Grundunterschied aber gibt es wirklich: die küstennah lebenden Bären sind größer als jene des Innern. Das ist einfach zu erklären. Logischerweise muß ein Bär, der im Innern lebt, dort einen längeren Winter mit ebenso längerem Winterschlaf überstehen, also viele Wochen weniger Nahrung zu sich nehmen, weshalb er den an der südlichen Küste mit dem besonderen Fischreichtum lebenden Bären an Größe und Körpergewicht unterlegen ist."

Andy schreibt aber auch: „Jeder Bär ist unberechenbar, was oft zu Unfällen führt. Man kann durch Zufall zwischen Bären und ihre Jungen geraten, oder man kann einen Bären, der schläft, auf sehr nahe Entfernung plötzlich wecken. Meint er, selbst angegriffen zu werden, verteidigt er sich und nimmt den Ruhestörer an. Charakteristisch für alle diese großen Bären ist ihr totaler Mangel an Angst. Sie haben keine Feinde, außer dem Menschen."

Es gibt in Alaska bis zum heutigen Tage nur eine Eisenbahnlinie, die von Seward im Süden der Kenai-Halbinsel über Anchorage nach Fairbanks führt. Mit seinen Jagdgästen unterwegs, erklärt Andy dem Zugführer, wo er halten soll, denn wo sie aussteigen wollen, ist keine Haltestelle!

Die Schienen führen auf der Kenai-Halbinsel zwischen schönen Nadelwäldern einem schäumenden Wildbach entlang, als sich ein prächtiger blauer Bergsee zeigt. Der Zug bremst. „Wir sind zu Hause", sagt Andy, „ich wohne hier, wir wollen aussteigen." Nirgends ist ein Haus zu sehen. Der Zug hält auf offener Strecke, mitten im Wald. Schon setzt er sich wieder in Bewegung. Von den Schienen weg führt ein schmaler Fußweg in das Halbdunkel des Waldes. Auf dem Steig schreitet er mit einigen Jägern wie auf einem Gummiteppich vorwärts. Nach kaum zehn Minuten erreichen sie das Seeufer. Ein freundliches kleines Haus wird sichtbar, das an ein österreichisches Forsthaus erinnert: Andys Heim! Davor ein eingezäunter Küchengarten, über der Tür starke Elchschaufeln, von Sonne und Witterung gebleicht. In der Tür steht eine hinkende, dicke Frau: Andys Ehehälfte. Die Arme plagt sich mit Gicht, und so ist ihre üble Laune nicht verwunderlich. Sie ist wortkarg, und höflich zu sein, fällt ihr sichtlich schwer. Die Jäger tituliert sie mit ,,You boys'' und fragt, wann sie zurückkommen werden; dann fügt sie mütterlich hinzu: ,,Daß Ihr mir auf meinen Alten aufpaßt, Ihr Burschen, damit er keine Dummheiten macht!'' Das struppige schwarze Haar und die schrägen Augen lassen darauf schließen, daß sich in sie etwas Indianerblut verirrt hat.

Die Wohnung besteht aus Zimmer und Küche. So adrett das Haus von außen aussah, so schmutzig ist es innen, außerdem ungelüftet. Das Ehepaar wohnt allein. Andy ist meist abwesend, und so ist niemand da, der der kränklichen Frau behilflich wäre. Es ist bewunderswert, daß sie sich überhaupt getraut, hier allein zu bleiben.

Übrigens, erklärt sie, hätte sie auch vorm Teufel keine Angst, sie könne mit der Büchse umgehen. Früher, als sie noch gesund war, jagte sie mit ihrem Mann und schlief viele Nächte hindurch im Freien, im Schnee. In der grimmigen Kälte machten sie gemeinsam den täglichen, langen, aufreibenden Rundgang der Pelzjäger zu den gestellten Fallen.

Die Männer tragen ihr Gepäck zum Seeufer und verstauen es auf Andys Motorboot; in diesem soll die Reise von hier aus weitergehen. Dieser Kahn ist Andys eigenes Erzeugnis, nur den kleinen Motor ließ er aus Seattle kommen, alles andere hat er selbst gebaut. Und nicht nur sein Schiff, auch sein Schuhwerk, selbst das Haus sind das Werk seiner Hände. Ein Mann in der Einsamkeit der Wildnis gewöhnt es sich ab, auf fremde Hilfe zu warten. Was er braucht, schafft er selbst.

Andy Simons begegnete auf seinem Jagdtrip einer Gruppe Männer, als er noch relativ jung war. Es waren Engländer, die schon mehrere Wochen erfolglos unterwegs waren. Sie wollten Schafe und Braunbären jagen, fanden sie aber nicht. Das war auf der Kenai-Halbinsel. Andy, der die Halbinsel wie kein anderer kannte, grinste und meinte verschmitzt: ,,Ihr seid an den falschen Plätzen gewesen!" Die enttäuschten Männer fragten ihn, ob er wohl bereit wäre, sie zu führen. Sie waren sich bald über den Preis und die sonstigen Bedingungen einig. Andy führte sie bald zum Erfolg, so daß sie in kurzer Zeit alles bekamen, weswegen sie nach Alaska gekommen waren.

Auf dem Rückflug besuchten sie den Gouverneur in Juneau und erzählten ihm begeistert von der großartigen Jagd mit Andy. Kurzerhand ernannte der Gouverneur Andy Simons zum ,,Guide Nr. 1", eine Auszeichnung, die vor ihm noch keiner bekam. Diesen Ehrentitel hat er bis zu seinem Tod stolz geführt!

Andy Simons war der erste Vertreter eines Berufsstandes, der sich mit der Zunahme der Jagdreisen entwickelt hat: berufsmäßiger Jagdführer. Heute ist diese Tätigkeit auch behördlich geregelt und überwacht.

,,Guide" (Führer) heißen die Jagdführer in Alaska. Es würde zu weit gehen, die geschichtliche Entwicklung der Guides aufzuzeichnen. Zur Zeit sind etwa 500 Guides bei der Wildschutzbehörde registriert, jeder für den Bezirk, für den er geprüft wurde, es gibt deren sechsundzwanzig.

Es gibt drei Gruppen von Guides: Assistent Guide, Registered Guide und Master Guide.

Die Jagdbehörde kennt aber noch den ,,Outfitter" (Ausrüster), der uns Jäger am meisten interessiert. Denn wer gibt schon sein gutes Geld aus, wenn er nicht weiß, daß seine Buchung, die spätestens Anfang des Jahres erfolgen sollte, auch von jagdlichem Erfolg sein wird. Das kann eigentlich nur ein zuverlässiger Outfitter, aber ohne Garantie.

Der Outfitter (Ausrüster) muß ein Master oder Registered Guide sein, der über Jagdcamps verfügt und der Behörde nachgewiesen hat, daß er fähig ist, die Jagden dem Gesetz entsprechend mit seinen Guides durchzuführen. Von dem in dreifacher Ausfertigung geschlossenen Vertrag erhält die Behörde ein Exemplar, womit die Jagd registriert ist. Durch eine bei der Jagdbehörde hinterlegte Bürgschaft garantiert der Outfitter für die Durchführung. Der Behörde ist auch durch eine Überprüfung bekannt, über welche Ausrüstung, Unterkünfte und Transportmittel der Outfitter verfügt und ob er Erfahrung im Fischen, Fotografieren usw. hat.

Der Outfitter beschäftigt, je nach Größe seines Geschäftes, einige Guides, die er überwacht. Er, der in der Jagdsaison wegen der Versorgung der Campes und seiner Gäste alle Hände voll zu tun hat, ist auf die Verläßlichkeit seiner Guides angewiesen.

Ist der Registered Guide 21 Jahre alt, hat fünf Jahre in Alaska gejagt und war drei Jahre als Assistent Guide tätig gewesen, dann muß er sich durch eine Prüfung qualifizieren, vorausgesetzt, er ist legaler Einwohner Alaskas, hat praktische Erfahrung auf der Jagd, kann mit Waffen umgehen, kann Trophäen herrichten, ist ausgebildet in der Ersten Hilfe, kann fotografieren, kennt den Jagdbezirk und hat einwandfreien Leumund.

Er kann es zum Master Guide bringen, wenn er während zehn Jahren legal gejagt hat und in dieser Zeit sein Einkommen hauptsächlich aus Jagdführung bestand, in den letzten fünf Jahren keine Strafen bekam und dem staatlichen Guide-System angehört. Seine Tätigkeit während der zehn Jahre muß er dem Departement of Fish and Game gegenüber nachweisen und mindestens zwei Jäger als Referenz nennen, die er während der letzten zwei Jahre geführt hat.

Der Assistent Guide muß mindestens 19 Jahre alt sein, gesund und legaler Einwohner Alaskas sein und einen festen Wohnsitz haben. Er kann dann als Gehilfe unter Aufsicht eines Registered Guide oder Master Guide tätig sein.

Schon vor vielen Jahrzehnten war das Jagen in Alaska für „Auswärtige" (auch Jäger aus den übrigen Staaten der USA) eingeschränkt, das heißt, Abschußzeiten und Quoten wurden bestimmt.

Bis 1982 war den „Auswärtigen" die Jagd auf Elch, Schwarzbär, Schneeziege, Wolf und Vielfraß auch ohne Guide erlaubt. Daß nun die Jagd auch auf diese Wildarten nur noch unter Führung eines Guide gestattet ist, verdanken wir dem illegalen Verhalten auswärtiger Jäger.

Um dem Jagddruck einen weiteren Einhalt zu gebieten, hat die Jagdbehörde Alaskas den Preis der „Tags" (Wildmarken) erheblich heraufgesetzt.

Ab 1983 gelten für „Nonresidents" (Auswärtige) für die Wildmarken (Tags) folgende Preise (in Dollar):

Schwarzbär	200
Braun-/Grizzlybär	350
Bison	350
Caribou	300

Deer	135
Elk (Wapiti)	250
Schneeziege	250
Elch	300
Sheep (Bergschaf)	400
Walroß	500
Wolf	150
Vielfraß	150
Moschusochse	1100

Oben: Zeltlager auf Bärenjagd im Indianersommer.
Unten: Wildpretversorgung im Camp. **Das Gesetz schreibt vor, daß
alles erlegte Wild geborgen und verwertet werden muß, jedoch darf es
nicht verkauft werden.**

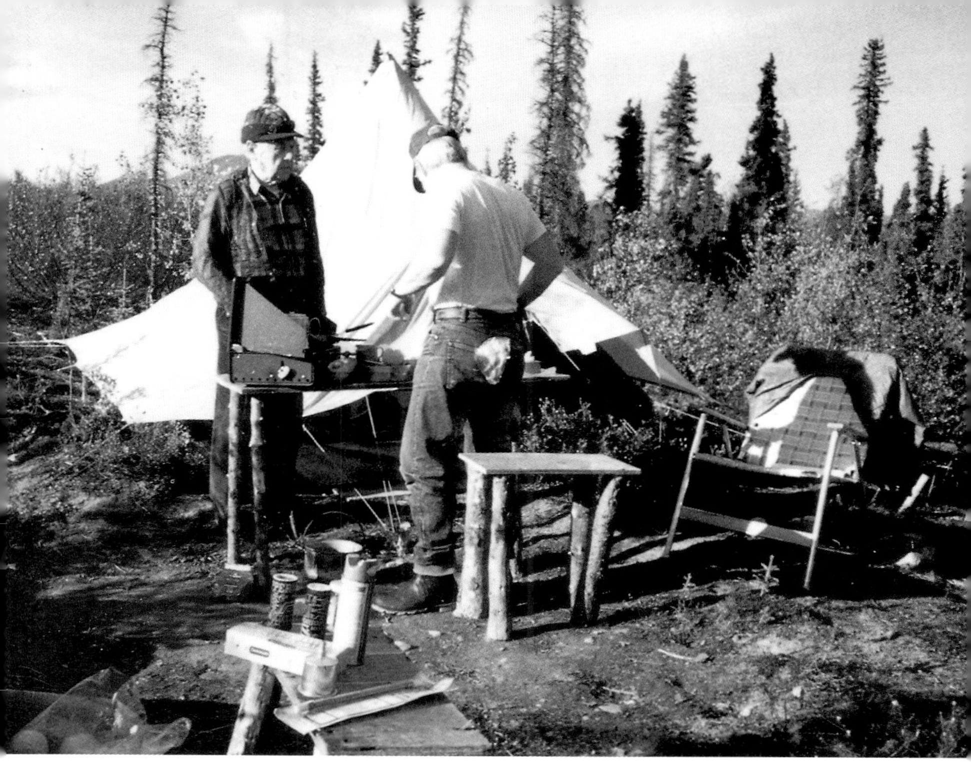
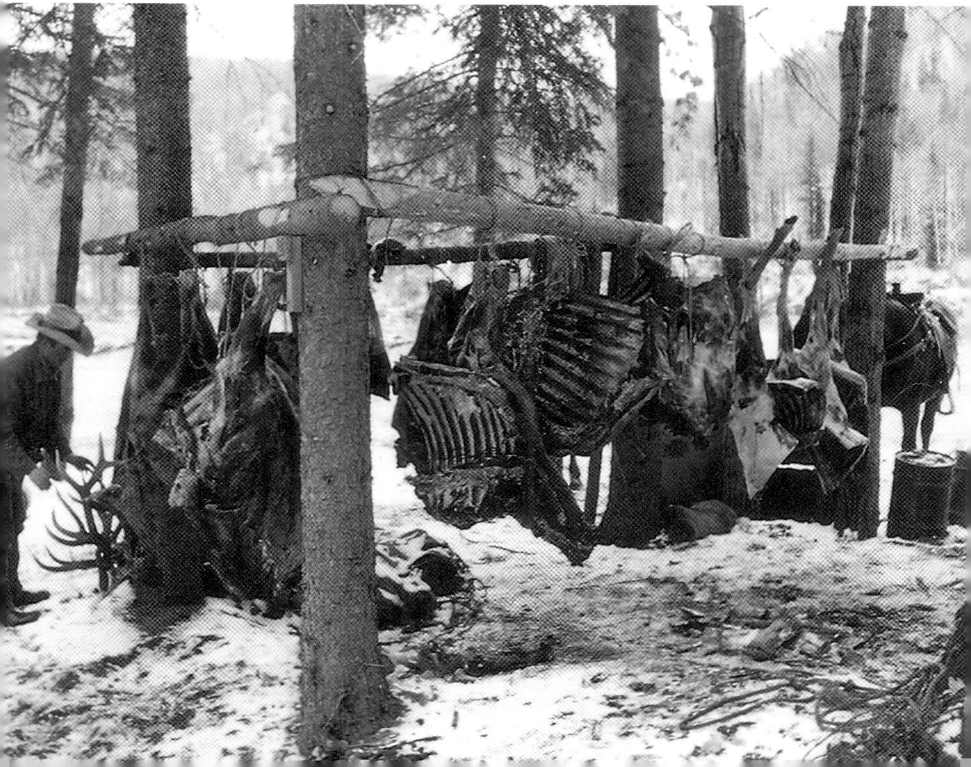

Riesen des Nordens: Die großen Bären

Wenn man in Fairbanks, im Museum der Universität, der mächtigen Gestalt eines gut präparierten Kodiakbären gegenübersteht, bekommt man etwas das Gruseln. Auf den Hinterläufen hoch aufgerichtet, die Vorderpranten weit auseinandergespreizt, erhebt er sein mächtiges Haupt mit aufgerissenem Fang dreieinhalb Meter hoch bis unter die Decke des Saales. Seinen Namen verdankt er der Insel Kodiak, die zwischen dem 56. und 58. Breitengrad ganz im Süden Alaskas liegt. Diese kleine Insel ist die Heimat der größten Bären der Welt. Man findet diese Riesen aber auch auf der etwas nördlich gelegenen Halbinsel Kenai und auf den Aleuten. Heutzutage sind sie in den Urwäldern der Kodiakinsel recht selten geworden. Deshalb hat die Jagdschutzbehörde fast die ganze Insel für die Jagd auf den Braunbären gesperrt.

Neben dem weißen Bergschaf (Dall-Sheep) ist der Braun- bzw. Kodiakbär zur meistbegehrten Trophäe der amerikanischen Jäger geworden, denn es gehört schon etwas Mut dazu, ihn zu jagen. Der amerikanische Jäger ist mächtig stolz, wenn seine Besucher den Bären lebensecht präpariert oder die zottige Decke, die eine ganze Wand einnimmt, bestaunen.

Die Jagdbehörde aber hat die Bären seit vielen Jahren nun unter ihren ganz besonderen Schutz gestellt, sie regelt die Abschüsse durch drastische Beschränkungen jährlich aufs neue und bekämpft mit strengen Maßnahmen den Wildfrevel. Unerlaubte Abschüsse werden mit sehr hohen Strafen geahndet. Die Wildschutzbeamten sind ständig mit Flugzeugen oder Hubschraubern zur Überwachung unterwegs.

Es hat zoologische Systematiker gegeben, die von mehr als achtzig Bärenarten im nordamerikanischen Raum sprachen. Die

Oben: Iniakuk-Lake in der Brooks-Range, Blick auf die Lodge.

Unten: Einzige Verbindung zur Außenwelt – das Wasserflugzeug auf dem See (im Winter auf Kufen bei Eis und Schnee).

neuzeitliche Forschung aber teilt die nordamerikanischen Bären in nur drei Gruppen ein:

- Braunbär (Grizzlybär)
  (Ursus arctos horribilis)
- Schwarzbär (Ursus americanus)
- Eisbär (Polarbär)
  (Thalarctos maritimus)

Natürlich findet man, besonders unter den Braunbären, zahlreiche Farb- und Größenabweichungen. Der Riesen- oder Kodiakbär, die größte Form des Braunbären, erreicht seine enormen Ausmaße sicher dank des Fischreichtums seiner heimatlichen Gewässer. Der hohe Nährwert der reichlichen Fischkost läßt den Kodiakbären bis zu einem Gewicht von 900 kg heranwachsen und eine Höhe von 350 Zentimeter erreichen. Wenn man in dem Buch „Records of North American Big Game" nachliest, findet man an erster Stelle den von Roy Lindsley im Jahre 1952 auf der Insel Kodiak erlegten „Alaskan Brown Bear", das größte Landraubtier der Welt!

Im übrigen unterscheiden sich die neuweltlichen Braunbären – außer durch ihre teils erheblich größeren Körpermaße – kaum von ihren kleineren Vettern in Europa und Asien. Bären fanden schon immer – wohl wegen ihrer in mancher Hinsicht menschenähnlichen Gestalt und Verhaltensweise – das Interesse der Menschen. Ein Zoologischer Garten wäre ohne Bären kaum denkbar. Der alte Geheimrat Heck (der Vater von Professor Lutz Heck) gab einmal eine treffende Charakteristik des Braunbären in Gefangenschaft:

„Ich halte ihn für einen unberechenbaren Burschen, der sich heute vielleicht mit dem Besen vom Futter weg in die Ecke prügeln ließe und einen morgen vielleicht niederrisse, während man ihm einen Leckerbissen bietet. In Köln konnte ich alle meine katzenartigen Raubtiere anfassen, bei dem Bären habe ich mich schwer gehütet. Ich weiß, daß ich mich mit dieser Ansicht über den Bären im Widerspruch mit unserem Publikum befinde, das die Bären liebt wie die Affen. Und auch aus demselben Grunde: Weil auch der Bär als Menschenkarikatur, als unser eigenes Zerrbild wirkt, wenn er auf den Hinterbeinen, wie ein alter, wohlbeleibter Herr in den Unterhosen, umhertappt, wenn er sich auf das Hinterteil setzt und die Hände in den Schoß legt, oder wenn er seine behandschuhten Menschenhänden ähnlichen und mit der Sohle sehr gut nach oben um sich selbst drehbaren

Vordertatzen mit erstaunlicher Geschicklichkeit zu den feinsten Hantierungen gebraucht, dieselbe Rotationsbewegung übt, die unsere Hand erst zum willfährigen Werkzeuge unseres Geistes macht. Die Bären zu füttern ist deshalb ein Hauptspaß im Zoologischen Garten.

Das mißliche Verhalten des Bären kann man verstehen, wenn man sich vergegenwärtigt, daß der Bär mit seinem schwachen Gesicht kein großes Unterscheidungsvermögen besitzt, während die großen Katzen scharfe Augen haben und erkennen, daß die Hand des Menschen kein Fleischhappen ist. Diese Raubtiere lieben keine kleine Beute und tun sich gütlich am großen Riß. Der Bär aber ist Allesfresser und schmaust ebenso gerne an den Blaubeeren, wie er nach den großen Lachsen fischt. In Alaska kann man dies besonders eindrucksvoll beobachten."

Erste Begegnung

Daß der ,,Browny" schlecht sieht, kann ich aus eigener Jagderfahrung bestätigen. Aber meine Braunbärenjagd auf der Kenai-Halbinsel war keinesfalls von vielen aufregenden Momenten erfüllt. Um es kurz zu machen: Wir hatten einige Tage nach einem Bären gesucht und dabei allerlei Wild zu Gesicht bekommen, nur keine Braunbären. Mehr als zwanzig Schneehühner hatten wir zwischendurch erlegt und auch das seltene Glück, an einem Vormittag einen Vielfraß am Riß zu beobachten, allerdings auf etwa 800 Meter und bei gutem Wind. Wir konnten nicht erkennen, was er erbeutet hatte, waren aber durch Kolkraben, die in großer Höhe darüber kreisten, aufmerksam geworden.

Recht müde und abgespannt hatte ich es mir auf dem Feldbett bequem gemacht, soweit das bei meiner körperlichen Verfassung überhaupt möglich war. Es war die Zeit des Indianersommers. Goldgelb schien die Landschaft, und in der Ferne grüßten die schneebedeckten Gipfel des Kenaigebirges.

Mit Bruce war ich unterwegs, die Pferde hatten wir zurückgelassen. Guten Mutes und recht zuversichtlich strebten wir einer Anhöhe zu. Von oben wollten wir Ausschau halten und auch eine Rast einlegen. Über blühendes Moos erreichten wir hangaufwärts ein kleines Zwischental. Diese Einschnitte sieht man zunächst nicht, meist fließt ein Bächlein darin, ganz versteckt zwischen den

Zwergweiden, deren tückisches Wurzelwerk mir bekannt war, deshalb paßte ich höllisch auf. Als wir das Bachbett, umrankt durch das Strauchwerk der Weiden, durchschritten, wobei einem die Weidenzweige ins Gesicht klatschen, dachte ich daran, daß ich gewarnt war, wegen dieses teuflisches Zeuges keine Bundhosen anzuziehen, denn das Astwerk bleibt in den Strümpfen hängen. Ich dachte nicht im Traum daran, daß mir so etwas passieren könne, denn ich trug ja glatte Cordhosen, wie sie empfohlen waren. Außerdem hatte ich langschäftige Gummistiefel an, die alles abgleiten lassen. Aber schon war es geschehen! Mein viel zu schweres Fernglas hatte sich im Astwerk verheddert, so daß ich hinfiel. Als ich recht mühsam wieder auf die Beine kam, merkte ich am Schmerz, daß in meiner linken Brusthälfte etwas nicht in Ordnung war.

Bruce, der vor mir ging, hatte meinen Aufschrei gehört und kam schnell herbei. Er sah mein schmerzverzerrtes Gesicht und sagte: ,,Oh weh!" Als er die empfindliche Stelle abtastete, wußte ich, daß etwas gebrochen war. Dem plumpen Fernglas gab ich die Schuld daran. Ich nahm mir vor, ein solches hinderliches Ding nicht mehr mitzunehmen. Bruce nahm mir Glas und Gewehr ab.

Er grinste über das ganze Gesicht, als wollte er sagen, das sei ganz alltäglich. Im Moment aber war mir hundeelend zumute. In seinen pfiffigen Augen las ich noch, in Alaska sei man anderes gewöhnt. Nun, unter seiner Obhut hatte ich mich wieder etwas gefangen. Wir setzten unseren Weg fort. Auf dem Hochplateau angekommen, baute Bruce sein Spektiv auf.

Er tat so, als nehme er keinen Anteil an meinem elenden Zustand. Lange schaute er in die Gegend, schüttelte dann den Kopf, was heißen sollte: nichts zu sehen. Dann nahm er den Rucksack von der Schulter, packte die Butterbrote aus und stellte die Thermoskanne mit dem Kaffee vor uns hin. Dann grinste er wieder und begann gemütlich zu kauen. Ich machte es ihm nach und ließ es mir schmecken.

Meine Gedanken gingen hin und her. Sollte ich nun die Jagd aufgeben und in die Heimat zurückreisen? Nein, sagte ich mir, du machst weiter, und den Schmerz wirst du vergessen. Später traten wir den Heimweg ins Camp an, Bruce ging sehr langsam, aber nicht so wie ein Krankenpfleger. Er vermied so gut es ging das Weidengestrüpp.

Die Gedankengänge von Bruce konnte ich nur ahnen. Er war für mich verantwortlich und wollte mich zum Erfolg führen. Ich wußte, daß er seine Aufgabe ernst nahm und mich keinesfalls ins nächste Hospital abliefern wollte, sondern daß er im Auftrage seines Vaters Jess den Vertrag, den ich abgeschlossen hatte, wenn irgendwie möglich bis zum guten Ende erfüllen wollte. Aus dem Halbschlaf wurde ich plötzlich munter, denn Bruce, der mal kurz draußen Umschau hielt, war hereingestürzt und rief: ,,Two Brownies on the left side!" Selten habe ich mich so schnell vom Lager erhoben, war in den Schuhen und hatte meine Mauser vom Haken gerissen. Die Bären sahen wir in etwa 700 Meter Entfernung sich dahinbewegen. Der Wind schien gut, weshalb wir so schnell wie möglich über das moorige Land zu ihnen hinstrebten. Unsere Lungen gaben das Letzte her.

Als wir endlich, es schien eine Ewigkeit, völlig ausgepumpt auf etwa 200 Meter heran waren, suchte ich vergeblich einen Baum oder Strauch als Auflage. Bruce war etwa hundertfünfzig Meter hinter einem kleinen Strauch zurückgeblieben. In diesem Moment kam ich mir recht alleingelassen vor. Es blieb mir keine andere Wahl, als freihändig zu schießen, denn die Gelegenheit kam sicher nicht wieder. Aber o weh! Das Fadenkreuz tanzte auf und ab, und auch die Bären blieben keinen Moment ruhig. Als ich endlich abdrückte, wußte ich auch schon, daß ich gefehlt hatte, denn die Bären, nun doch aufmerksam geworden, flüchteten und gaben mir keine Chance mehr.

Da erinnerte ich mich daran, wie Sigmund Széchenyi in seinem Alaskabuch die Jagd auf den Braunbären so anschaulich beschrieb. Auch für ihn war es damals – 1935 – die erste Begegnung mit diesem mächtigen Wild. Hier wieder ein Auszug aus seinem Buch:

,,Das Wetter ist herrlich klar, die Sonne steigt aus ihrem Goldbad. Wir haben vollkommene Windstille, und es herrscht eine über alle Maßen friedliche Atmosphäre. Seehunde umschwimmen das Boot, da und dort erscheinen ihre schwarzglänzenden, runden Köpfe. Sie sind ängstlich und vorsichtig. Das sich mir darbietende Bild strömt paradiesische Unberührtheit aus ... eine vergessene Welt ... seit Jahrtausenden hat sich hier nichts geändert. Niemand kennt die Geheimnisse dieser stillen Nadelwälder. Dies ist also die seltsame Heimat der Riesenbären, des größten Raubtieres der Welt ...

Nach kaum hundert Metern fährt unser Kahn auf Grund, dabei ist das Ufer noch weit. Wir steigen in das kaum bis zum Knie reichende Wasser und tragen unsere Sachen an Land. Jetzt beginnt die Flut sich dem Ufer zu nähern, und zwar in unvorstellbarer Geschwindigkeit. Eilig müssen wir das an Land getragene Gepäck weiter weg bringen, denn das anschwellende Meer leckt bereits danach. Ein wundersamer Anblick! Vor fünf Jahren war Andy schon einmal hier. Er behauptet, daß seither niemand hier gewesen sei und vorher schon überhaupt keiner, den Pelzjäger ausgenommen, der gewöhnlich in dieser Gegend überwintert... Hjalmar geht zur Quelle, um Wasser zu holen, dann macht er Brennholz. Ich schleppe das Gepäck herbei, sechsmal muß ich hin und her laufen. Zwei Zelte, Eisenofen, Büchsen, Munition, Schlafsäcke, Lebensmittel und vieles andere. Zwei Wochen wollten wir bleiben.

,Es ist möglich, daß wir morgen einen Schneesturm erleben', meint Andy zu unserer Aufmunterung. ,Dieses schöne Wetter ist der reine Zufall.' Die Mücken stechen ganz schön, aber sie impfen einem wenigstens nicht, wie die afrikanischen, die Malaria ein. Während die Zelte aufgeschlagen werden, mache ich, nur mit dem Spazierstock, einen Rundgang, um die Umgebung kennenzulernen.

In einem dieser Bachbetten, nahe vom Lagerplatz, stoße ich auf den mächtigen Tritt eines Bären. Er ist frisch, die Flut hat ihn noch nicht weggewaschen. Alle Einzelheiten der gewaltigen Pranten läßt das Trittsiegel erkennen. Die Spur führt zum Meeresufer, dort hat sich der Bär niedergetan. Auf dem Rückweg hat er den kleinen Bach etwa hundert Schritte weiter gekreuzt, erreichte den größeren Bach, und trollte diesen entlang in den Wald zurück.

Die meisten Fische sind bereits bis in die Nebenbäche hinaufgedrungen. Auch die Bären wird man dort oben suchen müssen. Ich finde auch die Tritte von zwei ganz kapitalen Bären, die anderthalbmal so groß sind wie die meiner Füße.

11. September, Camp ,,Muddy River"
Mein Ofen ist ein wirklicher Segen, denn noch am Abend wurde es kalt. Am Morgen war sogar unser Trinkwasser im Eimer eingefroren. Doch jetzt scheint wieder die Sonne, es wird wieder ein herrlicher Sommertag...

Unsere Entdeckungsreise bringt uns durch dunklen Nadelwald und führt auf eine Wiese – von ungefähr 100 Hektar –, die außerhalb des Überschwemmungsgebietes liegt. Wir gehen nicht mehr weiter, denn hier muß man guten Anblick haben.

So sitzen wir eine halbe Stunde. Dann gehe ich etwas weiter zu zwei Fichten; der Sturm hat sie übereinander geworfen, und klettere hinauf.

Im ersten Augenblick glaube ich, das Opfer einer Einbildung geworden zu sein. Ich will meinen Augen kaum trauen ... noch einmal muß ich ganz genau hinsehen, denn ich will mich nicht auslachen lassen ... Es ist jedoch Wirklichkeit ... Ein mächtiger Bär steht dort am Waldesrand! Ich lasse mich vom Baum heruntergleiten. Jetzt ist der Bär von einer Fichtengruppe gedeckt. Ich brauche nicht zu fürchten, eräugt zu werden, er ist 500 Schritt entfernt, und der Wind ist günstig. Dort ist er. Er hat den Waldrand verlassen, zieht auf die Mitte der Wiese und kommt uns näher. Mir erscheint er unwahrscheinlich groß, wie ein Büffel! Als er sich querstellt, sieht man einen mächtigen Höcker auf seinem Widerrist ...

Andy kann sich jedoch nicht begeistern: ,,Das ist kein besonderer Bär``, flüstert er hinter mir sein nüchternes Urteil.

,Was?!` antworte ich, ,ist er vielleicht nicht einmal schußbar? Selbst in Zoologischen Gärten habe ich keinen größeren gesehen!`

,Nein, der ist nicht sehr groß`, meint er, andererseits können wir es uns nicht leisten, ihn außer acht zu lassen, denn man kann nie wissen, ob wir noch einen anderen finden werden. Gehen wir!`

Bei jedem Schritt quatscht und gurgelt es im Morast. Auch durch kleine Bäche müssen wir waten. Ich schwinge mich auf eine Fichte: der Bär zieht geradewegs hinaus, aufs Meer zu. Eine bessere Richtung könnten wir uns gar nicht wünschen; er scheint sich am Ufer umsehen zu wollen. Noch ist er 400 Schritt entfernt, wir halten es immerhin für besser, uns bis zum Waldrand zurückzuziehen, das Plantschen in der sumpfigen Wiese könnte uns verraten. Im Wald werden wir viel schneller und ohne Lärm das Ufer erreichen können. Jetzt ist der Bär nicht mehr zu sehen, der Wald liegt etwas tiefer als die Mitte der Wiese. Nach kaum zehn Minuten sind wir am Ufer, an der Ecke des Waldes. Wir stehen auf einem günstig gelegenen Hügel, von dem aus die Wiese völlig zu übersehen ist, der Bär jedoch – ist verschwunden.

Weder ein Hügel, noch eine Fichtengruppe konnten ihn decken. Wohin mag er also verschwunden sein? Doch nicht in diesen Wasserriß ... Von hier aus, wo wir stehen, führt ein stellenweise tiefes, rissiges Bachbett durch die Wiese. Es schlängelt sich hin und her, läuft aber im großen ganzen parallel zum Meeresufer. Vielleicht sollten wir in diesem gedeckt auf die Mitte der Wiese zuschleichen?

Andy ist bereits im Bachbett, und ich bin gerade dabei, hinabzusteigen, als ich plötzlich den Bären erblicke. Er war tatsächlich im Bachbett verschwunden, jetzt klettert er, kaum 200 Schritt entfernt, wieder heraus. Wir liegen bereits auf dem Bauch, nur unsere Nasenspitzen schauen aus dem Unkraut heraus. Der Bär – als hätte er darauf gewartet – trollt am Ufer entlang, uns direkt entgegen. Er nähert sich langsam, verhofft mehrere Male, nimmt Wind, läßt sich wieder in das Bachbett hinab. Anscheinend hat er Appetit auf Lachse. Doch sind wohl keine zu finden, denn er kommt wieder auf uns zu, als ob wir ihn gerufen hätten. Schon ist er auf 100 Schritt nah... es wäre ein leichter Schuß. Aber warum soll ich mich beeilen? Er wird auf Wurfnähe herankommen...

Ein unvergeßliches Bild! Der Bär verhofft. Er wirft auf und windet. Was er jedoch sucht, ist Fischwitterung. Er ist ein herrliches dunkelbraunes Exemplar, nur der Rücken ist gelblich. Der Wind fängt sich in seinem schönen, langen Pelz und läßt seine sich sträubenden Haare flattern. Das Absehen des Zielfernrohrs tanzt bereits auf seinem Blatt; ich könnte ihn nicht mehr fehlen, will aber doch warten, bis er noch näher kommt. Jetzt sind es nur noch 20 Schritt... ich halte auf das große, viereckige Haupt und... schon habe ich es überschossen! Als ich abkam, trat er gerade in ein Loch, und so sank auch das Haupt bedeutend tiefer. Ich höre ein heiseres Brüllen, er macht einen Satz zur Seite und wird flüchtig. Auch ich springe hoch, halte ein gutes Stück vor, und im Schuß überschlägt sich der Bär. Unter Wutgebrüll roulliert er drei-, viermal.

Nicht einmal einen Hasen habe ich so viele Purzelbäume schlagen sehen. Anscheinend hatte ich aber nicht genügend vorgehalten, denn der Schuß sitzt etwas kurz. Er setzt sich auf und fletscht grimmig die Zähne... ich setze ihm eine Kugel hinter das Gehör, worauf er sich in seiner ganzen Größe streckt..."

Széchenyi suchte nach einem zweiten Bären, was heutzutage nicht mehr möglich ist, da ein zweiter Abschuß gesetzlich nicht zulässig wäre. Ein paar Tage später gelang es ihm, den zweiten Bär zu strecken.

Ich will damit die auszugweise Wiedergabe aus dem spannenden Erlebnis des Grafen Széchenyi abschließen, aber doch noch berichten, daß der Riesenbär mit viel Schweiß und Mühe geborgen und gestreift wurde. Sein Fell war 284 Zentimeter lang, um 59 Zentimeter länger als der erste Bär. Der Schädel maß genau einen halben Meter, gegenüber 38 Zentimeter des anderen. Es war also ein echter Kodiakbär! Andy schätzte sein Alter auf 15 Jahre.

Bären waren seine Lieblinge

Wer mit der Kamera auf die Jagd geht, kann unter Umständen aufregendere Abenteuer erleben als der Jäger mit dem Gewehr, und der berühmteste aller Führer von Alaska, Andy Simons, kann dazu eine Geschichte beisteuern.

„Ich hatte einen prima Berufsphotographen bei mir", erzählte er. „Wir waren weit draußen am Fuß des Pavlof-Vulkans und wollten den großen Braunbären der Halbinsel filmen. Wir bauten eine leichte Sichtblende aus Gebüsch und hohem Gras am Rand eines Lachsflusses und hatten uns kaum dahinter versteckt, als auch schon die Bären begannen, direkt vor unserem Objektiv vorbeizumarschieren, manche von ihnen keine 25 Meter entfernt.

Es waren große Kerle, die mehr als eine halbe Tonne wogen. Und verdammt gefährlich aus dieser Nähe! Aber mein Kameramann kaute gelassen seinen Tabak und kurbelte seelenruhig seinen Film weiter, während ich für den Fall eines Angriffs mein Gewehr schußbereit hielt.

Natürlich merkten die Bären bald, daß wir hinter der kleinen Staffage waren, aber eine Zeitlang schenkten sie uns keinerlei Beachtung. Doch plötzlich machte einer der größten von ihnen einen Ausfall auf unser Versteck, erhob sich auf die Hinterbeine und stieß ein fürchterliches „Waff!" aus – es war, als hätte man das Ventil einer Lokomotive gelockert. Sofort stand die Kamera still. Ich hielt das Gewehr direkt auf den Bären gerichtet, schoß aber nicht, weil ich den Eindruck hatte, als sei der große Braune eher neugierig als wütend. Ich warf einen raschen Blick auf den Kameramann, um zu sehen, was mit ihm los war. Er hielt sich mit einer Hand den Mund zu, und sein Gesicht war blaßgrün.

„Was gibt's denn?" flüsterte ich. „Angst?"

„Nein", flüsterte er zurück, „ich habe bloß eben meinen Priem verschluckt!"

Um etwas über den Charakter der jungen Grizzlys selbst zu berichten: Andy Simons hatte einmal einige von ihnen in seiner Blockhütte am Ufer des Kenai-Sees großgezogen. „Sie waren genauso wie das, was ich ihnen zu fressen hab", erklärte Andy. „Wenn ich sie mit Brot und Milch fütterte und mit wilden Beeren, dann kuschelten sie sich zusammen und schliefen wie ein paar Engel. Wenn ich ihnen rohes Fleisch gab, quietschten sie Zeter und Mordio und kämpften miteinander wie die Teufel.

Eines der seltensten Schauspiele, die ich in der Wildnis von Alaska erlebt habe, fand an einem Sommerabend oberhalb der Waldgrenze auf der Admiralty-Insel statt.

Ich saß auf einer Felsklippe etwa 30 Meter über einem gut ausgetretenen Bärenpfad, als ein junges Grizzly-Zwillingspaar plötzlich auf die Szene gesprungen kam. Hinter ihnen schritt stolzen Schrittes ihre Mutter, und da mein Menschengeruch von meinem höhergelegenen Platz gerade aufwärts stieg, war sie sich der Gegenwart eines Menschen völlig unbewußt und sehr zufrieden mit sich und der Welt. Als sie zu einem Grasbuckel fast genau unter mir kam, legte sie sich bequem zurück und stieß einen Lockruf aus. Sofort kamen die Kleinen zurückgesprungen, stupsten ihre schwarzen Nasen in das behaarte Gesäuge, suchten sich jedes eine Trinkstelle und begannen voller Lust zu saugen.

Zärtlich wusch die Mutter jedes Baby von Kopf bis Fuß mit ihrer Zunge, dann legte sie sich ganz zurück und schien im süßen Gefühl des Kontaktes mit ihren Kindern einzuschlafen. In ihrer Haltung zu diesen derben kleinen Strolchen war eine Zärtlichkeit, die ich nie bei einer Grizzlybärin zu finden erwartet hatte. Und um dem ganzen die Krone aufzusetzen, drehte sie den Kopf zur Seite und roch sanft an einer einzelnen blauen Blüte!

Nachdem die Kleinen sich sattgetrunken hatten, wanderte die Familie weiter. Sie tauschten halblaute, murmelnde Töne, die – davon bin ich überzeugt – ihr Gefühl der Sicherheit und des Wohlbehagens ausdrückten. Wären sie bergan gestiegen, so hätten sie bestimmt meine Wittrung aufgefangen, aber zum Glück zogen sie im Zickzack einen etwas entfernten Hang hinab und ließen sich dort zwischen reifen, zuckersüßen Blaubeeren nieder.

Aber manchmal kommt im Lauf des Sommers eine Zeit, in der die Bärenmutter ihre Liebe mit etwas Strenge mischen muß. Ein Beispiel dafür beobachtete ich bei einer Bärin mit drei Jungen, als sie einen Gletscherstrom überquerten. Weil die Jungen ängstlich umhertrippelten, nahm sie die Mutter eins nach dem andern beim

Kragen und trug sie zum andern Ufer hinüber. Aber als sie sich ein wenig später bei einer kleinen Wasserrinne ängstlich stellten, gab sie ihren winselnden Sprößlingen ein paar kräftige Klapse, so daß sie aufheulend durch das seichte Wasser trudelten. Sie wußte, wo die Zimperlichkeit ihre Grenzen hat!"

Ein anderes Mal sah Andy durch sein Fernglas, wie zwei Bärenjunge – sie delektierten sich offenbar an Wildbret – plötzlich in Boxerstellung gingen und das größere von beiden das andere ansprang und so wütend nach ihm schlug, daß es aussah, als wolle es das kleinere umbringen. Die Mutter beobachtete die Kämpfenden nur einen Augenblick, dann warf sie sich dazwischen, trennte die erbosten Kampfhähne und verprügelte den Angreifer so lange, bis er demütig zu ihren Füßen lag und – alle vier Pfoten bettelnd in die Luft – um Verzeihung flehte.

Die Zoologen sagen, daß die Bärin normalerweise in ihrem dritten Lebensjahr ein einzelnes Junges zur Welt bringt, und jedes zweite Jahr danach gewöhnlich einen Wurf von ein bis vier Jungen. Die Jungen hausen während ihres ersten Winters bei der Mutter in der Höhle, fangen aber an, sich selbst mit Nahrung zu versorgen, wenn die Mutter im folgenden Sommer wieder zur Junibraut wird. Andy weiß, was in den Büchern steht – er weiß aber auch, was er mit seinen Augen sieht.

,,Einmal sah ich eine Bärin, die fünf Jungen führte. Nur zwei von ihnen sahen wie ihre eigenen aus. Woher kamen also die andern drei? Am nächsten Tag sah ich sechs Grizzlys, die sich zu einer Reisegesellschaft zusammengetan hatten: zwei Bärinnen und vier Junge, die alle zusammen eine glückliche Familie bildeten. Und im Gegensatz dazu beobachtete ich eine Bärin mit einem Jungen, die mit einer anderen kämpfte, die zwei Junge hatte. Die Siegerin verschwand mit allen drei Jungen. Die Besiegte machte kehrt und schlug einen andern Weg ein."

Einen Punkt betont Andy immer wieder: Es gibt kein Jahr, in dem er nicht einen Grizzly beobachtet, der alle bekannten Bärengesetze durchbricht und etwas vollkommen anderes tut.

,,Ich habe schon oft eine Bärin getroffen, deren Junge größer waren als sie selbst – aber was auch geschah, die Alte blieb immer der Boß!" sagte Andy. ,,Und einmal sah ich eine Bärin, die, statt ihre Jungen während der Zeit des Winterschlafs zu gebären, wie sich's gehört, mit ihrem Galan in die Höhle gegangen sein und dort den ganzen Winter mit ihm geschlafen haben muß, denn ihre Jungen wurden tatsächlich erst im Sommer geboren."

Andy Simons, der seinerzeit mehr Jäger und Photographen zu den großen braunen Grizzlys von West-Alaska geführt hat als jeder andere Führer, erzählt einmal, der größte Bär, den er in fünfzig Jahren gesehen habe, sei weder jemals geschossen noch photographiert worden. „Es war nämlich ein Spukbär", erklärte er mit seiner weichen, leicht finnisch klingenden Stimme.

„Lassen Sie sich erzählen, was es mit diesem Zauberbären auf sich hatte", begann er. „Es fing mit einem abgestürzten Flugzeug an."

Die einmotorige Maschine trieb kopfüber im Sandy Lake, ein Abfallhaufen aus verbogenen Eisenstangen und mit Wasser vollgesogenem Stoff. Aber schon bevor die eigentliche Geschichte begann, hatte sich der Buschpilot ohne sein Flugzeug behelfen müssen. Er kam gerade um ein Erlengebüsch gesaust, brüllend wie eine Feuersirene, rannte über ein offenes Moor zum Seeufer und landete in dem Schlauchboot, das für ihn bereitlag und wo Andy auf ihn wartete. Schleunigst ruderten die beiden auf den See hinaus, denn durch die Erlenbüsche brachen zwei Bären.

Einer von ihnen war eine senffarbige Bärin, etwa mittelgroß und kaum schwerer als sechs bis sieben Zentner. Sie hatte die Ohren kampfbereit zurückgelegt, und jedes Haar auf ihrem Nacken war steif wie eine Stachelschweinborste. Aber so niederträchtig sie auch aussah, sie wirkte wie ein Lämmchen gegen das schokoladefarbene Ungeheuer an ihrer Seite. Schon die Größe dieses zweiten Bären genügte, daß selbst einem alten Bärenkenner der Atem stockte.

Hinter seinem Kopf von der Größe eines Polstersessels erhoben sich riesige bucklige Schultern und ein Leib von der Größe eines fetten Ochsen. Ein schneller Blick sagte Andy, daß er in all seinen Jahren als Führer auf der Alaska-Halbinsel und der Kodiak-Insel noch niemals etwas Ähnliches wie diesen zottigen Riesen getroffen hatte. Dieser Bär war bei weitem der größte von allen!

Eine heftige Strömung an der Mündung des Flusses in den See hatte das Boot erfaßt, wirbelte es herum und begann es ans Ufer zu treiben, genau auf die Bären zu. Die kurzen Ruder bohrten sich umsonst ins Wasser. Es war unmöglich, gegen die Strömung anzukämpfen, die sie schließlich in einen Strudel unter die Nasen der zornigen Bären zog.

„Wir waren lahme Enten", sagte Andy. „Ich blickte hinauf in die Augen der großen Tiere, die da nebeneinander standen und mit dreister Neugier herunterstarrten auf die beiden Menschen. Der Buschpilot versuchte sich umzudrehen, er wollte sehen, warum ich nicht mehr ruderte, als der Riese die schwarze Schnauze vom Boden hob, die Nüstern in einer unmißverständlich angriffslustigen Geste blähte und sich auf seinen Tatzen mit den scharfen Krallen hoch aufreckte, bis seine vier Beine steif wie Rammböcke waren.

Dann merkte ich, daß mir etwas in die Hände geschoben wurde. Der Buschpilot hatte sein Gewehr freibekommen. Ohne die Bären aus den Augen zu lassen, schob ich eine Patrone ein und richtete das Korn direkt auf die mächtige Schulter, aber schoß nicht. Ich konnte nicht. Es war nicht in der Zeit, da man Bären schießen durfte, obwohl dieser bestimmt einen Weltrekord aufgestellt hätte. Ich konnte einfach nicht abdrücken. Wenn sich die Tiere nicht brüllend auf uns herunterstürzten und unzweifelhaft zum Angriff übergingen, wollte ich kein Blei verschwenden. Es gab schon Ärger genug, man brauchte keinen neuen zu suchen."

Wie praktisch alle Entscheidungen, die Andy in den fünfzig Jahren seiner Arbeit als Führer traf, stellte sich auch diese als richtig heraus. Als er und der Buschpilot endlich zurück in die Strömung kamen und das Boot über die Stromschnellen hüpfte, liefen die Bären am Ufer vor ihnen her und verschwanden erst aus ihrer Sicht, als die Fahrrinne zum andern Ufer hinüberschwang und kurz darauf in der Salzwasserbucht endete. Ohne weitere Unglücksfälle landeten die beiden Männer auf einem wilden Strand, ließen die Luft aus dem Schlauchboot und trugen es auf dem Rücken weiter, um damit andere Flüsse zu überqueren.

Sie legten 30 Meilen zur Funkstation zu Fuß zurück.

Natürlich ging Andy Simons im nächsten Jahr wieder dorthin. Die Erinnerung an den Riesenbären war zuviel, dem konnte er nicht widerstehen! Als einer seiner liebsten Jagdkunden ihm telegraphierte, er wolle einen ,,Rekordbrecher" oder überhaupt keinen Bären, charterte Andy wieder ein Wasserflugzeug für den Flug zum Sandy Lake.

Er sagte, er habe eine gewisse Ahnung gehabt, wo sich der große Bursche herumtrieb, und als er sich aus dem Camp wegschlich, um die Tundra zu durchpirschen, fand er die riesigen Trittsiegel tief eingedrückt in den Schlamm des Flußufers. Kein Zweifel, das mußte derselbe gigantische Brownie sein.

,,Ich wollte meinen Jäger überraschen", sagte Andy, ,,also

erzählte ich ihm nicht, daß ihm die aufregendste Bärenjagd seines Lebens bevorstand. "

Nun, wie diese Jagd ausging, war Andy recht froh, daß er ihm nichts gesagt hatte, denn der Spukbär vom Sandy Lake spielte ihnen wieder einen Streich. Diesmal wurde ein vermeintlich erloschener Vulkan lebendig und explodierte über ihren Köpfen. Der alte Veniaminof hatte so viele Jahre geschlafen, daß sich eine Eiskappe über seinen Krater gebildet hatte. Die weißen Hänge des Vulkans, die zu einem schimmernden Gipfel aufsteigen, waren längst zum Wahrzeichen für die vorbeifahrenden Schiffe geworden. Auf seinen hohen Schneefeldern konnte man fast täglich Braunbären sehen. Niemand hätte gedacht, daß ausgerechnet in diesem kalten weißen Bergriesen plötzlich die Hölle losbrechen würde.

Gleich am nächsten Morgen im Camp, als Andy und der Jäger aus ihren Zelten traten, sahen sie, daß der Gipfel des Veniaminof eine schwarze Rauchsäule ausspie. Polternde Explosionen tief im Innern des Vulkans schleuderten Asche und Feuerstrahlen hoch, und bald verwandelte der Himmel sein Blau in ein schmutziges Grau. Die Dämpfe von verbranntem Schwefel stachen ihnen in die Nase, aber noch heimtückischer war die flockige Vulkanasche, die langsam und stetig auf die ganze Landschaft herabsank.

Mit dem Aschen- und Schlackenregen begannen die Bären in Scharen von den Hängen und über die Tundra abzuwandern. Hoch auf den geschwärzten Bergwänden betrachteten Andy und der Jäger das malerische Schauspiel. Die Bären warfen sich bäuchlings in Gleitbahnen, und die Männer verfolgten ihren Weg anhand der weißen Spuren, die sie in der Asche zurückließen.

Zum Glück trug der Wind die meiste Asche hinaus auf das Bering-Meer. Freilich konnte dieses bißchen Sicherheit schnell vorbei sein, sobald sich der Wind drehte – dann würde ihr Camp begraben und jeder Tropfen Wasser auf Meilen verschmutzt sein. Unter den Umständen, so entschied Andy, hatten sie keine Zeit, nach dem Weltrekordbären zu suchen. Der Vulkan wurde immer bedrohlicher. Schwarze, ölige Wolken rollten über die Ränder des Kraters und breiteten ein erstickendes Laken von Rauch über die Tundra. Die Sonne ging mitten im Himmel unter, und die Aschenablagerung wuchs mehrere Zentimeter hoch. Ihr einziges Trinkwasser war in den Kanistern, die Andy mit Wasser aus dem See gefüllt hatte. Die Gefahr wuchs mit jeder Stunde. Ihre einzige Chance war, daß die Nachricht vom Ausbruch des Veniaminof bis

nach Anchorage durchsickerte und daß der Flugzeug-Rettungs-
dienst auf ihre Notlage aufmerksam wurde. Tatsächlich war das der Fall, und ein Flugzeug erschien, um die beiden zu retten. Der Buschpilot schluckte nur hastig einen heißen Kaffee herunter, dann schob er die Jäger in das leichte Flugzeug und hob mit Vollgas vom Wasser ab. Als sie oben waren, verstanden sie, warum er so gedrängt hatte. Der alte Veniaminof sprengte tatsächlich seinen Kopf ab. Der Pilot sagte, Waldbewohner hätten Hunderte von Meilen entfernt beobachtet, wie der Himmel schwarz wurde, und hätten mit ihren selbstgebastelten Funkgeräten gleich Berichte ausgeschickt.

Es war spät geworden, als Andy Simons seine Geschichte vom Spukbären von Sandy Lake beendete. Das Lagerfeuer vor dem Zelt war heruntergebrannt bis auf ein paar glimmende Kohlen.

Andy Simons bewunderte den großen braunen Bären wegen seiner kühnen Haltung dem Menschen gegenüber und wegen seines unbezähmbaren Mutes angesichts der Feuerwaffe. Er war jedoch nicht sentimental. Er musterte die Bären mit hartem Blick, wenn es nötig war, und versuchte nicht ihre Fehler zu beschöni-
gen. Sicher, die Brownies verschlangen Lachse, ganze Tonnen von Lachsen, und manchmal fingen sie die Fische, bevor sie abgelaicht hatten. Doch dann fügte er bedächtig hinzu, daß die Brownies jahrtausendelang Lachse gefressen hätten und daß es dennoch in den Flüssen von ihnen gewimmelt habe, als der Weiße Mann mit seinen Netzen die Szene betrat.

Sicher, der Kodiakbär frißt Rindfleisch. Aber als Andy dafür stimmte, daß ein Sachverständiger ein paar Monate auf der Kodiak-Insel verbringen sollte, um diese „Morde" nachzuprüfen, stellte sich heraus, daß die meisten Kühe infolge schlechter Ernährung eingegangen oder während des strengen Inselwinters von den Klippen abgestürzt waren, ehe der Brownie kam, um die Überreste zu beseitigen.

Sicher, der Grizzly wird immer wieder einmal einen Menschen angreifen. Über diesen Punkt konnte niemand mit Andy streiten, denn er selbst war das Ziel mehrerer solcher Angriffe gewesen. Und der sicherste Weg, einen Bären zum Angriff zu reizen, war, ihn zu verwunden, seine Fleischvorräte aufzustöbern oder sich mit den Jungen einer Bärenmutter einzulassen. Doch im übrigen hatte Andy die Erfahrung gemacht, daß sich die meisten Bären vor den Menschen würdevoll zurückziehen. Aber man darf sie nicht drängen. Man muß den großen Burschen Gelegenheit geben, den Menschen zu betrachten; man muß ihnen dazu Zeit lassen, und auch Zeit genug, einen Entschluß zu fassen. Dann werden sie vielleicht friedlich ihrer Wege gehen. Oder – vielleicht auch nicht.

„Vergessen Sie nie", sagte Andy zu einem Neuling, der zum erstenmal auf Bärenjagd ging, „daß ein Brownie Sie ansehen und genau erkennen kann, was mit Ihnen los ist, ohne selbst eine Bewegung zu machen. Er kann Sie hören, ohne ein Zeichen zu geben. Aber wenn er Ihren Geruch wittert, dann unternimmt er etwas. Er wird Ihnen aus dem Wege gehen; oder er wird mit ratternden Zähnen und aufgeregtem Schnaufen seinen Platz behaupten, oder er wird zum Kampf vorgehen. In jedem Fall, junger Mann, seien Sie auf alles gefaßt!"

Man hat viel gefährlich dummes Zeug darüber geschrieben und geschwatzt, daß ein Braunbär halb blind sei, pflegte Andy zu sagen. Er selbst hatte jedoch beobachtet, daß der Bär die Bewegung eines Menschen auf gut eine Meile erkennt. Wie die meisten Raubtiere sieht der Bär am schärfsten geradeaus, wenn er beide Augen auf ein Ziel richten kann. Aber selbst dann – Andy hat es mehrmals festgestellt – überträgt der bloße Anblick des Menschen dem Bärenhirn nicht den Schock, den der Geruchsnerv ihm vermittelt. Die Nase ist das wichtigste Sinnesorgan, und deshalb hat Andy immer den Wind genauestens geprüft, bevor er zur Pirsch aufbrach, und ist immer gegen den Wind gegangen. „Kunststück!" sagte er trocken, „wenn man der Jäger bleiben und nicht der Gejagte werden will!"

Anders als das Schalenwild werden die Bären meistens im Frühjahr gejagt. Dann ist der Pelz noch weich und glänzend nach dem Winterschlaf in der Höhle, und zudem sichtet man den Brownie am besten, wenn Erlen und Weiden noch keine Blätter haben. Da er in dieser Jahreszeit gern auf den hohen Schneewällen wandert und schläft, kann man ihn durch das Fernglas auf mehrere Meilen hin ausmachen, kleine und mittelgroße Bären aussondern und sich auf die wirklich großen konzentrieren. Außerdem schließt die weite Sicht jeden möglichen Irrtum aus, eine Bärin mit Jungen zu schießen. Einmal, so erzählte Andy,

Oben: Die Lodge aus der Nähe betrachtet, Ausgangspunkt erlebnisreicher Jagdtage.
Unten: Geselliges Leben in der Lodge.

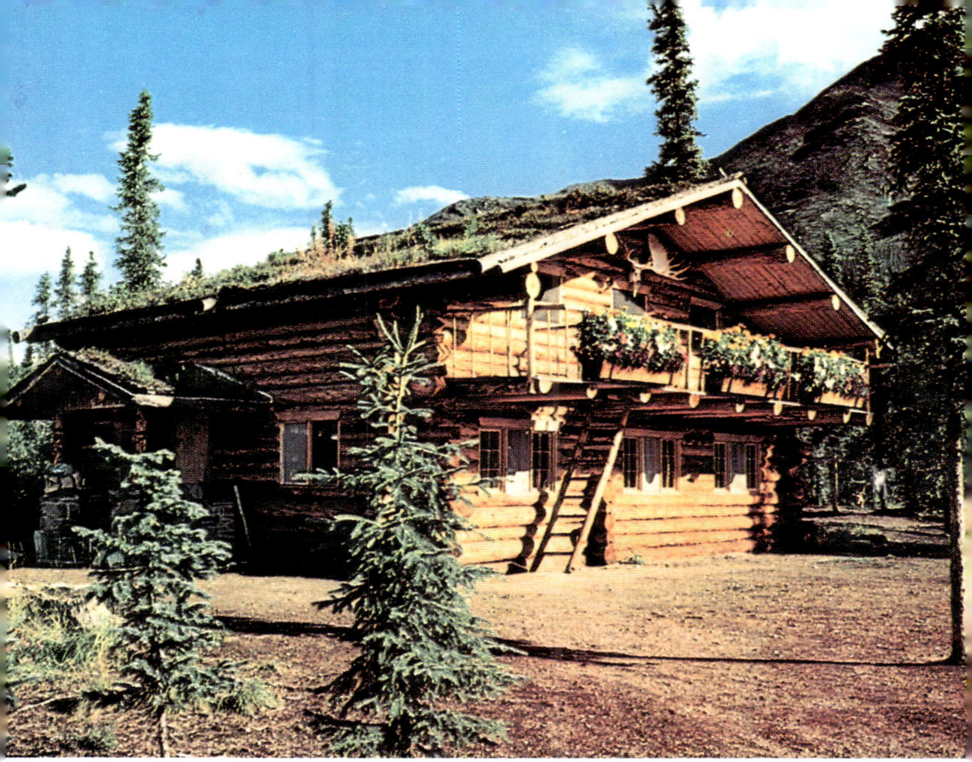

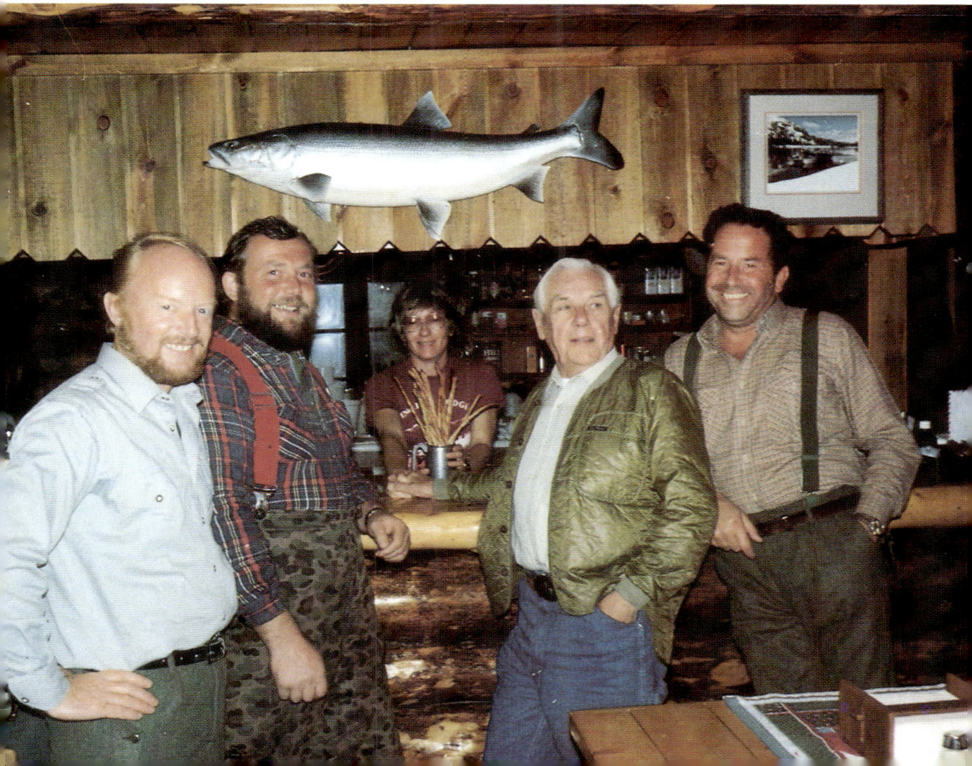

wurden er und ein Jäger sogar Zeuge eines Zweikampfes zwischen zwei dieser größten Fleischfresser, die heute noch auf der Erde leben.

Die Arena war ein schneegefüllter Paß am Eingang des Lefthand-Tals in der Nähe der westlichen Spitze der Halbinsel. Es war Mai, und der Chinook, ein feuchter Südwestwind, blies warm gegen ihre unrasierten Gesichter, als die beiden Männer an jenem Nachmittag die weite Schneefläche zunächst mit bloßem Auge absuchten. Plötzlich erspähten sie zwei dunkle Körper, so weit entfernt, daß sie – nach Andys Worten – wie Wanzen auf einem zerknitterten Bettlaken aussahen. Die kleinen Gestalten rückten näher aneinander, richteten sich auf und kamen zusammen. Andy und sein Jäger griffen schleunigst nach ihren Ferngläsern.

Im Blickfeld der 7 × 50-Gläser erkannten sie zwei riesenhafte Braunbären, im wilden Kampf umklammert. Die Hinterfüße Klaue an Klaue, die Vorderläufe um den Hals des Gegners geschlungen, bearbeiteten sie einander mit ihren gelben Fangzähnen. Wenn sie sich einen Augenblick losließen, drehten sie sich mit wuchtiger Behendigkeit um und stürzten sich wieder in einen neuen Clinch; jeder versuchte, den andern zu Boden zu zwingen. Sie schlugen nicht ein einziges Mal mit den Pranken zu. Ihre Hauptwaffe waren die Zähne, fast wie bei zwei sehr großen Hunden, von denen jeder versucht, die Knochen des Rivalen zu zermalmen. Am Rand von Andys Fernglasbild erschien ein dritter Bär, kaum halb so groß wie die wütenden Gladiatoren, heller gefärbt und mit seidigerem Fell. Es war das bärige Weibchen, um das die Schlacht ausgefochten wurde.

Als Andys Fernglas zurückschwenkte, war der besiegte Bär mühsam auf die Läufe gekommen und schleppte sich fort durch den schmelzenden Schnee. Der Sieger sah zu, wie der unterlegene Rivale sich über eine Kuppe hinwegquälte, dann erst ließ er sich auf alle viere nieder und begann schwerfällig abwärts zu trotten zu dem wartenden Weibchen. Zusammen verschwanden sie endlich in der Schlucht.

Oben: Wapitis in Brunftstimmung (nach einer Darstellung im Museum of Natural History, Regina).

Unten: Der übliche Abtransport mit Packpferden: Das Geweih eines sehr alten, zurückgesetzten Schauflers.

Nun zeigten sich auch andere Bären, soweit Andy und sein Jäger sehen konnten. Der warme Chinook, der einem verspäteten Schneefall gefolgt war, schien alle großen Bären zu verlocken, sich auf Liebespfade zu begeben. Wohin Andy und der Jäger sahen, erblickten sie Brownies zu Paaren oder in Gruppen von vier oder fünf. Es war die größte Ansammlung von braunen Bären, die Andy in vierzig Jahren gesehen hatte. Als der Abend hereinbrach, überraschte die Dunkelheit die beiden Männer, die sich durch den weichen Schnee kämpften. Es würde Nacht sein, ehe sie ihr Camp am Strand der Cold Bay erreichen konnten. Hinter ihnen sahen sie im schwindenden Licht Bären, zwischen ihnen und dem Camp waren ebenfalls Bären, an denen sie im Dunkeln vorbei mußten. Sie wußten beide, daß diese Bären, besonders zur Paarungszeit, nach Einbruch der Nacht viel kühner werden würden.

Sie folgten dem Verlauf eines Flußbettes, das sie zum Strand führen mußte; sie tasteten sich an einem Erlengebüsch vorbei, als ein entsetzlicher Tumult direkt vor ihnen ausbrach. Mindestens drei Bären, vielleicht mehr, hatten ihre Wittrung aufgenommen und erfüllten nun die Nacht mit ihrem tiefkehligen drohenden Knurren. Andy sah die Spitzen der Erlen keine 12 Meter von ihnen entfernt, heftig hin- und herschwanken und deutete das dahin, daß ein Bär wütend auf das Gebüsch einschlug, um seinem Zorn Luft zu machen. Unmittelbar darauf kam das bekannte Rattern der Zähne, offenbar von einem zweiten Bären, und dann das furchtbare Brüllen eines dritten.

Ein wenig abseits von ihnen lag eine weite Fläche mit abgestorbenem Riedgras, das der Winterschnee umgelegt hatte. Mittendurch lief ein tief ausgetretener Wechsel, der durch jahrelange Bärenwanderungen entstanden war. Es handelte sich um die Hauptverbindungsstraße, die die Riesen von Lefthand Valley auf ihrem Weg von den hohen Bergen zu den Lachsflüssen zur Küste benützten, und es schien wahrlich nicht ratsam, diesen Weg im Dunkeln zu betreten, wenn man nicht direkt in die Bären hineinlaufen wollte. Aber Andy sagte, sie hätten keine andere Wahl gehabt. Zumindest sei dort im Freien noch genug Licht gewesen, um große dunkle Gestalten zu unterscheiden. Sie zogen sich langsam aus der Hölle des Erlengebüschs zurück und fanden wirklich den gutausgetretenen Bärenpfad. Sie folgten ihm in Richtung Gold-Bay. Nach einer Weile machten sie plötzlich halt. Vor ihnen war ein Gegenstand, dunkler als der Himmel.

Sie warteten und strengten sich an, in der Dunkelheit etwas zu sehen. Das Hindernis schien sich nicht zu bewegen. Vielleicht war es ein vulkanischer Felsbrocken, einer von den Hunderten, die der Vulkan in vergangenen Zeiten ausgespien hatte. Es gab nur eine Möglichkeit, das festzustellen. Mit schußbereiten Gewehren bewegten sie sich vorwärts, bis Andys ausgestreckte Hand den festen Felsen fühlte. Einmal an diesem eingebildeten Hindernis vorbei, beendeten sie ihren Nachtspaziergang und stolperten um zwei Uhr todmüde in ihr Camp. Ein halber Mond, von Nebelfetzen verhangen, stieg über den Schneebergen am Kopf des Lefthand Valley auf und warf ein geisterhaftes Licht über das Land. Da fühlte Andy, wie ihn der Jäger plötzlich am Arm packte: Einer der ,,Felsbrocken", an denen sie soeben vorbeigegangen waren, war nicht mehr da...

Obwohl Andy Simon in seinem Leben Hunderte von Riesenbären gesehen hatte, behauptete er niemals, ihr launisches Wesen zu verstehen. Eine seiner häufigsten Bemerkungen war: ,,Wenn man weiß, was ein Bär als nächstes tun wird, weiß man mehr als der Bär selbst." Ich glaube, ich hatte mehr Glück damit, Andys eigene Stimmungen zu erraten: Jedesmal wenn er seine große krumme Bruyerepfeife aus der Tasche seines dicken Wollmantels hervorzog und sie stopfte, wußte ich, daß er nun in der Stimmung war, Geschichten zu erzählen.

Da sagte Andy aus heiterem Himmel: ,,Ich habe gesehen, wie sie kehrtmachten, wenn sie mich auf eine Meile Entfernung witterten." Er sog an seiner Pfeife. ,,Einer ist mir einmal so nahe gekommen, daß er mir mein ganzes Gesicht beschlabbert hat!"

Das geschah auf der dem Bering-Meer zugekehrten Seite der Halbinsel Alaska, als der Führer und ein junger Photograph an dem hohen Steilufer eines Flusses kampierten, der mit laichenden Lachsen gefüllt war. Sie waren von ihrem verankerten Motorboot in einem kleinen Segeltuchboot hinausgerudert und benutzten es jetzt als Zelt, indem sie es einfach umdrehten und auf einer Seite mit den Rudern abstützten. Die Schlafsäcke hatten sie darunter ausgebreitet, und die offene Seite war mit wildem Riedgras getarnt. Das war nicht viel, aber immerhin nötig, wenn sie am nächsten Morgen beim ersten Tageslicht gleich Aufnahmen machen wollten.

Die Nacht war schwarz. Der Regen trommelte unablässig auf den Leinwandboden des Bootes. In der totalen Finsternis hörten sie die Lachse in den Untiefen unter dem Steilufer das Wasser peitschen. Dann und wann vernahmen sie ein Brummen und Platschen im Wasser – die Bären speisten. Die großen Tiere waren alle in der Nähe, und Simons sagte, er habe den jungen Mann nicht dafür tadeln können, daß er sein Gewehr mit ins Bett genommen hatte. Es war ein alter Bär dabei, der immer wieder gutgelaunt aufbrüllte. Auf 200 Meilen war weit und breit kein Baum, und Andy hoffte nur, daß der große Brownie nicht auf den Gedanken käme, das Ufer hinaufzusteigen und sie zu besuchen.

Die Nacht war eine Zerreißprobe für die Nerven. Andys junger Gefährte setzte sich jedesmal, wenn er das Swisch-Swisch eines vorbeistreichenden Bären hörte, steil im Bett auf. Endlich bei Tagesanbruch fiel er in einen unruhigen Erschöpfungsschlaf. Auch Andy war wohl ein wenig eingeschlafen, denn das nächste Geräusch, das er hörte, war ein gurgelndes Stöhnen an seiner Seite. Das Gesicht des jungen Burschen war kalkweiß, als könne er sich nicht aus einem Alptraum reißen. Aber, es war kein Alptraum. Es war etwas sehr Wirkliches, denn der Junge starrte direkt in das Maul des riesigen Bären. Das Ungeheuer mußte vollkommen lautlos herangekommen sein. Mit katzengleicher Geräuschlosigkeit mußte es einen schweren Körper – Andy schätzte ihn auf dreiviertel Tonnen – durch das hohe Riedgras geschoben und den faßgroßen Kopf durch den dünnen Vorhang gesteckt haben, und da stand der Riese nun; das Wasser tropfte ihm von den Lefzen – ein paar Zentimeter neben den Männern.

Für Andy gab es nur eins: Er mußte warten und hoffen, daß der junge Mann nicht in Panik geriet. Der große Bär beherrschte die Szene. Wenn es ihm beliebte, konnte er sie beide töten, und dessen war er sich offenbar durchaus bewußt. Der junge Mann hatte nicht die leiseste Chance, nach seinem Gewehr zu greifen, und Andy sagte, er sei froh bis an sein Lebensende, daß er es nicht versuchte. Nur wenn sie sich absolut still verhielten, dem Bären erlaubten, seine Nase mit Menschengeruch vollzusaugen, und ihm die Möglichkeit boten, sich würdevoll zurückzuziehen – *falls* er sich zurückziehen wollte –, bestand eine Aussicht für die beiden Männer, sich aus der kitzligsten Lage zu befreien, in die der Führer jemals geraten war.

„Der junge Bursche hatte Courage", sagte Andy. Eine Ahnung, was der Arme tatsächlich ausgestanden hatte, kam ihm erst, als der Bär seine breite Schnauze herumschwenkte, um ihn zu betrachten, und ein ganzer Schauer von Geifer und Regen ihm aufs Gesicht fiel. Andy hat nie genau sagen können, wie lange dieses „Nase-an-Nase" zwischen dem Brownie und ihm gedauert hatte. Endlich wandte sich der Bär ab, um noch einen Blick auf den jungen Mann zu werfen, dann zog er den Kopf durch die dünne Riedgrastarnung zurück. Einige Minuten lang hörten sei keinerlei Geräusch, und sie wußten: Der zottige Riese stand jetzt schweigend draußen und wartete, ob sie sich bewegen würden.

Nach einer langen Zeit stapften seine gepolsterten Pranten leise auf den sumpfigen Boden, als er behutsam wegschlich. Andy sagte: „Ich langte hinüber und schüttelte dem tapferen jungen Mann die Hand."

Er war tapferer gewesen, als der Führer gedacht hatte. Als der graue Himmel sich so weit aufhellte, daß sie den Entfernungsmesser ablesen konnten, schoben sie das Kameraobjektiv durch die Riedgrastarnung und filmten nicht weniger als siebzehn einzelne Brownies, die durch den Fluß wateten, um Lachse zu fangen. Der junge Mann wartete vergeblich darauf, einen Bären filmen zu können, der sich gerade mit der Tatze einen Lachs fischte, wie er das in Büchern abgebildet gesehen hatte – aber damit hatte er kein Glück. Die Methode der Bären war, den Kopf einfach ins Wasser zu stecken, den Lachs mit den Zähnen zu packen und ihn ans Ufer zu tragen. Dann hockten sie sich hin, über ihn gebeugt, und hielten ihn mit den Krallen am Boden fest, während sie das rosa Fleisch von der Rückengräte abrissen. Bläulichgrüne Möwen flogen kreischend heran, um die Reste aufzupicken, und Seeadler stießen mit schwerem Flügelschlag herab, um das, was die Bären übrigließen, zu ihrem Horst auf einer Felsspitze zu tragen.

Der große Bär, der den Fischtümpel beherrschte, richtete sich mehrmals auf den Hinterbeinen auf, um das umgekippte Boot über ihm zu betrachten. Als der Tag fortschritt, wuchs seine Nervosität, und einmal kam er durch den Fluß gelaufen und klomm ein Stück des steilen Hangs hinauf, um dort zornig zu brüllen. Das alles erfüllte Andy mit Besorgnis, und als die Bären am Nachmittag ihren Fischfang unterbrachen – sie zogen sich in den Busch zurück, um ihre Lachsorgie auszuschlafen –, schob er heimlich und leise das Leinwandboot in die Strömung und winkte dem Photographen zu, einzusteigen, schnell einzusteigen, so daß sie hinaus aufs Meer kämen. „Oder haben Sie Lust, eine weitere Nacht hier zu verbringen?" fragte er.

Der junge Kameramann war schlagfertig. „Das hätte keinen Zweck", sagte er, „ich habe nämlich keine Filme mehr."

Andy Simons, und sein Partner Hank Lucas bestätigten oft,

daß die Wälder der Halbinsel Kenai die gefährlichsten Grizzlys von Alaska beherbergten. Sie schrieben das der Ernährung der Bären dort zu – sie lebten von Elchkälbern, Bergmurmeltieren und Kadavern des im Winter eingegangenen Hochwilds. Offenbar kamen bei diesen schweren Fleischfressern von Kenai mehr Angriffe auf Menschen vor als irgendwo sonst in Alaska. Den Beweis dafür kann der junge Nick erbringen, der am Ausfluß des Kenai-See wohnte.

Der junge Nick und ein älterer Gefährte durchstreiften das Kenai-Gebiet auf der Suche nach Dickhornschafen. Als Nick unter einer überhängenden Klippe entlangging, hörte er ein leichtes Geräusch und blickte auf, gerade noch rechtzeitig um zu sehen, wie ein großes gelbliches Geschöpf durch die Luft auf ihn zusegelte. Er hatte keine Zeit, um zu schießen, also tat der junge Nick das Nächstbeste, und das rettete ihm wahrscheinlich das Leben. Er tauchte kopfüber unter ein vom Schnee flachgedrücktes Erlengebüsch – genau in dem Augenblick, als der Bär landete. Das Tier schlug mit den Tatzen um sich und scharrte wütend den Boden auf, um Nick richtig packen zu können, als dessen Partner ihm zu Hilfe eilte. Obwohl dieser den Grizzly durch seinen Schuß von Nick abhielt, lebte das Tier noch lange genug, um Nick tiefe Wunden auf dem Rücken und an den Schultern beizubringen und ihm beinahe einen Arm abzureißen.

In Bandagen gewickelt, sagte der junge Nick großmütig, er glaube nicht, daß der Grizzly überhaupt hinter ihm her war. ,,Er hat mich sicher für ein Dickhornschaf gehalten."

Die hier zitierten Erlebnisse liegen 40 bis 50 Jahre zurück. Damals waren die großen Braunbären weit zahlreicher und weiter verbreitet als heute. Die großen Bären im Küstengebiet, die ihre gewaltige Stärke der reichlichen Ernährung mit Lachsen und dem milderen Klima verdanken, kommen außerhalb der bekannten Schutzgebiete, wo sie nicht bejagt werden dürfen, nurmehr spärlich vor. Die menschliche Zivilisation hat die Gebiete erobert, in denen Andy Simons mit seinen Jagdgästen in den 30er Jahren die einzigen Menschen waren.

Aber auch die kleineren – für unsere Begriffe immer noch gewaltig starken – Grizzlybären weiter im Binnenland haben weite Teile ihres einstigen Areals verloren. Sie sind zwar gegendweise immer noch zahlreich und werden unter strenger Kontrolle bejagt, soweit sie nicht in Nationalparks geschützt sind. Aber ihr

Lebensraum ist bereits eingeengt und zerstückelt, so daß ihr Überleben langfristig nur dann gesichert erscheint, wenn ausreichend große, geeignete und zusammenhängende Lebensräume erhalten bleiben, in denen der Mensch Rücksicht auf die Lebensbedürfnisse der Bären nimmt. Nur dann wird auch eine planvolle Bejagung der Bärenbestände möglich bleiben.

In unserer Zeit verdanken wir der wildbiologischen Forschung viele Erkenntnisse über die Bären. Um so mehr müssen wir den Scharfblick bewundern, mit dem vor Jahrzehnten bereits einzelne Wildnisjäger wie Andy Simons ihre Erfahrungen auswerteten und für ,,ihr" Wild eintraten – zu einer Zeit, als allgemein noch kaum jemand daran dachte, daß die urwüchsige nordische Wildbahn schon bald durch den menschlichen Fortschritt in Bedrängnis geraten würde.

Auf den ersten Jahressitzungen der ehemaligen Alaska Game Commission machte er Vorschläge, die in die Schutzbestimmungen aufgenommen wurden. Andy bestand darauf, daß der sicherste Weg, eine bedrohte Wildart zu retten, die jagdliche Bewirtschaftung sei, so daß das Geld des Jägers und die Macht des Wildhüters zur Erhaltung und Überwachung eingesetzt werden konnten. Er dachte dabei besonders an seine Lieblinge, die Bären. In der Praxis bedeutete das die Einrichtung von Schutzgebieten, es bedeutete kürzere Jagdzeiten, geringere Abschußzahlen, bis der Bestand wieder einen Überhang haben würde. Vor allem aber verlangte er eine energische Kontrolle. Alle diese Forderungen sind heute längst in die Tat umgesetzt.

Andy Simons glaubte an die Jagd, weil sie ein Teil seiner Kindheit in Finnland gewesen war, ja mehr noch: ein Teil des menschlichen Lebens seit Urbeginn der Zeiten. Er hatte das Wild genug studiert, um es für ein erneuerbares Element der Wildnis zu halten, wenn es nachhaltig rücksichtsvoll jagdlich genutzt wird. In einem seiner Bücher betont Andy nicht nur die weise Nutzung der Wildtiere zur menschlichen Ernährung, sondern auch das Erringen von Trophäen sei vertretbar, weil es sich gewöhnlich um alte männliche Tiere handelt, die ohnedies das Ende ihres Lebens erreicht haben und nur nach sorgsamer Auswahl erlegt werden.

Alle seine Jagdgäste konnten bescheinigen, daß er immer zögerte, sie schießen zu lassen, wenn er nicht ganz sicher war. Bei der Wildkommission war Andy als der ruhige Mann von Kenai bekannt, der jede vorgeschlagene Neuregelung mit den freundlichen Worten einleitete: ,,Ist es so richtig für das Wild?"

Jeden Sommer, den er in der Wildnis Alaskas verbrachte, bestärkte ihn darin, daß die richtig gelenkte Jagd keine Gefahr für die Wildpopulation bedeute. Die größte Gefahr für die Bären, meinte er, waren nicht die Jäger, sondern alle jene, die kein echtes Interesse am Überleben der Tiere hatten. Für Andy waren die wirklichen Feinde der Bären (und anderer Wildtiere) Leute wie die kleine Gruppe der Viehbesitzer, die die Ausrottung des weltberühmten Kodiakbären forderten, oder die Besitzer der Fischkonservenfabriken, die den Bären die Lachse mißgönnten, oder die Holzfäller, die mit Erlaubnis der Regierung die bewaldeten Inseln von Süd-Alaska kahlschlugen, die angestammte Heimat der Bären zerstörten und die Flüsse, in denen einst die Lachse gelaicht hatten, verschlammen ließen.

Im Zeitalter des Kleinflugzeuges, das in dem riesigen Alaska das Auto ersetzt, kam noch eine weitere Sorge dazu. Besonders die Bären, die keine Angst vor dem Menschen kennen, waren und sind durch die Jagd mit Flugzeugen besonders bedroht. Der Autor des Buches ,,Die große Bärenstory", Frank Dufresne, der viele Jahre als leitender Beamter im Wildschutz Alaskas tätig war, erzählt sehr aufschlußreich über diese Jagdart, woraus ich auszugsweise zitiere:

,,Obwohl die Chancen des Bären zu überleben von der Einstellung des Menschen abhängen, ja von seiner Gnade, wird der Grizzly wenig tun, um sich lieb Kind zu machen. Das große Raubtier wird immer so bleiben, wie es durch alle Zeiten gewesen ist: launenhaft, kriegerisch, unverwandelt und ungebeugt durch den Menschen. Sein Fehler ist, daß es uns nicht fürchten gelernt hat wie andere Tiere.

Sobald zum Beispiel der Schatten eines tieffliegenden Flugzeugs auf ein anderes Großwild fällt, wird es in Panik die Flucht ergreifen. Nicht so der Grizzly! Er wird sich vielmehr auf die Hinterbeine setzen und wütend mit den Pranken um sich schlagen. Versucht man den Bären zu erschrecken – etwa durch klappernde Kiesel in einem Blecheimer, Nebelhörner, schrilles Geschrei, Hutschwenken, gellendes Pfeifen und Flintenschüsse –, so wird das schon gereizte Tier nur noch wütender werden. Jemand, der kehrtmacht und die Flucht ergreift, wenn er einem Grizzly begegnet, fordert das Unheil nur heraus. Der Mensch hat die besten Chancen, wenn er dem Bären Zeit läßt, ihn lange genug zu beobachten, damit er sich seiner Identität versichern kann; gibt man dem Bären Gelegenheit, es würdevoll zu tun, wo wird er wieder seiner Wege gehen. Nur in seltenen Fällen tut er das nicht, und dann muß man freilich bereit sein, ihm auszuweichen oder den Kampf aufzunehmen.

Vor 100 Jahren gab es wahrscheinlich mehr Bären als Menschen in Alaska. Aber jetzt leben viermal soviel Menschen dort oben und zweifellos viel weniger Bären. Wenn die Bevölkerung von Alaska sich weiter nach der derzeitigen Rate vermehrt (und wahrscheinlich wird es noch schneller gehen), wird die nächste und allenfalls die übernächste Generation erleben, daß das letzte Bollwerk des Grizzlys von Siedlern überlaufen wird. Dann wird das große Raubtier entweder verschwunden sein, oder ein kleiner Rest des Bärenvolkes wird in kleine Gehege getrieben sein, vor allem in Naturschutzgebiete. Von allen Großwildarten, an denen die subarktische Tundra und die Wälder so reich waren, werden die Supergrizzlys als erste schnell und gründlich ausgerottet werden.

Wenn es überhaupt eine Hoffnung gibt, diesen manchmal gefährlichen, immer erregenden zottigen Giganten aus der Eiszeit zu erhalten, so müßte dies in den nordwestlichen Wäldern geschehen. Nur dort ist noch Platz für ihn."

Dufresne veröffentlichte diese Ansichten 1969, also auch schon vor rund 20 Jahren. Wenn seine Befürchtungen bisher nicht ganz eingetroffen sind, so liegt das an den verstärkten Schutzbestimmungen, die auf ein wachsendes Verständnis und eine sensiblere Einstellung der Öffentlichkeit zu den Wildtieren stoßen. Die Gefahr bleibt trotzdem groß. Dufresne schildert, was er als „unfaire Jagd" erlebt hat:

„Von den andern siebzehn westlichen Staaten, in denen Grizzlys einst in viel größerer Zahl umherstreiften als zur Zeit in Alaska, haben dreizehn ihren großen Bären total ausgerottet.

In ihrem letzten Bericht für das Innenministerium sagt die alte Alaska Game Commission, die von 1925 bis 1959 eine Einrichtung der Nationalregierung und des Territoriums von Alaska war, daß die großen Bären sich gut behaupten. Diese trugen tatsächlich nennenswert zum Wohl der Staatsfinanzen bei, weil sie auswärtige Jäger und Photographen anzogen, die erhebliche Summen für ihre Lizenzen und für die Führer ausgaben. Die Zahl der Trophäen, die aus dem Territorium exportiert wurden, hielten sich nach dem Bericht durchaus in den Grenzen der Vermehrungsrate der Bären. Mit diesem abschließenden Bericht übergab

143

die alte Kommission die Kontrolle dem Ministerium für Fischerei-wesen und Wild im neuen Staat Alaska. Wie ist es nun den großen Bären seit dieser Übergabe, also seit 1960, ergangen?

Die staatlichen Wildheger fingen mit einer guten Idee an: Sie verlangten, daß alle Bärenfelle vorgelegt und mit numerierten Metallmarken versehen werden müßten; damit schufen sie ein Mittel, die jährliche Abschußzahl zu überwachen und Ort und Zeit des Abschusses sowie andere wertvolle Einzelheiten festzu-halten. Diese Zahl schloß natürlich nicht die Bären ein, die illegal getötet und nicht gemeldet wurden. Die meisten der gemeldeten Bären waren in den Gebieten geschossen worden, welche die größten Arten beherbergen: die Halbinsel Alaska, die Inseln Kodiak, Admiralty, Baranof und Chichagof, auch die Halbinsel Kenai und die Küste des Prinz-Wilhelm-Sunds. Vereinzelte Abschüsse wurden auch von den Bergketten im Landesinnern, wo die kleineren Grizzlys leben, gemacht oder wenigstens gemeldet. Fast die Hälfte der Bären wurde im April und Mai erlegt, also kurz nachdem die Tiere ihre Winterhöhlen verlassen hatten.

Die staatliche Forstverwaltung führte auch die Luftüberwa-chung ein, die eine schnellere und bessere zahlenmäßige Erfas-sung des Bärenbestands ermöglichte. Sie anerkannte die wichtige-ren Schutzgebiete, die bereits bestanden, und in manchen Bezir-ken setzte sie die jährliche Abschußzahl von zwei auf eins herab. Nur im Landesinnern empfahl sie eine großzügigere Verlängerung der Jagdzeiten. Und dann packte sie offen und gründlich eines der schwierigsten und kompliziertesten Probleme Alaskas an: Wie soll man den Kampf gegen das stetig zunehmende Geschäft der Großwildjagd per Flugzeug führen?

Die Vorgängerin dieser Behörde, die alte Alaska Game Com-mission, hatte die Regeln gegen die Verwendung von Flugzeugen so formuliert: ‚Keinerlei Wildtiere dürfen vom Flugzeug aus oder mit Hilfe eines Flugzeugs geschossen werden.' Eine weitere Klausel besagte, daß ‚kein Flugzeug benützt werden darf zum Zweck des Zusammentreibens, Einkesselns oder irgendwelcher Beunruhigung des Wildes'. Darin waren die Bären mit einge-schlossen.

Das neue Ministerium ergriff ähnliche, aber etwas weniger strenge Maßnahmen. Der Gebrauch von Hubschraubern wurde grundsätzlich untersagt, auch für den Transport von Wild, Jägern oder Jagdgerät. Aber schließlich fand sich doch ein Hintertürchen, groß genug, ein kleines Flugzeug durchzulassen, und daraus ergab sich die Möglichkeit, das Geschäft des ‚Führer-Flugdienstes' ganz groß aufzuziehen.

Die Gründe zu diesem Zögern, die Großwildjagd per Flugzeug in Alaska gänzlich zu verbieten, gehen zurück auf die alten Tage der Buschfliegerei in Alaska und Kanada. Die weiten Entfernungen der straßenlosen Wildnis zwischen den einzelnen Siedlungen steigerten die Entwicklung des Flugverkehrs zu einem Ausmaß, das sich ein Außenstehender überhaupt nicht vorstellen kann. Mit der gleichen Selbstverständlichkeit, mit der ein Stadtbewohner seinen Wagen, ein Taxi oder einen Bus benutzt, setzten sich die Pioniere des Nordens in kleine Flugzeuge, die mit Schneekufen oder Schwimmern oder Rädern versehen waren. Dann flog man über die urtümlichsten Wildgebiete des Kontinents, sehr oft nur knapp über den Baumkronen, und überall erblickte man Bären und anderes Wild. Es wurden Spezialflugzeuge mit niedriger Landegeschwindigkeit eingeführt, die auf Sandbänken, Schneebrettern, Seen, Flüssen, sogar auf Gletschern und Bergspitzen dicht bei dem ausgemachten Wild landen können. Sehr oft konnte ein beherzter Pilot seinen Passagier unmittelbar neben dem Wild absetzen. Der Jäger hatte nichts weiter zu tun, als auszusteigen und nach ein paar Minuten seine Beute an Bord zu verladen. Alaska, einst das unwegsamste Gebiet Amerikas, wurde bald von den kleinen Flugzeugen erobert.

Ein auswärtiger Jäger brauchte nun nicht mehr lange vorher zu überlegen, wie er sich Packpferde, Packer, Führer und Köche beschaffen sollte. Er brauchte nicht mehr in Zelten zu wohnen, die in der Einsamkeit der Berge aufgeschlagen wurden. Er brauchte nicht mehr zu klettern und zu wandern, die primitive Lagerkost zu essen, und er war auch nicht mehr verpflichtet, die Schönheit der Landschaft zu genießen. Das war jetzt längst überholt. Man sprang einfach in ein Flugzeug, stieß dann herunter auf die hilflosen Tiere, stellte sie so, daß sie nicht fliehen konnten, schoß und sauste am selben Nachmittag zurück in die Großstadt!

So entstand ein neuer Beruf: der fliegende Führer, der ‚Schnelljagden' ankündigte und ‚sofortigen Abschuß' in Aussicht stellte. Nur allzuoft wurde dem Kunden aus der Großstadt von einem ‚fliegenden Führer' empfohlen, es sich in der Cocktailbar bequem zu machen; er wolle hinausfliegen, um das Land nach einem Bären abzusuchen, und wenn er ein gutes Exemplar gefunden habe, werde er schnell zurückkommen und seinen

Kunden abholen. ‚Ein Gewehr kann ich Ihnen leihen‘, versprach er.

Es wurde ein ‚Luxusdienst‘ eingerichtet: Jäger und Führer stiegen aus, während der Pilot mit seiner Maschine über ihnen schwebte, um die „Sportsmänner" zu einem Bären zu führen, der sich mühsam durch den weichen Frühjahrsschnee arbeitete. Wenn das erschrockene Tier versuchte, sich einen Weg zurück in die Sicherheit des Unterholzes zu bahnen, konnte es buchstäblich vor die wartende Flinte getrieben werden. Illegal – aber wie sollte man das vor Gericht beweisen? Der tote Bär war das einzige, worauf es ankam!

Die fliegenden Führer sehen die andere Seite der Medaille. Ihre ‚Schnelljagden‘ sind, wie sie sagen, nur eine natürliche Folge der Tatsache, daß jedermann in Alaska fliegt. Sie weisen auf die großen Summen hin, die sie in die Flugzeuge investiert haben, und auf die persönlichen Gefahren, welche die schnellere Bedienung der Gastjäger einschließt. Dieselben Möglichkeiten stünden ja auch den Einheimischen offen, die einen Wintervorrat an Elch- oder Cariboufleisch holen wollten, wo kein anderes Transportmittel verfügbar sei. Und sie denken gar nicht daran, sich für diese ‚sportliche Jagd‘ zu entschuldigen.

Warum einen Monat verschwenden, um einen Bären zu schießen? Wir können Sie doch in ein paar Minuten an Ort und Stelle bringen! Die alten Zeiten der Packpferde und Tragbretter sind vorüber. Alaska hat sich ein schnelleres Tempo zugelegt – und das gilt auch für die Bärenjagd.

Was jedoch nicht schneller geworden ist, das ist die sehr langsame Zuwachsrate der Bären. Noch immer braucht eine Bärin zwei volle Jahre, oft sogar drei, um ein oder zwei Junge in die Welt zu setzen. Nur die Hälfte der Jungen werden männliche Bären sein, und von ihnen sind nur wenige in der Lage, sich zu beträchtlicher Größe zu entwickeln, und wenn sie es tun, wird es mehrere Jahre dauern.

Da ist weiter die Frage der Fairneß, die für den hochgeachteten Boone and Crockett Club (der 1887 von Teddy Roosevelt gegründet wurde) entscheidend ist. In seinen Richtlinien heißt es: Das Aufspüren oder Zusammentreiben von Landwild von der Luft aus oder das Landen in seinem Revier, um es zu verfolgen, soll als unfaire Jagd und als unsportlich verurteilt werden. Keine Trophäe, die durch solche unfaire Jagd erworben ist, darf bei einem Großwildwettbewerb vorgelegt werden.

Viele Bestimmungen dieser weltberühmten Organisation sind von verschiedenen Staaten und Provinzen als Gesetz fixiert worden. Es besteht die Hoffnung, daß das Ministerium in Alaska dasselbe hinsichtlich der Jagd mit dem Flugzeug tun wird. Es wird nicht leicht durchzuführen sein in einem so schwach besiedelten Land, in dem das Flugzeug ein ganz normales Verkehrsmittel ist. Die Bewohner von Alaska sind auf das Flugzeug angewiesen und gebrauchen es natürlich auch zum Fischen und zur Jagd: Sie würden also eine unbefugte Einmischung sehr übelnehmen.

Zur Zeit hat nur einer der 26 Wildschutzbezirke, in die der Staat Alaska eingeteilt ist, sich ganz den Prinzipien des Boone and Crockett Club angepaßt; in den anderen Gebieten werden sie sehr unterschiedlich aufgenommen. Mit wenigstens teilweise erfolgreichen Maßnahmen haben die letzten Vorschriften für einige Jagdbezirke dem Übelstand entgegengearbeitet. Sie haben entweder die Jagd im Frühling ganz verboten, oder sie warten, bis der meiste Schnee weggeschmolzen ist, ehe sie die Jagdsaison für einige Wochen eröffnen. Es ist eine schwierige Aufgabe, Vorschriften und Gesetze auszuarbeiten, die den flugfreudigen Bürgern annehmbar erscheinen.‘‘

Schwarzbär unter der Mitternachtssonne

Wir haben den 1. Juni 1984, die Sonne strahlt vom Himmel, 24 Stunden ununterbrochen, wenn nicht gerade ein Gewitter mit Donner und Blitz herniedergeht, hier in der Brooks-Range, 200 Kilometer nördlich des Polarkreises.

Es war sehr heiß tagsüber in den letzten Tagen. Wir jagten deshalb nur nachts. Auch heute war die frühe Morgenpirsch ergebnislos. Einen Wolf hatten wir weit in der Ferne ganz kurz gesehen. Die Moskitos umschwirren uns zu Tausenden, aber vergeblich, denn Gesicht und Hände sind gut präpariert, und wir sind stichfest eingekleidet.

Es war der letzte Jagdtag. Eigentlich waren wir ein bißchen mißmutig, zeigten es aber gegenseitig nicht, denn die ,,Blackies‘‘, die wir in den letzten Tagen sahen, es waren drei, zogen weit in der Ferne, unerreichbar durch ein Sumpfgebiet an den Berghängen.

Unser Zeltcamp, oberhalb eines namenlosen, idyllischen, etwa tausend Meter langen Sees gelegen, umgeben von einer traumhaft schönen hügeligen Landschaft, bot einen weiten Blick ins Land. Kanadagänse, Wildschwäne, viele Enten bevölkerten den See, man sah die Fische springen. Elchwild, darunter einen guten Schaufler, sahen wir oft ins Wasser ziehen; sie lieben die Schilfpflanzen und haben etwas Schutz vor den Moskitos. Immer wieder hielten wir Ausschau, auch durchs Spektiv. Es war inzwischen 20 Uhr. Ich sagte zu Bernd: ,,Wir sollten was essen." Denn später sollte es zur Abendpirsch gehen. Ja, dann brutzelte die Pfanne hochvoll mit Bratkartoffeln und Elchfleisch auf dem Benzinkocher, wir saßen auf wackeligen Holzschemeln, als ich zwischendurch durchs 35fache Spektiv schaute. Ich glaubte meinen Augen nicht zu trauen – einen schwarzen Klumpen entdeckte ich, der sich bewegte.

Ohne ein Zeichen von Nervosität hatte sich Bernd überzeugt, daß es ein guter Bär bei der Abendmahlzeit war. Er verschlang die jungen Weidentriebe. Während ich mein Gewehr überprüfte, den Filmapparat suchte und mich nach den langschäftigen Gummistiefeln umsah, schob Bernd einen Bissen nach dem anderen in den hungrigen Mund, bis er endlich sagte, mir schien es eine Ewigkeit: ,,Laß uns rübergehen."

Ja, und dann begann für mich ein Märtyrium, durch das Schilf, den Sumpf, die ungewohnten hüfthohen Stiefel, die Moskitos, die Zeit schien stillzustehen, bis wir endlich in großem Bogen das jenseitige Ufer erreichten und zwischen Fichten, über faules Holz an Tümpeln vorbei weitergingen, immer hinter Bernd her, der mein Alter mit schonender Gangart zu berücksichtigen schien, während ich fast außer Puste hinter ihm her schlich.

Er schien ein Einsehen zu haben, denn er verhoffte. Was für eine Wohltat! Nein, er wollte sich orientieren und schaute sich mit dem Glas um. Ich merkte aber, daß er zielsicher war. Ich wankte also, so lautlos es ging, weiter hinter ihm her, stolperte mal über einen morschen Baum in den ungewohnten Stiefeln, aber das Jagdfieber hatte mich doch mächtig gepackt. Immer wieder griff ich zu meiner Waffe, aber wo war die Filmkamera? In der Hast des schnellen Aufbruchs hatte ich sie vergessen. Aber jetzt galt mein ganzes Tun und Denken der Jagd.

Mittlerweile war eine weitere Stunde vergangen, der Schweiß floß in Strömen, als Bernd gegen den Wind im Wald nach links einer Anhöhe zustrebte, um einen Punkt zu erreichen, wo er wohl einen guten Überblick über eine Blöße vermutete, auf der wir den schwarzen Gesellen gesehen hatten. Bei einer Verschnaufpause machte er mir das flüsternd klar. Etwa zehn Minuten, eine Wohltat für meine Knochen, verweilten wir, um dann ganz langsam, fast kriechend, uns auf einen Felsenbuckel vorzuschieben.

Vorsichtig lugten wir, meine Mauser griffbereit neben mir, Seite an Seite über eine alte Brandfläche, die sicher durch einen Blitz vor vielen Jahren entstanden war. Die verkohlten Bäume waren durchsetzt mit jungem Leben durch Anflug von Zwergweiden, Birken, Gräser und Flechten in frischem Frühlingsgrün.

Da stieß mich Bernd in die Seite. Ich hatte auch den schwarzen Klumpen gesehen, der sich auf 70 bis 80 Gänge bewegte.

Nach der ersten Kugel zeichnete der Bär und flüchtete ein paar Schritte, um neben einem Weidenbusch krank zu verhoffen. Den zweiten Schuß hat er nicht mehr vernommen, er lag. Mit Erleichterung und Freude, aber auch mit Wehmut, trat ich mit Bernd an das schöne Wild mit seinem dichten tiefschwarzen Pelz heran.

Bernd und ich verweilten lange andächtig. Es war Mitternacht vorbei, die Sonne lugte am Horizont, als Bernd begann, den schwarzen Gesellen aus der Decke zu schlagen. Mein Blick ging immer wieder über das schöne Land, hinüber über den See, wo wir weit entfernt mit dem Glas unser Zelt sehen konnten.

Mit einem unbändig glücklichen Gefühl der Dankbarkeit gingen wir den Weg zurück, Bernd trug die Bärendecke, ich die Gewehre. Als wir gegen 3 Uhr früh erschöpft, aber hellwach in die Schlafsäcke krochen, fanden wir noch lange keinen Schlaf, die Erinnerungen hielten uns wach, bis ich noch im Halbschlaf das Ereignis wie eine Vision durchlebte.

Mit Grizzlys ist nicht gut Kirschen essen

Jedem Besucher des Denali-Nationalparks wird eine Broschüre zugänglich gemacht, in der alles Wissenswerte, Sehenswerte und Gefahrvolle beim Gang durch diesen Park zu lesen ist. Besonders aber wird auf die Gefahr bei der Begegnung mit Bären sehr informativ hingewiesen. Denn vor allem der Grizzly, aber auch der Schwarzbär kann für Menschen gefährlich werden. Sie sind unberechenbar und verteidigen sich, ihre Jungen, ihre Nahrung und ihr Territorium. „Alle Bärenarten sind gelegentlich gefährlich, wenn sie sich überrascht fühlen", heißt es in der Information. „Wir wollen Sie mit dieser Warnung nicht ängstigen und Sie daran hindern, die Wildnis des Denali zu erforschen oder vom Besuch abhalten, und den Bär nicht schlimmer darstellen als er ist. Bären sind zur Erhaltung des Gleichgewichts in der Wildnis notwendig. Seit Tausenden von Jahren ist hier ihre Heimat. Sie sind der Besucher. Für den Bären sind Sie der Eindringling, der möglicherweise für ihn eine Gefahr bedeutet. Es liegt deshalb in Ihrer Verantwortung, sich so vernünftig wie möglich zu benehmen. Wenn Sie dieses Bärenland betreten, riskieren Sie ein Zusammentreffen mit den Petzen, denn es gibt wenige Plätze auf unserer Erde, wo man den Grizzlys leichter begegnen kann als in diesem 6 Millionen acres großen Schutzgebiet. Sie bewegen sich frei in ihrer Umgebung.

Sie müssen Ihr Benehmen darauf einstellen, um sicher wieder zurückzukehren. Es gibt keine Garantie für Ihre Sicherheit. Einige Informationen zu Ihrem Schutz:

Bevor Sie den Park betreten, sollten Sie sich ein Grundwissen über das Verhalten der Bären aneignen, wie es in der Broschüre geschildert wird.

1. Versuchen Sie auf jeden Falle eine Konfrontation mit dem Bären zu vermeiden. Seien Sie vorsichtig, aufmerksam und wandern Sie nie allein, auch nicht in der Nähe eines Hotels, der Lagerplätze und Parkplätze, denn Bären können überall sein und plötzlich vor einem stehen.

2. Man soll sich niemals den Bären nähern oder auf sie zugehen, denn selbst auf 100 Meter Entfernung kann sich der Bär bedrängt fühlen; ein Weibchen mit Jungen ist besonders gefährlich. Siehst Du ein Junges, dann ist die beschützende Mutter sicher in der Nähe. Zieh Dich vorsichtig zurück!

3. Zur Beobachtung benutze Ferngläser und zum Fotografieren Teleobjektive. Bleibe immer auf Distanz, damit der Bär sich nicht bedroht fühlt. Dort, wo größere Gefahr besteht, stehen Hinweisschilder, die zu beachten sind.

Oben: Der mächtige Schädel eines Grizzly.
Unten: Die weißen Widder (Dall-Schafe) im schroffen Fels.

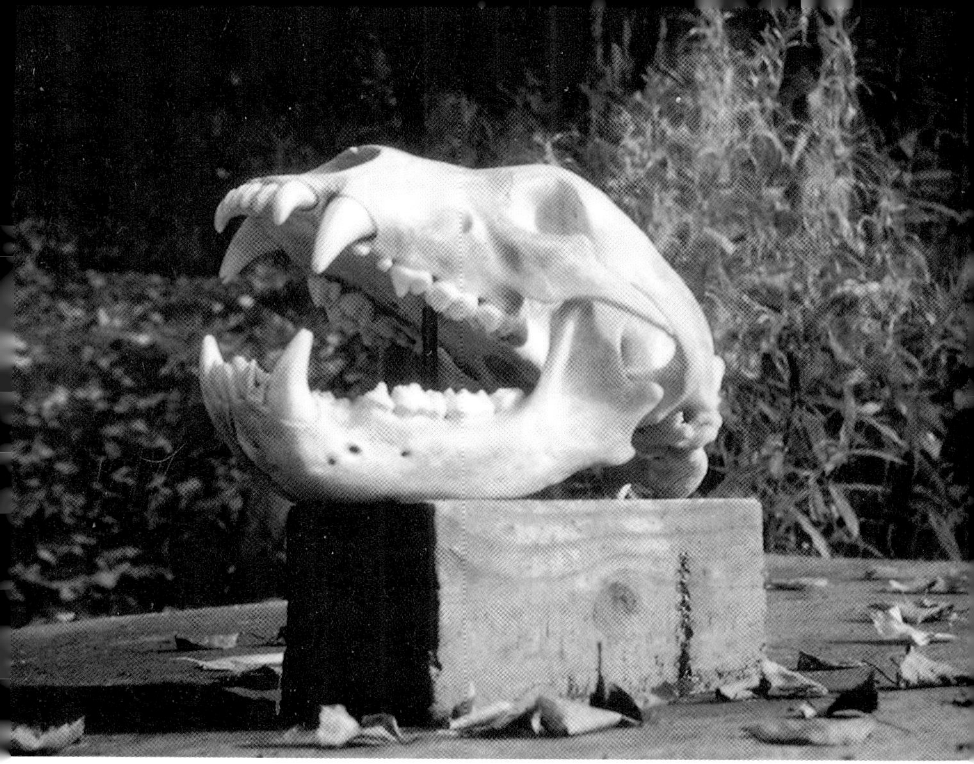

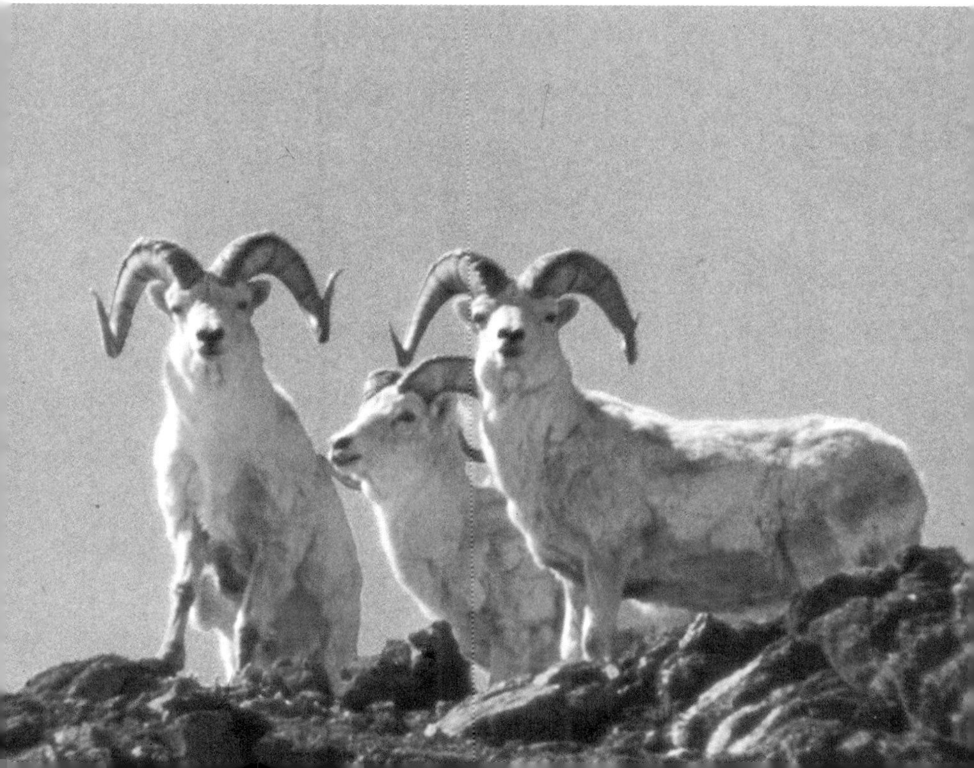

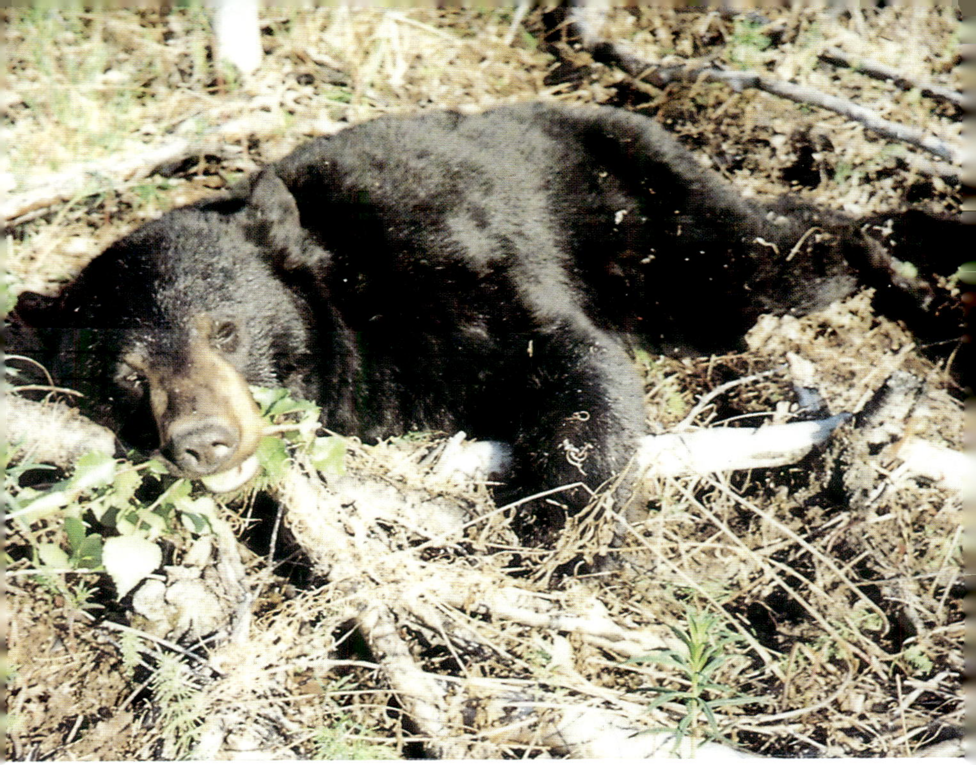

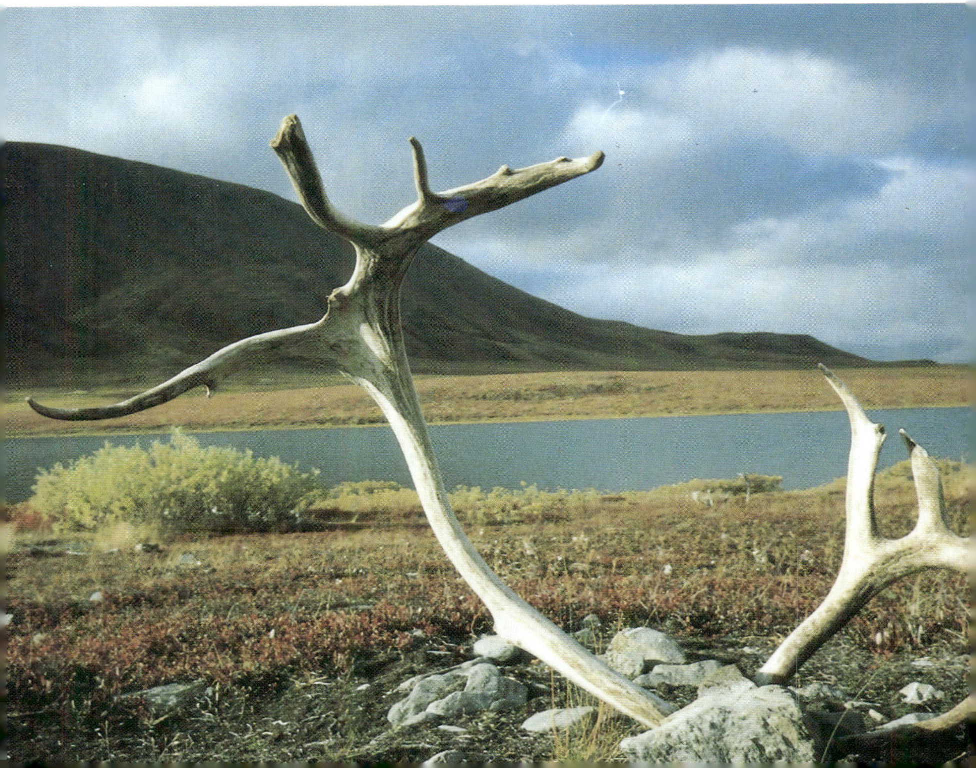

4. Die Trittsiegel seiner mächtigen Pranken sind zu beachten, die Bärenlosung ähnelt der einer Kuh. Später im August, September sind die Haufen mit verdauten Beeren durchsetzt. Frische Grabungen deuten an, wo ein Bär nach Wurzeln, Erdhörnchen usw. sucht. Vermeide zu campen, wo Du diese Merkmale vorfindest. Auch nicht an Flußufern, wo Du solche Spuren antriffst, oder im dicken Gebüsch, nicht an Wasserquellen und auch nicht an Äsungsflächen – gemeint sind die reifen Beeren, wie Schwarzbeeren usw., die Lieblingsspeise der großen Petze. Dort, wo viele Erdhörnchen vorkommen, sind die Grizzlys und Schwarzbären zu erwarten.

5. Gehe nicht lautlos durch das Gelände. Verursache Geräusche durch Läuten eines Glöckchens oder ein paar Steinchen in einer Blechdose, damit der Bär weiß, wo Du bist, und rechtzeitig verschwindet, denn er liegt vielleicht versteckt zum Schlaf in kniehohen Sträuchern. Durch Pfeifen sich bemerkbar zu machen, ist nicht zu empfehlen, da manche Pfeiftöne den Geräuschen anderer Tiere ähneln. Bei starkem Wind oder in der Nähe von Wasser werden Deine Geräusche nicht so weit getragen, deshalb verstärken, damit der Bär sich zurückziehen kann.

6. Hunde dürfen bei Ihrer Wanderung nicht mitgenommen werden. Ihre Anwesenheit könnte die Bären anziehen.

7. Füttern Sie keine wilden Tiere, denn sie könnten durch die ungewohnte Kost krank werden.

8. Halten Sie Ihren Rastplatz sauber. Lassen Sie Ihre Speisen nicht herumstehen, sondern verwahren Sie diese in einem widerstandsfähigen Behälter. Haben Sie keine Behälter zur Hand, dann verwahren Sie Ihre Speisen in zweischichtigen Plastiktüten, die Sie in einem mindestens vier Meter hohen Baum aufhängen, der wenigstens 100 Meter gegen den Wind und sichtbar von Ihrem Lagerplatz stehen sollte. Auf dem Gang durch die Wildnis niemals stark riechende Eßwaren mitnehmen. Es ist auch zu empfehlen, Ihre Nahrungsmittel in Ihrem Fahrzeug zu lassen. Wenn Sie den Rastplatz verlassen, nehmen Sie alles mit, auch Abfälle (nicht vergraben).

Oben: Erlegter Schwarzbär.

Unten: Hoch in der Brooks-Range an der Wasserscheide. Häufig findet man Abwurfstangen der Caribous in allen Stadien bizarrer Verwitterung.

9. Halten Sie sich selbst sauber – verwenden Sie auf Ihrem Weg kein Parfüm oder Deodorant, es ist besser, Sie riechen nach Mensch. Halten Sie auch Ihre Kleider frei von Speisegerüchen oder Kochdämpfen. Säubern Sie nach dem Essen Ihre Hände und wischen Sie diese nicht an Ihren Kleidern ab.
10. Wenn plötzlich ein Bär ankommt, sollte man niemals wegrennen, denn er ist schneller. Vor allem muß man ruhig bleiben, damit der Bär den Eindruck hat, daß Sie friedlich sind. Sehen Sie auf Ihrem Gang plötzlich einen äsenden Bären, so gehen Sie langsam, wenn möglich gegen den Wind, weg. Ist dies unmöglich, so bewegen Sie sich mit dem Wind, so daß er Sie zuerst wittert und verschwinden kann.

Kommt plötzlich ein Bär ahnungslos auf Sie zu, dann bleiben Sie ruhig und sprechen Sie mit fester Stimme zu ihm. Halten Sie dabei die Arme hoch und gehen langsam rückwärts. Ist zufällig ein Baum in der Nähe, so erklettern Sie diesen. Aber mindestens auf 4 Meter, denn wenn der Bär auf den Hinterläufen steht, ist er 3,50 Meter groß. Grizzlys sind keine Baumkletterer. Grundsätzlich bewegen sie sich langsam fort. Versuchen Sie aus seiner Sicht zu kommen, und verschwinden Sie aus diesem Gebiet.

Es kann sein, daß ein Bär Sie auf 100 Meter Entfernung erkannt hat, in den meisten Fällen wird er sich aufstellen, um Ihre Wittrung aufzunehmen, er will Sie identifizieren. Geben Sie sich ruhig als Mensch zu erkennen und sprechen Sie mit tiefer fester Stimme und bewegen Sie die Arme. Sein Verhalten veranlaßt Sie aber, sich dabei langsam rückwärts gehend zurückzuziehen.

Kommt der Bär aber auf Sie zu, so rennen Sie nicht fort, das könnte die Jagdinstinkte im Bären wecken. Grizzlys können mit einer Geschwindigkeit von 60 km pro Stunde über eine kurze Entfernung laufen. Stellen Sie sich dann mit dem Gesicht zum Bären. In den meisten Fällen ist sein Verhalten ein Bluff, er wird stoppen und weglaufen. Sollte er dennoch näher kommen, so lassen Sie sich fallen und stellen sich tot. Der Bär ist dann zufrieden und sieht, daß Sie keine Gefahr für ihn sind. Legen Sie dabei den Rucksack nicht ab.

Bärenattacken sind sehr selten. Wenn Sie die aufgezeigten Vorkehrungen beachten, sind Unfälle vermeidbar.

Wir bitten Sie, bei den Parkrangers (Wildschutzbeamten) Informationen über diese wunderbaren Bewohner der Wildnis zu verlangen. Denn auf keinen Fall sollten Sie die Heimat der großen Bären in Furcht und Unkenntnis betreten, sondern diesen Wildtieren mit Wissen, Respekt und Achtung begegnen."

Soweit der übersetzte Wortlaut der Information aus dem Denali-Nationalpark. Leider werden doch immer wieder einzelne Unfälle bekannt, wobei Touristen von Bären – meist Grizzlys – schwer verletzt oder getötet werden. Teils liegt die Ursache im leichtsinnigen Verhalten der Menschen, manchmal spielen aber auch unvorhersehbar unglückliche Umstände eine Rolle. Die Vorsicht, zu der die obige Informationsschrift mahnt, ist jedenfalls nicht übertrieben.

Hierzu noch ein eindrucksvoller Bericht:

Am 6. 11. 1974 stand in der „Anchorage-Times" die schreckliche Nachricht, daß der 38 Jahre alte Jay B. L. Reeves jr., ein Postbote aus Anchorage und Amateurfotograf, im Izembeek-National-Wildpark auf der Alaska-Peninsula von einem Grizzlybären getötet und gänzlich aufgefressen wurde.

Zufällig kam ein Angler am Camp vorbei, der sofort erkannte, daß das Camp durch einen Bären verwüstet war. Er fand von dem Fotografen, der augenscheinlich allein campiert hatte, lediglich dessen Schuhe. Er alarmierte den „Fish and Wildlife Service". Die Wildschutzbeamten suchten mit einem Hubschrauber nach dem Bären, den sie dann in der Nähe des verwüsteten Camps beobachteten und erlegten. In der Nähe spürten sie noch den Kopf von Reeves und einige Knochen auf.

Bei der Untersuchung des Mageninhalts des Bären fand man die Reste des Postboten. Die Experten stellten fest, daß der etwa fünf Jahre alte Bär gesund schien und keine Anzeichen einer Verletzung oder Krankheit aufwies.

Auf der Fährte des Polarbären

In neuester Zeit haben alle den Polarkreis angrenzende Länder die Eisbärenjagd verboten. Ausgenommen davon ist Kanada, das den an der Eismeerküste lebenden, davon abhängigen Eskimos beschränkte Abschüsse, auch durch Gastjäger, gestattet.

Bei einigen Jagdvermittlern, die mit den betreffenden Eskimos in Verbindung stehen, können auch deutsche Jäger eine Eisbärjagd mit Hundeschlitten buchen.

Die erste Begegnung mit einem Eisbären hatte ich schon als kaum einjähriger Säugling. Wie so viele meiner Altersgenossen wurde ich zu damaliger Zeit nackt und auf dem Bauch liegend von einem Fotografen auf ein solch kostbares Fell eines Eisbären fein säuberlich hingebettet. Von allen Seiten machte der Fotograf nun Aufnahmen von mir, die dem Familienalbum einverleibt wurden.

Schon zu damaliger Zeit war die Decke eines Eisbären nicht nur bei den Jägern eine sehr begehrte Trophäe, sondern auch allgemein beliebt. Für den Jäger aber ist die Jagd auf dieses mächtige Tier ein Höhepunkt seiner jägerischen Laufbahn. Von einer solchen Jagd, die an der Eismeerküste Alaskas mit Hundeschlitten unter Führung von Eskimos durchgeführt wurde, will ich erzählen.

Bevor ich aber dieses Erlebnis zu Papier bringe, habe ich mich etwas mit den Lebensgewohnheiten und der Verhaltensweise dieser Riesen des Eismeeres befaßt.

Sieht man sich den Globus von oben an, so erkennt man, daß der Lebensraum des Polarbären innerhalb des nördlichen Polarkreises liegt. Er bewohnt den Eisgürtel des Poles und ist auch häufig an der Ostküste Amerikas, um die Baffin- und Hudson-Bai herum, in Grönland und Labrador, auf Spitzbergen, Nowaja-Semlya anzutreffen und geht selten über den 55. Grad nördlicher Breite hinaus.

Der Eisbär erinnert mit seinem langen Hals und schmalen Kopf gewissermaßen an ein riesiges Wiesel zur Winterzeit. Man führt den langen Hals auf das Jagen im Wasser zurück, wo Tatzenschläge nach der Beute nicht auszuführen sind. Zu dieser Erklärung können wir aber am besten Stellung nehmen, wenn wir uns den Speisezettel des Bären ansehen. Vorausgeschickt sei noch, daß der Eisbär ein Riese seiner Familie ist, der den Braunbären an Länge überragt (ausgenommen den ,,Kodiak-Alaska-Riesenbären") und bis 1000 kg schwer wird.

Die Bärinnen bringen ein bis drei Junge in den kältesten Monaten zur Welt. Bevor es aber so weit ist, bauen sie ihre Kinderstube durch ständiges Drehen ihres massiven Körpers im Schnee und schaffen dadurch an geeigneter Stelle eine Schneehöhle, in der sie für ihre Jungen genügend Wärme abgeben können.

Die Tiere schwimmen viele Meilen sehr schnell und greifen den Menschen auf dem Land wie in Booten an. Im Winter leben diese Bären meistens auf dem Treibeis. Das Fleisch ist genießbar, sein

Fett wird als Nahrungsmittel, aber auch als Brennmaterial benutzt. Aus den Sehnen machen die Eskimos Zwirn und Bindfaden; der Pelz dient als Teppich und Schlittendecke. Von der Nahrung des Eisbären schreibt der Zoologe P. Loesche u. a. folgendes:

Sie besteht aus fast allen Tieren, die das Meer oder die armen Küsten seiner Heimat bieten. Robben verschiedener Art bilden sein bevorzugtes Jagdwild. Wenn er eine Robbe von ferne auf dem Trockenen liegend erblickt, senkt er sich still und geräuschlos ins Meer, rinnt gegen den Wind darauf zu, nähert sich ihr mit der größten Vorsicht und taucht plötzlich von unten nach dem Tier empor. Die Robben pflegen nahe an Löchern und Spalten des Eises zu liegen. Diese Öffnungen findet der unter dem Eise tauchende Eisbär mit außerordentlicher Sicherheit. Fische weiß der Eisbär zu erbeuten, indem er tauchend ihnen nachschwimmt oder sie in Spalten zwischen dem Eise treibt und hier herausfängt. Landtiere überfällt er nur dann, wenn es an anderer Nahrung mangelt; Rentiere, Eisfüchse und Vögel sind keineswegs sicher vor ihm.

Osborne sah einer Bärenmutter zu, die Steinblöcke umwälzte, um ihre Jungen mit Lemmingen zu versorgen, und Brown sowie Kükenthal bemerkten, daß er den Eiderenten große Mengen von Eiern wegfraß. Er pflegt selbst schwer zugängliche Brutplätze der Seevögel regelmäßig zu besuchen, um von dem Überfluß an Eiern und Nestlingen Zoll zu erheben, wobei er große Kletterkunst entwickelt.

Aas nimmt er ebenso gern wie frisches Fleisch und soll auch nicht einmal den Leichnam eines Artgenossen verschmähen. Er ist jedoch keineswegs ausschließlich Fleischfresser, sondern nimmt, wenn möglich, auch Pflanzenstoffe, besonders Beeren, Gras und Moos, zu sich. Von dem trächtigen Weibchen abgesehen, trifft man zu jeder Jahreszeit Eisbären an. Sie halten also keinen Winterschlaf.

Der Eisbär ist in erster Linie Robbenfresser. So ist für ihn, wenn er durch die Eislöcher steigen muß, eine schlanke Gestalt von Vorteil. Darum hat er nicht den dicken Kopf seiner Verwandten und deshalb ist er nicht plump wie diese, sondern schlank.

Es ist noch die Frage zu beantworten, ob der Eisbär keine Feinde hat, was man gewöhnlich bejahen muß; denn bei Brehm heißt es so poetisch: Von keinem anderen Wesen beirrt oder gefährdet, der eisigsten Kälte und den fürchterlichsten, uns schier undenkbaren Unwettern sorglos trotzend, streift er dort durch Land und Meere, über die eisige Decke des Wassers oder durch die offenen Wogen, und im Notfalle muß ihm der Schnee selbst zur Decke, zum Schutze, zum Lager werden.

Nun, das hört sich sehr schön an, aber bei einiger Überlegung wird man wohl nicht zustimmen. Einmal hat ja jedes Tier im Menschen einen Erbfeind, sodann aber ist es höchst unwahrscheinlich, daß ein Tier keinen anderen Feind haben sollte. Im Wasser wird z. B. der Eisbär sicherlich ohne weiteres vom Schwertwal überwältigt, der ja selbst die größten Wale angreift.

Aus alter Zeit sind manche Berichte über Kämpfe von Jägern und Seeleuten mit Eisbären überliefert:

Ein Schiff lag in der Nähe von Nowaja Semlja vor Anker, und zwei Besatzungsmitglieder landeten auf einer kleinen Insel. Die Neugier trieb sie an, sich etwas vom Ufer zu entfernen, um sich umzusehen, als auf einmal der eine von ihnen von einem Bären im Rücken angefallen und zur Erde geworfen wurde. Sein Gefährte lief sogleich fort und machte Lärm, worauf ein Teil ihrer Kameraden zu Hilfe herbeieilte. Der Bär stand bei ihrer Annäherung über seiner Beute, ohne den geringsten Anschein von Furcht, und da sie ihn angreifen wollten, sprang er auf sie los und packte einen von ihnen. Die übrigen liefen bestürzt davon und waren nicht dazu zu bewegen, den Angriff zu erneuern. Nur drei von der ganzen Mannschaft hatten Mut genug. Und nach einem gefährlichen und harten Kampf gelang es ihnen, den Eisbär zu töten und die zerfleischten Körper ihrer unglücklichen Gefährten zu befreien.

Kapitän Cook ging, als er sich im Jahr 1788 in der Nähe von Spitzbergen befand, in Begleitung seines Arztes und des Steuermanns ans Land. Während sie am Ufer hingingen, wurde der Kapitän plötzlich von einem Bären überfallen, der ihn auch sogleich mit seinen Pranken umfaßte. In dieser schrecklichen Lage rief er dem Arzt zu, zu schießen, und dieser tat es mit einer so bewunderungswürdigen Entschlossenheit und Geschicklichkeit, daß die Kugel dem Bären mitten durch den Kopf ging. Durch diese Hilfe entging der Kapitän der drohenden Gefahr.

Ein weiteres Beispiel gibt uns der Vorfall, der Kapitän Hawkins von Hull im Juli 1818 widerfuhr. Dieser verfolgte einen sehr großen Bären, der durchs Wasser schwamm, in einem Boot, und da er ihn erreichte, stieß er ihn zweimal mit einer Lanze in die Brust; als er sie aber aus der Wunde herauszog, um einen dritten

Stoß zu tun, ergriff der Bär ihn am Schenkel und riß ihn über Bord. Glücklicherweise wiederholte er seinen Angriff nicht, sondern machte, daß er selbst fortkam, was ihm auch gelang, da alle im Boot nur beschäftigt waren, ihren Kapitän zu retten.

Die fortschreitende Technisierung und die Möglichkeit, mit kleinen Flugzeugen zu jagen hat manche Jäger aus aller Welt veranlaßt, auf diese bequeme Art einen Polarbären zur Strecke zu bringen. Vieles spricht dagegen; und inzwischen haben alle Länder innerhalb des Polarkreises die Jagd mit dem Flugzeug verboten, um den Bestand der Eisbären zu erhalten, und darüber hinaus weitgehende Jagdbeschränkungen bis zur völligen Schonung verfügt.

Als ich wieder mal mit meinem Freund Bernd Gaedeke, diesem hervorragenden Jagdführer, in seinem Blockhaus in der Nähe von Fairbanks am Kaminfeuer saß, erzählte er mir eines seiner schönsten jagdlichen Erlebnisse, das er als ,,Polarbärjagd an der letzten Grenze" bezeichnete. Diese Jagd hat ein gewisses Aufsehen erregt und ist auch in dem Journal ,,Alaska − Life on the last frontier" mit herrlichen Bildern erschienen.

Ich lasse nun Bernd selbst erzählen:

,,Ja, Bert, ich will dir gern diese Polarbärenjagd an der letzten Grenze erzählen, denn sie ist vielleicht die schönste Jagd meiner ganzen Karriere", sagte Bernd, während er mit nachdenklichem Blick in das prasselnde Kaminfeuer blickte. ,,Es war im März 1970, als ich zwei deutsche Jäger erwartete, die mit mir an den Küsten des arktischen Ozeans einen Polarbären jagen wollten. Das hört sich vielleicht etwas einfach an, aber um eine solche Jagd mit Erfolg durchzuführen, bedarf es monatelanger Vorbereitungen; denn die Jagd mit Hundeschlitten, die von Eskimos geführt werden, ist heutzutage nicht mehr alltäglich.

Im Jahre 1970 war der legale Abschuß von Polarbären auf 317 Stück gestiegen. Die Eskimos, für die Sonderrechte gelten, erlegen jährlich etwa 125 Exemplare. Ein jährlicher Abschuß von etwa 450 Polarbären wäre damals vermutlich tragbar gewesen. Um aber sicherzugehn, hatte die Jagdbehörde den jährlichen Abschuß auf 300 Bären beschränkt. Allein im Jahre 1972 hatten sich aber 1.026 Jäger aus aller Welt um ein Permit beworben, um je einen Polarbären zu erlegen.

Um jeden Ärger zu vermeiden, mußte das Los entscheiden, so daß fast jeder dritte Bewerber einen Polarbären zum Abschuß freibekam. Einige hinterlistige Jäger beantragten auch solche für ihre Familienangehörigen, so daß für die Familie eine größere Chance besteht, bei der Auslosung ein Permit zu erwischen.

Du weißt, daß ich die Jagd mit dem Flugzeug grundsätzlich ablehne und daß ich nur den von Eskimos geführten Hundeschlitten benutze. Es ist zwar für alle Beteiligten sehr hart, aber diese Jagd gibt dem Wild eine Chance und dem Jäger das Gefühl echter Waidgerechtigkeit.

Die unglaubliche Schönheit der arktischen Welt und der Zauber des Landes haben mich immer sehr gefesselt und in ihren Bann gezogen. Wenn ich gar eine Bärenspur ausmachen konnte, so war es für mich immer ein prickelnder Reiz ihr nachzugehen. Ich habe dabei viel Erfahrung gesammelt.

Als ich wieder mal auf eine frische Fährte stieß, es war bei ‚Point Lay‘, konnte ich abschätzen, daß die Spur nicht allzu alt sein konnte. Ich mußte damit rechnen, dem Bären jeden Moment hinter einem Eishügel zu begegnen. Meine Passion ging dabei mit mir durch, und so schnell es auf diesem rauhen Eis ging, verfolgte ich die Spur. Plötzlich aber fand ich durch ein fürchterliches Krachen um mich herum in die Wirklichkeit zurück. Geborstene Eismassen trieben in zwei Richtungen ab, ich hatte aber das große Glück, daß ich mich der Landseite zu bewegte und damit außer Gefahr war.

Ein anderes Mal, es war in Oliktok an der Prudhoe Bay, entdeckte ich im Morgengrauen, als ich vor die Hütte trat, frische Eisbärenspuren. Die Bären waren in der Nacht durchgewechselt. Ich riß mein Gewehr vom Haken und verfolgte die Spuren viele Meilen den ganzen Tag auf dem Packeis. Die einbrechende Dämmerung bemerkte ich kaum. Es war ein spannender und aufregender Tag für mich, der mich sehr beglückte.

Seit dieser Zeit kam ich jedes Jahr und so oft es meine Zeit erlaubte in die Arktis zurück, die mich ganz in ihren Bann gezogen hatte. Ich habe in all den Jahren lange Pirschgänge zu Fuß, auf Skiern, auf Schneeschuhen und auch mit Hundeschlitten gemacht und dabei viele Erfahrungen gesammelt.

Ich weiß aber nun, daß die Polarbärenjagd nach Eskimoart mit Hundeschlitten den weißen Jäger, der mit den arktischen Verhältnissen nicht vertraut ist, alles abfordert; daß aber diese Jagdart trotz der Wirbelstürme, gefährlich dünnen Eises und extremer Kälte ein unvergeßliches Erlebnis ist.

Der Winter 1969 war für arktische Verhältnisse recht ruhig und die Eisbedingungen für die Jagd mit Hundeschlitten geradezu ideal! Die Eskimos erzählten mir, daß sie entlang der Küste, aber auch manchmal landeinwärts, Bären beobachtet hätten.

Mein Freund Lynn Castle, ein zugelassener und registrierter Guide aus Fairbanks, leitete in diesem Jahr seine erste Polarbärenjagd mit Hundeschlitten. Er hat langjährige Erfahrung und konnte sich die Verantwortung für dieses Unternehmen zutrauen. Mit seinem Jagdgast aus New Orleans flog er mit seiner Chartermaschine zunächst nach Point Hope. Wie gesagt, die Wetterverhältnisse waren günstig, als sie von dort mit Hundeschlitten zur Jagd aufbrachen. 40 Meilen nördlich von Point Hope gelang es, mit großem Glück, schon am ersten Tag einen Rekordbären zu erlegen.

Im Jahre 1970 führten wir gemeinsam – Castle und ich – unsere Jagdgäste zur Bärenjagd; natürlich mit Hundeschlitten. Wir hatten reichlich vorausgeplant und Point Hope als Ausgangspunkt gewählt. Sehr sorgfältig wurde unsere Ausrüstung zusammengestellt und die Zelte, Schlafsäcke, Lebensmittel und vieles andere mehr in 17 Gepäckstücke verpackt.

Lynn flog mit dem Gepäck schon einige Tage voraus. Er wollte ein Arrangement mit vier Eskimos machen, von denen wir wußten, daß sie gute Hundegespanne besaßen und daß sie auch selbst von der Jagd viel verstanden. Wir hatten verabredet, daß er für die Dauer der Jagd eine Hütte mietete. Mit ihm flog auch David Arthur, ein Assistent Guide, der schon mehrere Jahre in der Arktis gejagt hatte.

Ich selbst wartete ungeduldig in Fairbanks auf meinen Jagdfreund aus Deutschland und einen anderen Jäger aus den Staaten. Endlich flogen wir nun gemeinsam nach Kotzebue, waren aber nicht schlecht erstaunt, daß wir Lynn und David noch antrafen. Das Wetter war, was in der Arktis so oft passiert, in der Zwischenzeit so schlecht geworden. daß kein Flugzeug nach Point Hope, dem Ausgangspunkt unserer Jagd, starten konnte. Wir waren ein bißchen entmutigt. Mächtige Stürme wüteten seit Tagen, und das Eis brach und war in Bewegung gekommen.

Es gefiel uns in Kotzebue nicht allzu sehr. Die wenigen Menschen, die dort leben, bringen ihren gierigen Lebenshunger durch viel Lärm zum Ausdruck. Wir wollten deshalb so schnell wie möglich nach Norden fliegen. Mit uns warteten noch andere Polarbärenjäger ungeduldig und nervös, denn seit fünf Tagen war keine Maschine gestartet. Aber für ungeduldige Menschen ist die Jagd in der Arktis nicht zu empfehlen.

Wie so oft folgt auf Regen Sonnenschein, denn am nächsten Tag wurde das Wetter endlich besser. Einige Männer fegten den Schnee von den Flugzeugen, um sie startklar zu machen. Ein gutes Zeichen für uns. Ich schätzte, daß etwa 36 Maschinen auf dem Flugplatz standen. Wir sahen, daß alle über elektrische Leitungen versorgt wurden, um die Motoren warm zu halten. Nach längerer Verhandlung wurden wir handelseinig und charterten eine zweimotorige Maschine, mit der wir nach Point Hope starteten.

Als wir landeten, wurden wir längst erwartet und von mehreren Dutzend Eskimos empfangen. Recht schnell wurde unsere Ausrüstung auf Frachtschlitten verladen, die von einem Snowmobil gezogen, unser Hab und Gut über die Schnee- und Eispiste zu einem gemieteten Haus brachten. In der niedrigen Tür seiner Hütte stand William Lisburne, der Führer der Hundegespanne, der uns mit einem breiten Lächeln empfing. Immer froh gelaunt war dieser stämmige Eskimo uns auch in den folgenden Tagen ein angenehmer Jagdführer.

Während uns seine Frau den üblichen Kaffee servierte und uns recht schmackhaftes, selbstgebackenes Brot anbot, besprachen wir mit William die Lage. Unsere liebenswürdigen Gastgeber gaben uns das Gefühl der Geborgenheit. Sie waren einfach und bescheiden und hatten selbst sehr wenig, gaben uns aber durch ihr freundliches Wesen sehr viel. Inzwischen schleppten ihre Kinder immer wieder Klötze aus ,,Seal Blubber" (Robbenspeck) herbei, die im Yukonofen verbrannt wurden und mollige Wärme spendeten. In anderen Hütten freilich gab es schon Ölöfen, ein Geschenk der Zivilisation, die auch hier an der letzten Grenze nicht haltmacht.

Das Wetter hatte sich inzwischen zusehends gebessert, und am nächsten Morgen hatten südöstliche Winde das Eis vom Haupteingang hinweggeblasen. Es schien nun günstig für unsere Jagd. Der Himmel war klar geworden, die Temperatur schnell gefallen, aber auch der Wind hatte sich gedreht und wehte nun von Norden.

Ein älterer erfahrener Eskimo meinte: ,,Der Nordwind treibt die Bären rein."

Ich frug ihn in der Hoffnung, daß er uns Mut machte: ,,Glaubst du, daß wir einen Bären bekommen werden?"

,,Kann sein ja, kann sein nein", erwiderte der Alte vorsichtig. Der nächste Morgen bescherte uns wieder einen klaren Himmel, während es weiter von Norden bließ und die Temperatur nur wenige Grad unter Null gesunken war.

Natürlich hüteten wir unsere Gewehre wie einen Augapfel, säuberten sie nochmals und besprühten sie gegen Frost mit ,,Omnigaspray". Wir krochen früh auf unser Lager, denn noch vor Tageslicht am nächsten Morgen mußten wir aus den Schlafsäcken.

Mein deutscher Freund hatte die Angewohnheit, täglich die Außentemperatur zu messen, die er fein säuberlich in sein Tagebuch eintrug. In dieser Nacht war das Quecksilber weiter gefallen und der Wind noch etwas stärker aufgekommen. ,,Die Schlitten sind schon zur Abfahrt bereit", meinte William, der uns am nächsten Morgen weckte. Damit die Chancen gleichmäßig verteilt waren, hatten wir beschlossen, daß wir getrennt jagten. So gingen wir in verschiedene Richtungen. Die Eskimos hatten die Schlitten mit wärmenden Cariboufellen ausgelegt, damit wir gut darauf sitzen konnten. Dieses Pelzwerk hielt auch die Thermosflaschen über den ganzen Tag warm.

Die Hunde, zehn vor jedem Schlitten, hatten längst gemerkt, daß etwas in der Luft lag. Sie zerrten ungeduldig hin und her. Ihr Gekläff war so laut, daß es fast unmöglich war, sich zu verständigen. Als wir aber endlich mit großer Geschwindigkeit das Dorf verließen, wurden die Tiere plötzlich still. Man hörte auf dem gefrorenen Schnee nur noch das Quietschen der Metallkufen. Mein deutscher Freund meinte lächelnd zu mir: ,,Ich finde es herrlich, das ist eine echte Eisbärenjagd."

Die Hunde, nun in ihrem Element, waren umgeben von einer leichten Dampfwolke, währen wir der Küstenlinie ostwärts zustrebten. Bei einem Gegenwind von 10 Knoten lag die Temperatur inzwischen bei 15 Grad minus. Bei dem Schlittentempo von 10 Meilen pro Stunde kam es uns viel kälter vor. Man glaubte, es wären 40 Grad unter Null. Ab und zu schaute sich William nach uns um, er wollte unsere Wangen nach Frost untersuchen. Das war auch nötig, denn zeigte sich mal ein weißer Fleck auf der Wange, mußte man den Handschuh ausziehen und sich mit der warmen Hand die Flecken im Gesicht erwärmen.

Wir sahen nun links von uns mächtige Eisberge auf uns zukommen, die starke Winde und Strömungen aufeinandergeschoben hatten. Ein unglaublich faszinierendes und bizarres Bild, und es schien, als gäbe es keine Möglichkeit, diesen Eisdschungel zu durchqueren. Wir mochten etwa 15 Meilen gefahren sein, als

William das Gespann plötzlich anhielt. Wir hatten durch eine Lücke der Eisgebilde einen fantastischen Blick auf das offene Meer hinaus. „Wollt Ihr ein bißchen nach Bären oder Seehunden Ausschau halten?" meinte er. Wir taten es gerne, denn unsere Füße waren nun trotz der Pelzstiefel recht kalt geworden. So waren wir recht froh, daß wir laufen und uns recken konnten. Das Gespann wurde nun an einem soliden Felsblock festgemacht, die Hunde aber rollten sich schnell zusammen und schliefen. Wir aber gingen über das rauhe Eis entlang der Eismeerküste. Mehr als zwei Stunden suchten wir vergeblich mit den Gläsern das Wasser und die schwimmenden Eisinseln ab und froren mächtig dabei. William winkte endlich ab und meinte: „Das Wasser ist zu unruhig." Wir hätten gern die Lisburne Hills, die bis 2.000 Fuß hoch sind und östlich vor uns lagen, gesehen. Aber sie waren im Schneesturm verschwunden.

Für den heutigen Tag gaben wir es auf und fuhren nach Point Hope zurück. Während feine Schneeflocken, durch den Nordostwind getrieben, über den Boden stieben, erlebten wir den Untergang der Sonne, die tiefrot am Horizont verschwand.

Lynn und Doc waren in südöstlicher Richtung am Strang entlang gefahren, hatten aber leider auch keinen Bären oder Fährten gesehen.

Der nächste Morgen begann wieder sehr kalt, aber klar. Wir beschlossen, daß wir alle in nördlicher Richtung fahren würden und zwar zum Cape Lisburne, wo wir auf günstigeres Eis hofften.

Unsere Gespanne mit 36 Hunden setzten sich bald in Bewegung, und in flotter Fahrt ging es über den Schnee und das weiche Eis des Marryat Inlet.

Die Eskimos waren sehr stolz auf ihre Gespanne, und jeder Leithund schien entschlossen, als erster den Packzug anzuführen. Es wurde deshalb ein Rennen, denn auch jeder Schlittenführer drängte aus Ehrgeiz seinen Leithund. So wurde es eine wilde, verwegene Jagd, und wir erreichten recht schnell die ersten Eishügel, die plötzlich vor dem Strand auftauchten.

Um zum Strand zu kommen, mußten wir einen Umweg über das Land fahren, oder aber den kürzeren Weg über das weiche Eis machen, das allerdings erst zwei Tage alt und nur vier Inches dick war. Es schien aber gerade stark genug, um unsere Schlitten zu tragen. Die Eskimos mußten darüber entscheiden und diskutierten deshalb in ihrer Muttersprache. Sie waren sich aber bald einig.

William sagte: ,,Wir denken, das Eis ist sicher, aber wir müssen vorsichtig sein und getrennt bleiben." Karls Gespann mit William im Schlitten übernahm die Führung. Die anderen Schlitten folgten in sicherem Abstand. Die Schlittenkufen bogen sich und knirschten über dem Eis, aber die Fahrt ging ohne jeden Zwischenfall dahin. Man muß wissen, daß Salzwassereis biegsam, Süßwassereis dagegen spröde ist und ohne Vorwarnung brechen kann. Wir erreichten schließlich einen großen Eishügel und hielten an. Von oben versprachen wir uns eine gute Sicht. Ein unendlicher Blick über hunderte Meilen lange Kliffe, die wirr und bizarr durcheinander lagen, tat sich vor uns auf. Durch den Sturm aus der Chukchi-See waren sie entstanden. Eine faszinierende Wildnis bot sich uns, aber einen Bären konnten wir nicht ausmachen. Unsere Eskimoführer waren aber überzeugt, daß wir uns in einem guten Gebiet aufhielten, denn William hatte uns erzählt, daß er hier drei Bären auf einmal gesehen hätte.

Die Küstenlinien bieten eine natürliche Passage für die Bären; eine andere bzw. bessere Stelle, um auf ihrer Tour am Strand entlang zu laufen, gab es hier nicht.

Immer wieder hielten wir Ausschau, bis uns schließlich die Augen weh taten und es auch allmählich spät wurde, so daß wir aufgeben mußten. Als wir nach Point Hope in die molligwarme Hütte zurückkamen, war es schon dunkel.

In der Nacht hatte das Wetter umgeschlagen, und am nächsten Morgen tobte ein mächtiger Schneesturm. Es war deshalb unmöglich, mit dem Schlitten loszufahren. William und ich versuchten es nun zu Fuß und gingen gemeinsam in dem eisigen Sturm zur Küste südöstlich des Dorfes. Auf einem schmalen Streifen Eis, das sich zwischen der Küste und dem offenen Meer entlangzog, liefen wir dahin. Die Eisdecke war noch frisch, deshalb wurde das Eis mit einem Unaak – ein langer Stock mit einer Metallspitze und am anderen Ende mit einem Haken versehen – von uns ständig untersucht. Für den arktischen Eisjäger ist dieser Stock unentbehrlich.

Aber William war mißtrauisch geworden und meinte: ,,Wir bleiben besser von dem Eis weg, ich bin nicht davon überzeugt, daß wir darauf weiterlaufen können." Ich gab ihm Recht und blieb in sicherem Abstand, denn ich wußte aus Erfahrung, daß die Schönheit und die Wunder der Arktis die Gefahr ständig als Begleiter haben. Ich war noch mit diesen Gedanken beschäftigt, als W. plötzlich vor mir durchbrach. Er hatte aber die Gefahr sofort erkannt und Arme und Hände gespreizt, so daß das Eis ihn tragen konnte. So schnell ich konnte, legte ich mich neben ihn und reichte ihm den Unaak. Die Gefahr war gebannt, und ich konnte ihn schnell herausziehen. Wir eilten nun so schnell wie möglich nach Point Hope zurück. Dieser Zwischenfall war eine ernste Mahnung und hätte auch anders ausgehen können. In seine Kamera war Wasser eingedrungen, was aber weiter nicht schlimm war. Später hatten wir den Schaden bald beseitigt. Der Ernst der Lage war auch bald vergessen, aber W. sorgte für reichlich Gesprächsstoff im Dorf und wurde von nun an von den Eskimos ,,der schwimmende Eisbärenjäger" genannt.

Inzwischen hatten die Eskimos nördlich vom Dorf einen Bären ausgemacht, so daß uns das Jagdfieber wieder mächtig packte. Wir fuhren am nächsten Morgen in diese Richtung los, um vom nächsten Eisberg nach dem Bären Ausschau zu halten, der aber inzwischen das Weite gesucht hatte. Wir wollten aber nicht aufgeben und verfolgten die Fährte in nördlicher Richtung.

Der Sturm hatte das Eis unregelmäßig aufgewühlt und umgestülpt und zu bizarren, mächtigen Gebilden aufgestapelt, so daß es für uns sehr schwer war weiterzukommen. Die Hundegespanne wurden deshalb an sicheren Eisblöcken festgemacht. Unsere Eskimos meinten, daß sie selten so rauhes Eis erlebt hätten.

Die Bärenfährte hatten wir gefunden. Sie ging aber weit ab vom Land ins Treibeis, das sich mit ziemlicher Geschwindigkeit ins Meer hinaus bewegte. So mußten wir aufgeben. Eisgebilde in jeder Form, Größe und Stärke, bizarre Brocken trieben in der schäumenden Gischt des Meeres. Mit einem krachenden Bersten stießen viele dieser mächtigen Gebilde auf das feste Küsteneis, auf dem wir standen. Mit gewaltigem Getöse stapelte sich das Eis auf, um an anderer Stelle durch unheimliche Kräfte wieder weggerissen zu werden.

Wir wurden von diesem schaurig-schönen Naturereignis ganz in den Bann gezogen und hatten darüber beinahe die Eisbären vergessen, wegen denen wir ja eigentlich hier waren. Aber wir gaben die Hoffnung nicht auf, daß der Bär auf einem Eisbrocken vorbeitreiben würde.

Ab und zu sah ich mich aber auch zum Festland um, um mich zu vergewissern, daß der Eisberg, auf dem wir standen, nicht inzwischen in Bewegung geraten war. Wir wußten aus Erzählungen, daß so mancher Jäger abgetrieben und nicht mehr gesehen worden war. Die Wenigen aber, die gerettet wurden, mußten wochenlang eine entsetzliche Zeit auf dem Eis verbringen. Wir waren gezwungen, den ganzen Tag in der Hütte unserer Eskimofreunde zu verbringen. In der Nacht ließ der Sturm etwas nach. Gebannt lauschten wir in die Nacht hinaus und konnten kaum schlafen, denn wir rechneten mit gutem Jagdwetter für den nächsten Morgen. Das Quecksilber zeigte 30 Grad minus an. Längst war einer unserer Eskimofreunde auf dem Weg zur Küste, um das Eis auf seinen Zustand zu überprüfen. Er brachte gute Nachricht mit und meinte, das Eis sei solide, aber durch den Sturm unregelmäßig zusammengetrieben, weshalb wir auf die Hundeschlitten verzichten mußten. Zu Fuß ging es wieder durch die Eiswüste; endlich entdeckten wir eine Bärenfährte. Wir waren aber zu Umwegen gezwungen, da mächtige Eisgebilde uns den Weg versperrten. Öfter entdeckten wir auch Robben, was uns die Hoffnung gab, daß wir auch einen Bären sehen würden.

Durch die vielen Umwege, die wir machen mußten, hatten wir die Bärenspuren bald verloren und beratschlagten, was zu tun sei. Wir kamen bald zu der Meinung, daß die beste Chance sein würde, wenn wir nach Cape Lisburne mit dem Schlitten über das Festland fahren würden. Wir waren uns aber auch darüber klar, daß es eine schwierige Fahrt werden würde, denn etwa 60 Meilen waren zu bewältigen, wobei auch die recht rauhen Lisburne Hills durchquert werden mußten.

Als endlich die Schlitten, schwerbeladen mit unserer ganzen Ausrüstung, Zelte, Verpflegung, Ersatzkleidung und vieles andere mehr, beladen waren, starteten wir wieder voller Hoffnung.

Wir kamen auch recht schnell voran und hatten schon die ersten Hügel erreicht, als wir plötzlich von einem Schneesturm überrascht wurden, der unsere ganze Hoffnung über den Haufen warf. Der eisige Sturm zwang uns, unsere Mützen fest über den Kopf und über das Gesicht zu ziehen, während sich unsere tapferen Hunde gegen den tobenden Sturm stemmten und von diesem immer wieder hochgerissen wurden. Die Tiere waren bald in Schnee und Eis gehüllt und sahen nichts mehr. Wir waren deshalb gezwungen, immer wieder anzuhalten und ihre Schnauzen und Augen abzureiben. Entmutigt mußten wir den Schlitten anhalten und aufgeben. Die Hunde rollten sich zusammen, schlugen ihre buschigen Ruten um die Nase und ließen sich ganz einfach einschneien. Sie schliefen fest in ihrem dicken Fell. Für uns waren es bange Stunden, und wir waren heilfroh, als der Sturm endlich etwas nachließ. Wir entschlossen uns, nun zu dem Akalolik Creek Valley weiterzufahren, denn wir glaubten, daß wir dort mehr Schutz gegen den Schneesturm haben würden. Im Moment befanden wir uns auf einem flachen Plateau und waren gänzlich dem Sturm ausgeliefert.

Bis zum späten Nachmittag kamen wir auch ganz gut vorwärts, aber dann tobte der Sturm aufs neue, so daß die Hunde nicht mehr vorwärtskamen. Zum Glück fanden wir eine Schneewand, hinter der wir nun Schutz suchten. Mit Hilfe der Eskimos bauten wir innerhalb einer Stunde zwei recht komfortable Iglus. Die Eskimos hatten zwei 8×10 Fuß große Rechtecke markiert, während wir aus der Schneewand große Bausteine heraussägten. Jeder Schneeblock wurde auf den anderen gesetzt, bis ein Haus mit vier Wänden, zwei Giebeln und einer schmalen Öffnung entstanden war. Als First für jedes Schneehaus verwendeten wir unsere starken Eisstöcke. Über das ganze Gebilde spannten wir unsere Zelte. Als Matratzen dienten die Cariboufelle, auf denen wir saßen. Unsere Schlafsäcke gaben uns sicheren Schutz gegen die Kälte. Bald kochte auf unserem Yukonofen eine heiße Suppe. Die Hunde bekamen währenddessen eine große Portion Robbenfleisch.

Wir waren recht guter Dinge, und der Älteste unter uns – er war immerhin schon 58 Jahre – meinte: Das macht wirklich Spaß. Er hat übrigens die schweren Jagdtage sehr gut überstanden. Unser Iglu war ausgefüllt mit heißen Dämpfen der Suppe, Kaffee und der eigenen Ausdünstung.

In der Nacht schneite es. Am nächsten Morgen präsentierte sich das Wetter etwas besser. Wir beluden unsere Schlitten, spannten die Hunde davor und fuhren weiter zum Akalolik Valley. Aber immer wieder blieben wir in den Schneewehen hängen und kamen nur schlecht vorwärts. Wir waren deshalb recht froh, als wir eine Höhe erreichten, deren Kuppel vom Sturm blankgefegt war. Und doch mußten wir höllisch aufpassen, denn

Oben: Der gewaltige braune Vetter des Schwarzbären, der Grizzly (Foto McKinley-Park).

Unten: Blick auf das gewaltige Denali-Gebirge, dessen Gipfel sich meist in Wolken verbirgt. Im Vordergrund ,,brush" (Weiden- und Espengestrüpp) in prächtiger Herbstfärbung. Hier haben Elche reichlich Äsung.

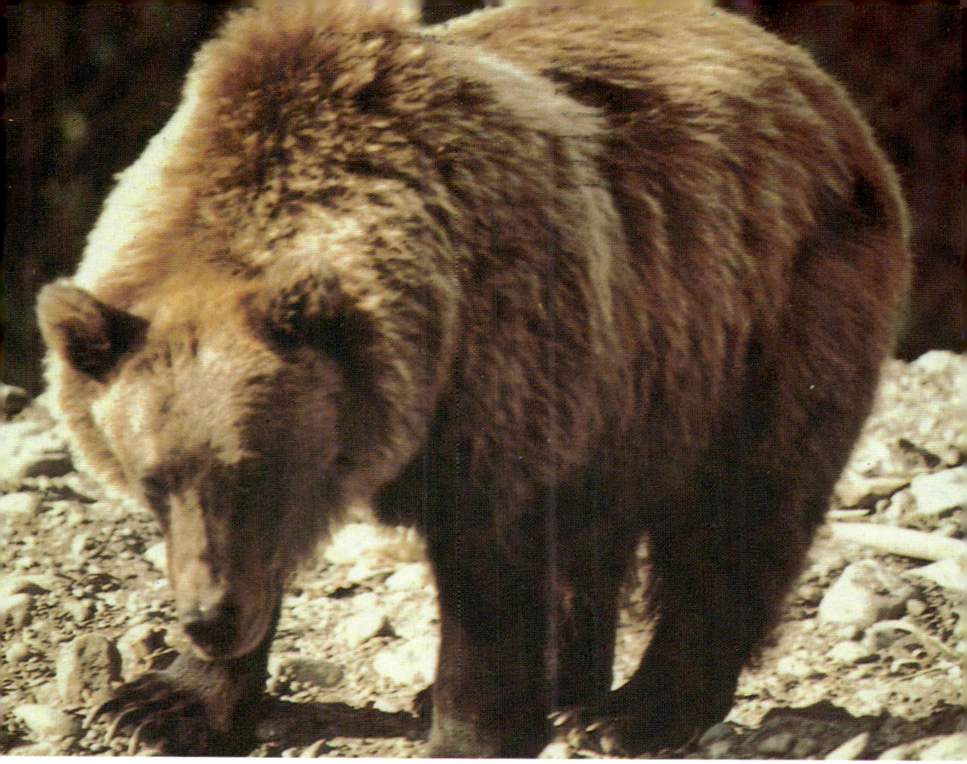
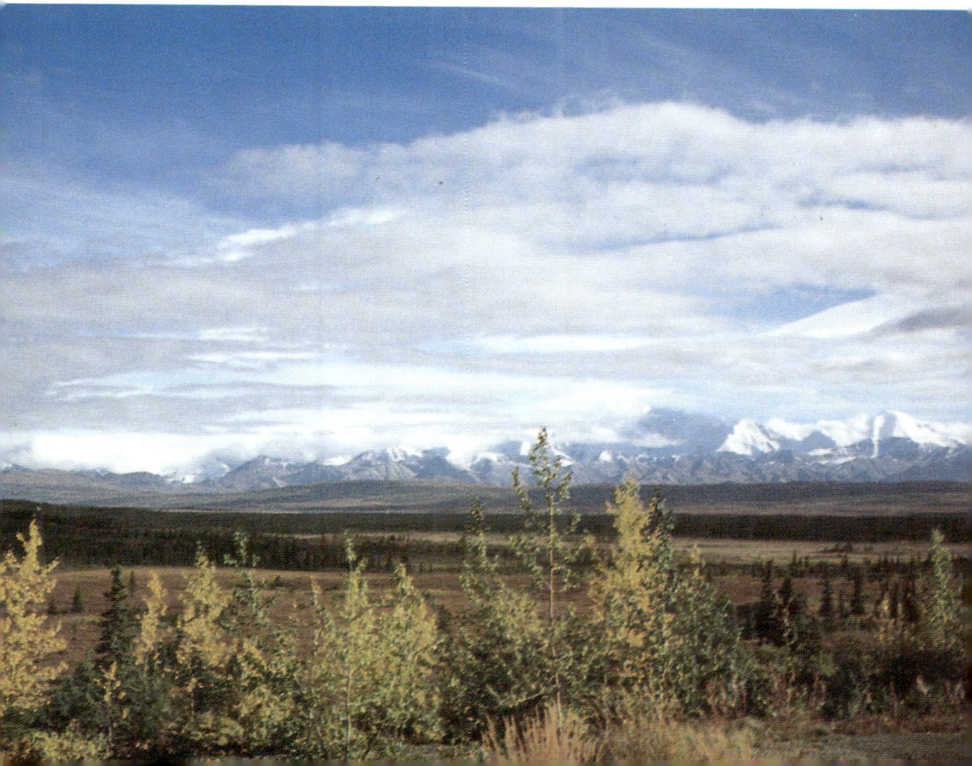

das Gestein war vereist und glatt. Deshalb änderten wir unsere Fahrtrichtung und versuchten der Küstenlinie zu folgen, um nach Cape Lisburne zu kommen.

Unterwegs entdeckten wir ein kleines Caribou-Rudel, das auf einem Hügel – mit wenigen Willows (Zwergweiden) bestockt – äste. Auch einige Ptarmigans (Schneehühner) beobachteten wir unter den Weiden sowie zwei Rotfüchse, die in weiter Ferne vorbeischnürten.

Zunächst erreichten wir Cape Dyer und machten kurz Rast. Mit den Gläsern suchten wir das Eis nach Bären ab. Zu unserem Glück war das Eis weich und dick. Wir kamen nun gut vorwärts und erreichten in ein paar Stunden Cape Lisburne.

Aber unsere Freude war von kurzer Dauer, denn sehr bald waren wir von mächtigen Eisgebilden umgeben, die uns das Vorwärtskommen sehr erschwerten. Erst wieder in der Nähe von Point Hope entdeckten wir einige Fährten, ohne jedoch die Bären in Anblick zu bekommen.

Die Jagdtage neigten sich dem Ende zu; das Jagdglück stand uns nicht zur Seite, was wohl daran lag, daß in diesem Jahr das Eis sehr ungünstig war und die Wetterbedingungen besonders schlecht. W., der noch zwei Tage Zeit hatte, charterte sich ein Flugzeug und erlegte mit dieser Hilfe seinen Bären schon nach wenigen Stunden. Ich war froh, nicht dabeigewesen zu sein, denn ich sagte schon am Anfang, daß ich diese Jagdart ablehne. Aber ich gönnte W. seinen Erfolg."

Bernd hatte längst wieder einige Scheite Holz ins Kaminfeuer geworfen, als er seine Geschichte zu Ende erzählt hatte. Aber schon lange befiel mich eine Unruhe, denn ein seltsames Geräusch hielt meine Sinne wach. Die Temperatur war in der Nacht zuvor schon unter den Nullpunkt gesunken, und der Winter schien vorzeitig seinen Einzug zu halten. Als ich jetzt mit Bernd vor sein Blockhaus trat, funkelten die Sterne in einem gleißenden Licht. Gleichzeitig vernahmen wir ein schwingendes Singen und waren umgeben von einer kaum zu beschreibenden Vision des

Nur an ein Präparat eines Braunbären sollte man sich so nahe **heranwagen.**

Lichtes und der Töne. Sie bildeten eine schwingende Schicht, die wie dünnster Schleiertüll im gleißenden Licht am Himmel zu sehen war.

Langsam löste sich das helle Dunstgebilde auf, und das Land und die goldschimmernden Himmelskörper waren wieder von tiefer Nacht umgeben.

Wapiti – Wegbegleiter der Indianer

Landschaft und Tierwelt im Norden der Neuen Welt haben für den deutschen Jäger einen ganz besonderen Reiz: Die Natur dort und viele ihrer wildlebenden Bewohner ähneln vertrauten heimischen Formen, sind aber oft ins Riesenhafte gesteigert. Mächtige Gebirge, gewaltige Flüsse, Tausende Seen, dazwischen die weiten Flächen der Hochmoore und Tundren sind die Heimat von Wildarten, die uns als riesige Vettern des Wildes erscheinen, das in Europa beheimatet ist oder – wie das große Raubwild – beheimatet war und heute bei uns längst verschwunden ist. Ich denke da an den Kodiakbären oder an den Alaska-Riesenelch oder an das weiße Bergschaf. Vor allem aber auch an den nordamerikanischen Rothirsch, den Wapiti oder ,,Elk", wie man dortzulande sagt.

Bei uns weiß man recht wenig von diesem Riesen des Nordens. Prof. Luth Heck schreibt über ihn: ,,Waidmann und Zoologe, der Mann im grünen Rock und der der Wissenschaft, jeder hat seine eigene Art, die Tierwelt zu betrachten. So wird der Rothirsch von jenem als das edelste Wild unserer Wälder angesehen, das er in bestimmte Zusammenhänge mit jägerischen und hegerischen Vorstellungen bringt, während dieser ihn als Erscheinungsform innerhalb des mannigfaltigen Tierreichs unserer Erde erblickt."

Wer ein vollständiges Lebensbild des Hirsches erfassen will, kann sich nicht darauf beschränken, lediglich die eine oder die andere Betrachtungsweise anzuwenden, indem er entweder dem Jäger oder dem Zoologen dabei folgt! Erst in der Zusammenfassung der von beiden Seiten erarbeiteten Ergebnisse wird sich das Bild vom Leben des Rotwildes zu einem Ganzen runden.

Wer ferner unseren europäischen Hirsch verstehen will, der muß eine gewisse Kenntnis haben auch von den anderen Hirscharten, die es heute auf der Erde gibt. Ihr Studium macht viele Dinge deutlicher, die wir beim Rothirsch allein oft nur schwer erfassen können.

Der Rothirsch hat die Artbezeichnung *elaphus*, den Gattungsnamen *Cervus*, und zwar schon von dem ersten grundlegenden Schöpfer der im wesentlichen noch heute gültigen wissenschaftlichen Nomenklatur, von Karl Linné. *Cervus elaphus L.* ist dementsprechend der wissenschaftliche Name für unser Rotwild in lateinisch-griechischer Gelehrtenbezeichnung, die in der ganzen Welt gültig und verständlich ist.

In der großen Hirschfamilie unterscheidet man üblicherweise aufgrund anatomischer Merkmale zwei verschiedene Reihen. Die eine Gruppe umfaßt die vielen amerikanischen Hirscharten mit Ausnahme des Wapiti, ferner das altweltliche Reh, das Ren und den Elch. Die andere Gruppe besteht aus sämtlichen anderen europäischen und asiatischen Hirscharten und dem nordamerikanischen *Wapiti*.

Die asiatischen Hirsche leiten allmählich zum riesigsten Vertreter, dem nordamerikanischen Wapiti, über, der in seiner Heimat „Elk" heißt, was oft zu Verwechslungen mit dem Elch führt (der aber in Amerika „Moose" genannt wird).

Diese asiatischen und amerikanischen Formen gleichen einander und der europäischen Form doch so sehr, daß sie neuerdings alle unter der Artbezeichnung *Cervus elaphus* wissenschaftlich-systematisch als geographische Rassen und zu einer einzigen Art „Rothirsch" zusammengefaßt werden. Alle Übergänge vom westeuropäischen Rothirsch über den asiatischen Maral bis zum Wapiti sind vorhanden. Die Wapitis sind also nächste Verwandte unseres Rothirsches. Sie werden nach Körper und Geweih als ältere Form angesehen, während unser Edelhirsch mit dem schönsten Schmuck seines Geweihes, der Becherkrone, sich erst ausbilden konnte, als sein jetziges Verbreitungsgebiet nach Ende der Eiszeit von ihm neu besiedelt wurde. Daher wird er als jüngste Form unter allen Hirscharten aufgefaßt.

Ursprünglich ist der Wapiti in Nordamerika nicht heimisch gewesen, sondern wanderte, wie auch andere Tiere, zu einer Zeit nach Amerika ein, als in der Gegend der heutigen Beringstraße noch eine Landverbindung zwischen der Alten und der Neuen Welt bestand. Auch die Menschen Amerikas – die Indianer – sind übrigens auf dem gleichen Wege dorthin gelangt und sind mit den mongolischen Volksstämmen Nordost-Asiens in ähnlicher Weise verwandt wie der Wapiti mit den asiatischen Großhirschen.

Man findet die Wapitis meist im lichten, schütteren Waldbestand. Im Sommer ziehen sie, sicher wegen der feuchten Wärme und der Moskitos, höher in die Berge und kommen dann im Herbst in die tieferen Lagen zurück. Das Gewicht des Wapitihirsches erreicht 500 kg; das starke Geweih kann 25 kg wiegen. Die

Farbe des Wapiti ist im Sommer rötlichgelb mit weithin leuchtendem weißen Spiegel, die Läufe sind innenseits bis an die Schalen fast weiß, nach außen zeigen sie ein helles Semmelgelb. Die Winterfarbe unterscheidet sich kaum von derjenigen unserer deutschen Rothirsche, ist im ganzen eher noch dunkler. In der Brunft, die fast zur gleichen Zeit stattfindet wie bei unserem Rotwild, klingt durch die Urwälder ein lockender Pfeifton, der sich schlecht beschreiben läßt. Die beste Vorstellung bekam ich, als der begleitende Indianer einer selbstgebastelten Flöte diese melodischen Pfeiftöne entlockte und, wie ich der Antwort eines Wapitihirsches entnahm, haargenau nachahmte. Es sind herrliche Momente, wenn die Stille und Einsamkeit der unendlichen Wälder durch diesen Brunftruf unterbrochen wird, der freilich mit dem gewaltigen Röhren unserer Hirsche nicht zu vergleichen ist.

Der Wapiti war einst von Mexiko bis Alaska über ganz Nordamerika verbreitet. Auch diese Tierart ist zum Teil ein Opfer der Zivilisation geworden, denn als die Kolonisten immer mehr vorrückten, verschwanden die Wapitis, d. h., sie wanderten in die Kochtöpfe der Siedler.

Die Wapitis wurden allmählich in die unwirtlichen Berge zurückgedrängt, wo besonders in den harten Wintern viele umkommen. Man hat aber die Gefahren rechtzeitig erkannt und deshalb große Schutzgebiete geschaffen. So leben z. B. im Staat Wyoming in dem Schutzgebiet „Jackson Hole" etwa 20.000 Wapitis, die im Winter gefüttert werden. Kommt dann die Frühjahrssonne, ziehen sie wieder in ihre Einstände in die Berge.

In den Kanadischen Provinzen Britisch-Kolumbien und Alberta sind ihre Bestände dank des Wildschutzes normal. In Alaska kommen sie nur auf den Inseln Raspberry und Afognak (der Insel Kodiak gegenüberliegend), überwacht durch die Wildschutzbehörde, vor. Der Abschuß ist geregelt und fällt in die Zeit vom 15. September bis 30. November, aber örtlich verschieden.

Wir bewegten uns im Staate Alberta, an der Grenze zu Britisch-Kolumbien. Unser Jagdgebiet lag etwa 300 km flußaufwärts des Smoke-River. Wir erreichten einen Punkt, von wo die Fahrt mit einem flachen „Riverboat" den Fluß aufwärts zu dem vorbereiteten Zeltlager ging, das wir nach vier Stunden erreichten. Der Fluß führte wenig Wasser, die Steine ragten beängstigend aus dem wild-reißenden Wasser. Wir waren naß und durchgefroren, denn mittlerweile hatte es auch geschneit – und das Mitte September.

Auf einer kleinen Insel im Fluß lag das Zeltcamp. Drei Zelte für die Jagdgäste, zwei für die Indianer und ein orangefarbenes Gemeinschaftszelt, in dem Oliver, der Koch, für uns wirkte. Um einen breiten Tisch versammelten wir uns alle: fünf Indianer, fünf Jagdgäste, Dan, der Horse-Boy, und Mac, der Outfitter. Zwölf Mann, die täglich von Oliver verpflegt werden wollten. Schon früh um 4 Uhr hörten wir ihn werken, und wenig später kam Mac in unser Zelt, um den Ofen anzuheizen, denn in der Nacht war es schon empfindlich kalt.

Ein steiler Anstieg stand uns am nächsten Morgen bevor. Aber es begann verheißungsvoll, denn Jo, unser Führer, tat so, als wären die Hirsche bald vor uns. Als wir über eine Lichtung in den Urwald einbogen, sahen wir plötzlich hochflüchtig einen Wolf. Leise ging es dahin, bis plötzlich Jo ein Nieskonzert vom Stapel ließ. Mit meinem Jagdfreund wechselte ich bedenkliche Blicke, denn wir konnten uns nicht vorstellen, daß das Wild hier schwerhörig sei. Jo winkte ab, als er unsere Sorge merkte. Die nächste halbe Stunde blieb es ruhig. Aber plötzlich sahen wir im hohen Holz eine Bewegung: ein schwacher Wapitihirsch! Wir waren begeistert, daß schon nach zwei Stunden das gesuchte Wild vorkam.

Wenn wir gewußt hätten, daß dieser Hirsch für lange Zeit der einzige sein würde, den wir in Anblick bekamen, ich weiß nicht, was wir getan hätten. Hier und da sahen wir Trittsiegel von Bären und Wölfen. Als wir am Abend ins Camp zurückkamen, waren wir hochbeglückt, denn die Mittagsrast irgendwo unter einer Silberfichte hatte uns den Anblick eines Schwarzbären beschert, wenn auch recht weit entfernt. Nur die träge Art unseres guten Jo stimmte uns bedenklich; doch waren die anderen Indianer, wie wir später hörten, eher noch phlegmatischer.

Die zwei folgenden Tage unter Joes Führung fielen nicht besser aus. Im Gegenteil, wir sahen überhaupt kein Wild mehr. Die fünf Gruppen wurden täglich zu Fuß oder zu Pferde von Mac planlos losgeschickt, wobei sich die Trupps oft begegneten. Kurzum, auch die Amerikaner wurden langsam sauer, aber Mac änderte nichts.

Endlich kam ich zu dem ersehnten Erlebnis. Mac sagte: „Heute gehst du mit deiner Kamera mit Ronald King." Ronald – ein kleiner, krummbeiniger Amerikaner – war von Beruf Ingenieur und stammte aus dem Staate Wyoming. Ein drahtiger Bursche, mit dem ich gerne zur Jagd ging. Mac hatte uns Jim, einen von den Indianern, mitgegeben. Es war uns egal, wer uns führte. Jedenfalls hatten diese Kerle eine gute Orientierungsgabe, um wieder zurückzufinden, aber das war auch alles. Wir hatten uns längst abgewöhnt, uns auf die Indianer zu verlassen, denn die ewige Husterei und das gleichgültige Gehabe konnten keinesfalls zum jagdlichen Erfolg führen. Der Horse-Boy Dan hatte längst drei Pferde gesattelt, und nach dem üblichen Palaver waren wir endlich gegen 7 Uhr früh aufgesessen. Wir ritten über den Fluß eine schmale Schneise hinauf durch einen Silberfichtenbestand. Es herrschte tiefe Stille, nur unterbrochen von dem Klopp-Klopp der Pferdehufe auf dem weichen Boden. Als aber der Indianer wieder einmal einen Hustenanfall losließ, gaben wir ihm zu verstehen, er möchte uns in gutem Abstand folgen.

Mittlerweile war die Sonne durchgekommen und ließ die Unendlichkeit der Wälder in der ganzen Farbenpracht des Indianersommers glühen. Inzwischen waren wir schon drei Stunden unterwegs und hielten Ausschau nach einem Platz, der uns und den Pferden nach dem anstrengenden Ritt etwas Ruhe geben sollte. Ja – und dann, etwa 100 Meter vor uns, bewegten sich die Spitzen des Jungholzes, ein mächtiger Schatten hob sich ab, und ich hörte leichtes Anstreifen des langsam ziehenden Wildes. Wir hielten den Atem an, und das Herz klopfte bis zum Hals. Wir erkannten einen Wapitihirsch und sahen, daß ihm noch andere folgten. Den amerikanischen Freund hatte das Fieber gepackt, und ich richtete meine Kamera.

Das Rudel bewegte sich zwischen dem Wirrwarr von gefallenen Bäumen, Espen- und Weidengebüsch fast auf der Stelle. Auf leisen Sohlen und bei gutem Wind hatten wir uns an das Wurzelwerk eines Fallbaumes herangearbeitet und krochen hinauf. Wohl konnten wir jetzt besser in das Gewirr der Sträucher und Äste einsehen, aber immer noch hieß es abwarten, denn das Wild stand verdeckt. Etwa 20 Minuten thronten wir oben, verkrampft Ausschau haltend, als wir den starken Hirsch wieder in Anblick bekamen. Ronald zögerte aber immer noch, denn er hatte die Lizenz für nur einen Hirsch; es konnte ja noch ein besserer kommen. Als er noch mit dem Entschluß kämpfte, dem Hirsch die Kugel anzutragen, wendete ich langsam den Kopf etwas nach rechts und sah, daß im Astgewirr ein anderer Hirsch auftauchte, der an Pappelknospen äste. Daß wir uns mitten unter dem ahnungslosen Wild befanden und es ungestört beobachten konnten, ließ uns alles vergessen. Es fiel uns richtig schwer, diese Idylle zu stören.

Der Hirsch zog langsam, bei jedem Schritt an einer Knospe

naschend, auf etwa 150 Gänge an uns vorüber. Als er frei war, schoß Ronald. Mit einem Aufbäumen quittierte der Hirsch seinen Schuß, machte eine kurze Flucht, trat einige Male hin und her und brach dann verendend zusammen, während das übrige Wild prasselnd durch den Wald floh.

Dann war tiefe Stille. In der Erregung, die wir durchatmend niederkämpften, drückte ich dem amerikanischen Jagdfreund die Hand und wünschte ihm „Waidmannsheil". Der Indianer war nun auch im Anmarsch. Dann standen wir vor dem Gestreckten, während der Indianer ins Camp zurückritt, um die Packpferde zu holen.

Die nächsten Tage fesselten uns ans Camp, denn ein mächtiger Schneesturm kam in der Nacht auf und ließ unsere Zelte fast im Schnee versinken. Mehrere Male brachte der Sturm den Blechschornstein unseres Ofens ins Wanken, weshalb wir oft im dicken Qualm saßen, bis wir mit vereinten Kräften das Rohr wieder gerichtet hatten. Die Zwangspause tat uns gut. Die Zeit vertrieben wir uns mit Lesen und kleinen Ausflügen im Schnee. Wir übten uns als Holzhacker, und einer der Indianer musizierte auf seiner Geige mit Mac und seiner Mundharmonika um die Wette.

Als dann der Schnee nach vier Tagen nachließ, wollte Mac den Versuch machen, uns mit Pferden in eine andere Gegend zu bringen. Das neue Unternehmen gab uns Auftrieb, und wir waren guter Dinge. Wir mußten über einen Höhenrücken durch tiefe Wälder. Aber schon nach zwei Stunden blieben die Pferde bis zum Bauch im meterhohen Schnee stecken. Nach kurzer Beratung ging es wieder zurück ins Camp, das wir spät am Abend müde und enttäuscht erreichten.

Sechzehn harte Jagdtage, an die wir trotz mancher Enttäuschung gerne zurückdenken, gingen zu Ende.

Wenige Tage nachdem Ronald den starken Wapiti erlegt hatte, brachte mein Freund noch einen recht guten Elch zur Strecke, und auch dieses Erlebnis hielt ich mit der Kamera fest. Die Vorboten des grimmigen Nordwinters vertrieben uns aus den Urwäldern, die nun für lange, harte Monate wieder den Wapitis und Elchen, den Wölfen und Schwarzbären allein gehörten.

Caribous – ewige Wanderschaft

Das Caribou (Karibu) ist das wilde Rentier Nordamerikas. Sein Name aus dem Indianischen bedeutet ,,Scharrer``. Im Winter scharrt es mit den Läufen und auch mit dem Geweih die spärliche Äsung aus dem Schnee. Seine liebsten Einstände sind übersichtliche weite Moorgebiete in den Tundren, Windbrüche und schwer zugängliche Waldungen. Als Äsung bevorzugt es Moose und Flechten.

Im Frühjahr ziehen die Tiere zu Tausenden auf uralten Wechseln zum hohen Norden, um in der Einsamkeit der Tundren den Sommer zu verbringen. Im Herbst, bei einsetzender Kälte, wandern sie auf demselben Wege nach Süden in die Wintereinstände in mehr bewaldete Gebiete.

Der Caribouhirsch wird bis zu 350 kg schwer. Die wesentlich kleineren weiblichen Tiere schieben ebenfalls alljährlich ein Geweih, aber viel schwächer als die Hirsche. Der ,,Boone and Crockett Club``, maßgebend für die Trophäenbewertung in den USA und Kanada, unterscheidet vier Rassen:

1. WOODLAND CARIBOU (in den Provinzen Neubrunswick und Neufundland, Kanada)

2. QUEBECK-LABRADOR-CARIBOU (in Quebek und Labrador, Kanada)

3. MOUNTAIN CARIBOU (in Alberta und Britisch Kolumbien, Kanada)

4. BARREN-GROUND-CARIBOU (in den Tundren Alaskas)

Als ich die kapitalen Geweihe mächtiger Caribouhirsche zum erstenmal im Mount-McKinley-Park in Alaska in Anblick hatte und das majestätisch an mir vorbeiziehende Wild beobachtete, wußte ich, daß ich hierauf eines Tages jagen würde. Mein Wunsch ging in Erfüllung.

Den Caribous folgen die Wölfe, gleich ob der endlose Strom der Tiere im Frühjahr zum Norden oder im frühen Herbst zum Süden zieht, sie haben einen weiten Weg. Viele gelangen nicht ans Ziel, denn ihr Fleisch ist begehrt, auch von den Wölfen, die schwache und kranke Stücke reißen. Wir – meine Frau und ich – haben hoch im Norden Alaskas, nördlich des Polarkreises, darauf gejagt und einiges von dem geheimnisvollen Leben dieser mächtigen Tiere mitbekommen.

Als wir im Eßzelt mit unseren Jagdkameraden am Abend zusammensaßen, vernahmen wir plötzlich Lärm, der mit dem Sturm aus dem Norden kommend, zu uns drang. Bereits Anfang August waren das schon die ersten Schneestürme. Fast gemeinsam stürzten wir zum Zelteingang und sahen, über die Tundra aus Norden kommend, die Spitzengruppe eines Caribou-Rudels, das fast auf uns zukam, und das in eiligen Schritten nach Süden strebte. Der harte Boden resonierte mit eigenartigen Lauten das Geklapper der Hufe des Wildes, was eine eigenartige Geräuschkulisse abgab. Es war der Vortrupp, dem noch Tausende Stücke folgen sollten, die alle wegen des verfrühten Winters über das Gebirge der Brooks Mountains zu den südlich gelegenen Tundren strebten. Hier werden sie Äsung für die harte Zeit des Winters vorfinden und können dann danach scharren.

In früheren Zeiten bevölkerten einige Millionen Caribous das riesige Land. In den Tundren fanden sie genügend Äsung vor, auch im Winter, wo sie ihr Lieblingsfutter, die Flechten, die unter den Fichten der Taiga gedeihen, fanden. Erst als die Weißen ins Land kamen, begann der Untergang für viele dieser Tiere. Als gar auch die Eskimos, ausgerüstet mit den Schußwaffen der Weißen, zur Jagd zogen, begann ein schreckliches Morden unter den Caribous. Noch schlimmer kam es für den Bestand dieses herrlichen Wildes, als um die Jahrhundertwende die Goldgräber rücksichtslos von dem Land Besitz ergriffen, die Bäume fällten und in ihrem Rausch nach dem Gold riesige Wälder in Brand steckten.

Damit verbrannte aber zugleich die Winteräsung der Caribous. Wer das Land kennt und weiß, daß große Teile unter ewigem Eis liegen, weiß auch, daß es mehrere hundert Jahre dauert, bis das vernichtete Land wieder zu Äsungsgebieten herangewachsen ist.

Schließlich waren auch die Walfänger nicht unbeteiligt, die systematisch ausrotteten. Das hatte zur Folge, daß die Eskimos, die seit Menschengedenken von dem Tran und Fleisch dieser Tiere lebten, nun gezwungen waren, auch Caribous zu jagen.

Gleichzeitig brachten aber die weißen Eroberer Krankheiten mit ins Land, denen ungezählte Eskimos zum Opfer fielen.

Als dann nach der Goldrauschzeit wieder geordnete Verhältnisse folgten, war von den riesigen Caribou-Herden kaum noch etwas übrig. Man brachte etwa tausend europäische Rentiere nach Alaska, um die Restbestände der Caribous aufzufrischen. Mit dieser kleinen Population hatte man Erfolg, so daß in den dreißiger Jahren wieder etwa 50.000 Stück ihre Fährte zogen. Die Winterweide, die durch die Brände vernichtet war, hatte sich aber längst noch nicht erholt, so daß in den darauffolgenden Jahren viele Tiere verhungern mußten. In den fünfziger Jahren zählte man dann als Restbestand etwa 30.000 Stück.

Glücklicherweise brennt aber die arktische Tundra nicht! Das Vernichtungswerk der Flammen konnte sich nicht über das steinige und baumlose Gebirge der Brooks Range ausbreiten und auch nicht die nördlich gelegene Tundra erreichen. Im Laufe des Jahres wurde das Land dort üppig und grün, Schilfgras und Strauchwerk, besonders auch die niedrigen Zwergweiden siedelten sich an und bilden heute die Äsung für Tausende Caribou während der kurzen Sommermonate.

Längst hatten wir unsere Filmkamera in Stellung gebracht, und mit dem Blick in die unermeßliche Weite der vor uns liegenden Tundra und der schneebedeckten Bergriesen um uns beobachteten wir die Caribous auf ihrem Wanderweg. Sie hatten es eilig, um die Täler und hohen Pässe zu überqueren, denn der Weg bis in die neuen Äsungsgebiete war noch weit.

Die Rudel wurden jeweils von einem Leittier geführt, das den richtigen Weg fand und dem sich die übrigen Tiere unterordneten, denn manches Hindernis war auf ihrem langen Weg zu überwinden.

Manchmal überholte ein Tier das andere. Hier säugte ein Tier sein Kalb, während gleichzeitig ein starker Hirsch vorbeizog, der maulwurfsgrau mit silberglänzenden Streifen am Leib und schneeweißer Pelzwamme und einem mächtigen Geweih die Verkörperung geschmeidiger Kraft abgab. Fließend bewegte sich die Kolonne, man spürte die unbändige Kraft, die in den Leibern dieses mächtigen Stromes steckte. Während das gleichmäßige Klopp-klopp-klopp der Hufe und der knackenden Gelenke einen eigenartigen Lärm verursachte, stand die arktische Sonne hinter den weißen Bergen und warf dunkelblaue Schatten auf die Schneefelder.

Erst gegen Morgen ebbte der Strom, der aus dem Norden kam, ab, und erst nach vielen Stunden, als auch die Nachzügler in Richtung Süden verschwanden, trat wieder Ruhe in dem einsamen Land ein. Wir waren überwältigt von diesem Naturereignis. Aber noch war das Schauspiel nicht zu Ende, denn nun sahen wir auch Wölfe über die Tundra heranwechseln. Rechts von uns sechs, während fünf andere aus einer Seitenschlucht kamen. Ein einzelner Wolf war hinter einem Jungtier her. Aber die Caribous sind schneller als die Wölfe. Nur die kranken und schwachen werden von ihnen gerissen.

Aber was ist das? Das gehetzte Stück wird langsamer, der Wolf ist nur noch wenige Meter hinter ihm, als es plötzlich stehenbleibt. Jetzt sehen wir einen anderen Wolf in schnellem Lauf auf das Opfer zukommen. Er springt mit einem langen Satz auf das Caribou zu und verbeißt sich in dessen Äser. Gleichzeitig hat der erste Wolf seinen Fang in einen Hinterlauf des wie gelähmt dastehenden Tieres geschlagen, das nun wie wild versucht die Angreifer abzuschütteln, was ihm auch zunächst zu gelingen scheint. Der erste Wolf fliegt im Bogen davon, fängt sich aber blitzschnell und attackiert sein Opfer erneut an den Hinterläufen, während plötzlich ein dritter Wolf aus den Zwergweiden stürmt und mit voller Wucht das Tier von der Seite anspringt, so daß es von den Läufen kommt und umfällt. Schon ist einer der Räuber über ihm und verbeißt sich in der Drossel, während die anderen schon an der Bauchdecke reißen, man sieht die Fetzen fliegen. Das Opfer wehrt sich verzweifelt, seine Läufe machen gewaltige Anstrengungen, man sieht sie nur in der Luft, sie finden keinen Halt, langsam scheint das Stück zu erschlaffen, die Lebenskraft läßt nach. Es dauert auch nicht lange, da rührt sich der Körper nicht mehr.

Das Caribou war sicher krank, sonst hätten die Wölfe es nicht so schnell zu Boden gezwungen. Ich merkte jetzt erst (den anderen ging es ebenso), daß ich am ganzen Leibe zitterte, meine Hände waren feucht. Jetzt kommen noch zwei Wölfe aus den Weiden, die sich am Fraß beteiligen. Sie reißen die Bauchdecke auf.

Wir erleben etwas Schauriges, aber es ist ein natürlicher Vorgang in der Wildnis. Wir haben gesehen, mit welcher Schläue und Kühnheit sich die Wölfe verhalten, wenn sie spüren, daß ihr Opfer zu bezwingen ist. Oft müssen sie lange auf eine solche Gelegenheit warten und sind viele Meilen unterwegs, um ihren Hunger zu stillen.

Dennoch, wir waren tief beeindruckt und nachdenklich, frohe Stimmung kam an diesem Abend nicht mehr auf. Noch lange blieben wir wach in unseren Schlafsäcken und lauschten in die Nacht. Die Wölfe waren bei ihrem Opfer, wir hörten sie heulen, den uralten Gesang der Wildnis.

Immer noch beschäftigten sich meine Gedanken mit den Caribous, die, wenn sie erst einmal den Yukon überschritten haben und in der Nähe der Gravel Routes, der Schotterstraßen kommen, nun auch von den Fleischjägern gejagt werden. Gesetzliche Bestimmungen regeln den Abschuß, so daß ein Massenmorden, wie es in früheren Zeiten geschah, nicht mehr möglich ist. Erst wenn die ,,Licence", der Jagdschein, und die ,,Tags", die Wildmarken, erworben sind, kann der Jäger zur Jagd gehen. Der Abschuß wird entsprechend dem Bestand in den einzelnen Landesteilen durch das ,,Fish and Game Department" freigegeben, so daß zum Beispiel in einem Distrikt nur ein Caribou, in einem anderen bis zu drei pro Jäger erlegt werden dürfen.

Da die Fleischjäger in der Nähe der Straße jagen, fällt es den Wildschutzbeamten, die Zivilkleidung tragen, nicht schwer, die Abschüsse unter Kontrolle zu halten. Gut getarnt lauern sie auf Gesetzesbrecher. Der wildernde Jäger hat hohe und empfindliche Geldstrafen zu erwarten, die sehr schnell von den Behörden vollzogen werden.

Am 4. September gegen 15 Uhr war es endlich soweit! Whitey sagte: ,,In einer Stunde fliegen wir ins Caribou Camp." Ich war ziemlich aufgeregt, als ich meine Sachen zusammensuchte und in den Seesack stopfte. Der Flug mit der zweisitzigen Super-Cab über schneebedeckte Berggipfel der Talceetna-Mountains und viele Seen dauerte etwa 30 Minuten.

Wir landeten dann auf einer flachen Bergkuppe, wo Whitey – wie er erzählte – mit einem Freund die Landefläche etwas hergerichtet hatte. Das gröbste Gestein wurde entfernt, denn schon fünfzig Meter genügen dem kleinen Maschinchen zum Landen und Starten. Mit einigen Hopsern brachte er den Flieger schnell zum Stillstand. Ein eisiger Wind empfing uns, als wir in ein kleines Zelt, das etwa 100 Meter tiefer an einem Hang stand, unser Gepäck, die Gewehre und die Verpflegung schleppten.

Bald pirschten wir auf der Höhe, um nach Caribous Ausschau zu halten. Aber nun kam ein eiskalter Sturm auf, der einem die Tränen in die Augen trieb und mir fast das Glas aus der Hand riß. Trotzdem gaben wir nicht auf, denn von weitem sahen wir einige

Caribous, die unruhig hin- und herzogen. Der Sturm wurde unerträglich, so daß wir zum Zelt zurückeilten.

Plötzlich rief Whitey: ,,Caribous"! Ich dachte, er würde nur Spaß machen. Aber mein Staunen war dann wirklich groß, als nicht weit vor uns zwischen den Zwergweiden drei Caribous zogen. Es waren aber junge Hirsche. Aber der Sturm tobte wie ein Orkan. Deshalb schlug Whitey vor, in ein etwas größeres Zelt in der Nähe, das seinem Freund gehört, umzuziehen. Es war wirklich stabiler. Wir tranken heiße Schokolade und aßen ein Fertiggericht, die es in Alaska in hervorragender Qualität gibt und nur mit heißem Wasser aufgegossen werden.

Der Sturm tobte weiter. Mit allem, was ich anhatte, die Wollmütze auf dem Kopf, kroch ich schon gegen 20 Uhr in den Schlafsack. Ich hatte zwei Schlafsäcke ineinandergesteckt und fror so nicht. Auch der Sturm und das Schnarchen von Whitey hatten mich nicht gehindert, fest zu schlafen. Als er um 5 Uhr früh aus dem Zelt lugte, war das Land um uns tief verschneit. Aber gegen 8 Uhr, als die Sonne rauskam, taute alles schnell weg.

Whitey hatte währenddessen ein gutes Frühstück mit Speck und Rühreiern zubereitet, und ein starker Kaffee ließ die Lebensgeister wieder wach werden. Der Sturm hatte sich gelegt, und bald waren wir auf der Pirsch unterwegs.

Zwischendurch setzten wir uns auf das Moosgeflecht und auch ungewollt auf die Blaubeeren und hielten vom Berghang Ausschau mit den Gläsern. Mehrere Caribous, aber noch kein geeigneter für mich, hatten wir im Anblick. Auch hier und da Elche, die näher standen als die Caribous. Plötzlich sahen wir auch einen Grizzly von weitem, einen ,,Silvertip". Das Herz schlug mir bis zum Halse bei diesem Anblick. An diesem Tag kamen wir nicht an einen guten Caribouhirsch.

Der Sturm frischte am Abend wider auf, aber gottlob nicht so stark wie tags zuvor. Wir waren viel herumgekrakselt und auch vom vielen Schauen sehr müde, weshalb wir nach dem Abendessen uns bald in die Schlafsäcke rollten.

Der nächste Morgen empfing uns mit strahlend schönem Wetter; nicht einmal kalt war es. Auch heute hielten wir nach dem Frühstück wieder eifrig Ausschau von unserem Hügel. Plötzlich meinte Whitey: ,,Ich sehe einen guten, starken Caribou, aber weit, sehr weit." Auch ich hatte ihn endlich im Glas, und schon begann das Jagdfieber zu wirken. Wir versuchten ihn anzupirschen, der Wind stand gut. Wir mußten durch das Weidengestrüpp und die Heidelbeeren zunächst ins Tal, was eine Ewigkeit dauerte. Als wir dann die nächste Anhöhe erklommen, sahen wir den Hirsch wieder, und da sagte Whitey plötzlich: ,,Schießen!" Es war noch wahnsinnig weit. Ich flüsterte: ,,So weit habe ich noch nie geschossen."

Nach unten konnten wir nicht näher ranpirschen, da dann das Wild aus unserem Blickfeld in dem Willowgestrüpp verschwunden wäre. Um den Hirsch nicht aus den Augen zu verlieren, mußten wir auf eine nahe kleine Anhöhe pirschen. Mir wurde heiß dabei, denn die Sonne schien mit ganzer Kraft, und das Jagdfieber schüttelte mich mächtig. Aber bald fand ich einen geeigneten Platz, nur keinen Ast zum Anstreichen. Whitey hatte sich unsichtbar gemacht. Mir blieb nur übrig, mich zu setzen, und mit dem Ellenbogen auf den Knien abgestützt, brachte ich meine Mauser 9,3 × 64 in Anschlag.

Ich weiß nicht, wie ich die Aufregung bezwang. Aber in dem Bewußtsein, daß ich mich nicht blamieren wollte, wagte ich den Schuß über die sehr weite Distanz. Der Hirsch zeichnete stark und brach nach ein paar Sekunden zusammen. Schon hatte mir Whitey Waidmannsheil gewünscht, als der Hirsch sich wieder aus den Zwergweiden erhob. Mein zweiter Schuß ließ ihn wieder zusammenbrechen, doch schwerkrank wurde er wieder hoch. Nach ein paar Schritten hatte er auch meine dritte Kugel im Leben. Whitey, der nun neben mir stand, meinte: Caribous sind sehr zäh. Ich war schon wieder im Anschlag, als ein zweiter Caribouhirsch hoch wurde und flüchtete. Im Moment war ich etwas verwirrt, denn ich glaubte, daß es mein Hirsch sei. Auf die große Entfernung konnte ich das nicht feststellen. Whitey aber, der mit dem Glas alles verfolgte, belehrte mich schnell und meinte, ich hätte auf 400 Yards geschossen!

Seiner Sache sicher, pirschte er nun Richtung Anschuß; ich hinterher. Es dauerte ziemlich lange, bis wir endlich Schweiß fanden, aber nicht den Hirsch. So schnell es ging und schweißgebadet kletterte ich zum Anschuß zurück, um dann meinen Jagdführer einzuweisen. Ich verfolgte ihn durchs Glas und war glücklich, als er mir durch Winken seiner Mütze das Zeichen gab, daß er den Hirsch gefunden hatte. Überglücklich nahm ich einen Weidenzweig als Bruch entgegen, den mir Whitey auf seiner Mütze brachte – er hatte schon einiges vom deutschen Brauchtum gelernt.

Neun Jahre wird er alt sein und etwa 350 kg wiegen, meinte er.

Er sei sehr stark und habe ein edles Geweih. Es war harte Männerarbeit, bis das Stück zerwirkt und Trophäe und Wildbret versorgt waren. Später flog mich Whitey mit meiner Trophäe zur Gunsight-Lodge zurück und holte dann am nächsten Tag das Wildbret in Etappen mit der kleinen Super-Cab. Auf einem Benzingaskocher – wie man sie dort in den Zeltcamps verwendet – in einem Benzinkanister, recht improvisiert, habe ich am nächsten Tag, so gut es ging, den Schädel ausgekocht und war bis zum Abend damit beschäftigt, die Fleischreste fein säuberlich zu entfernen.

Oben: Rund zwei Millionen Seen und Flüsse gibt es im weiten Land.

Unten: Goldwaschen nach alter Art mit der Pfanne ist heute noch eine beliebte Freizeitbeschäftigung.

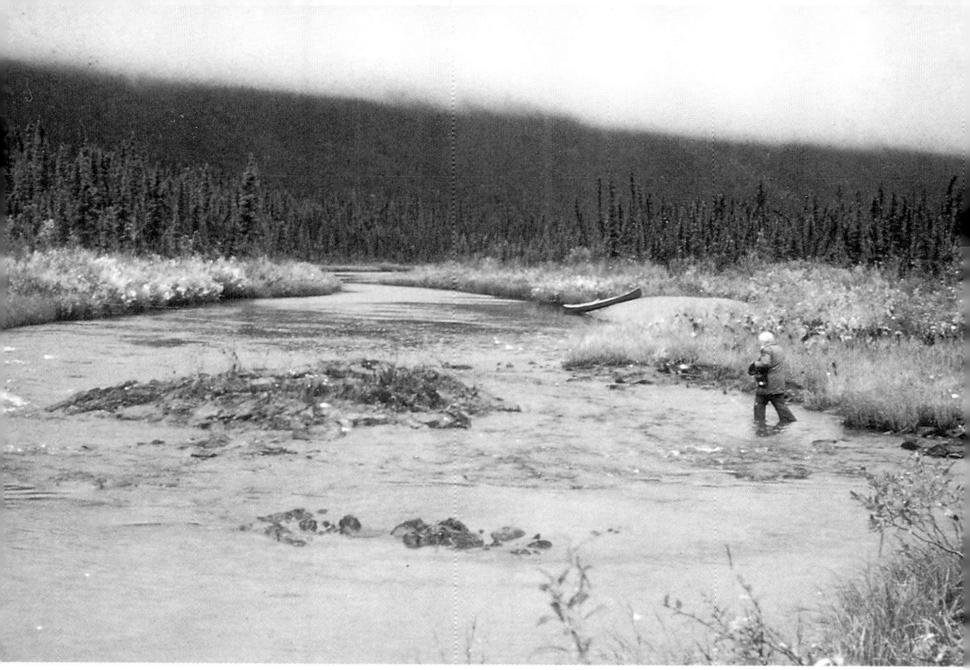

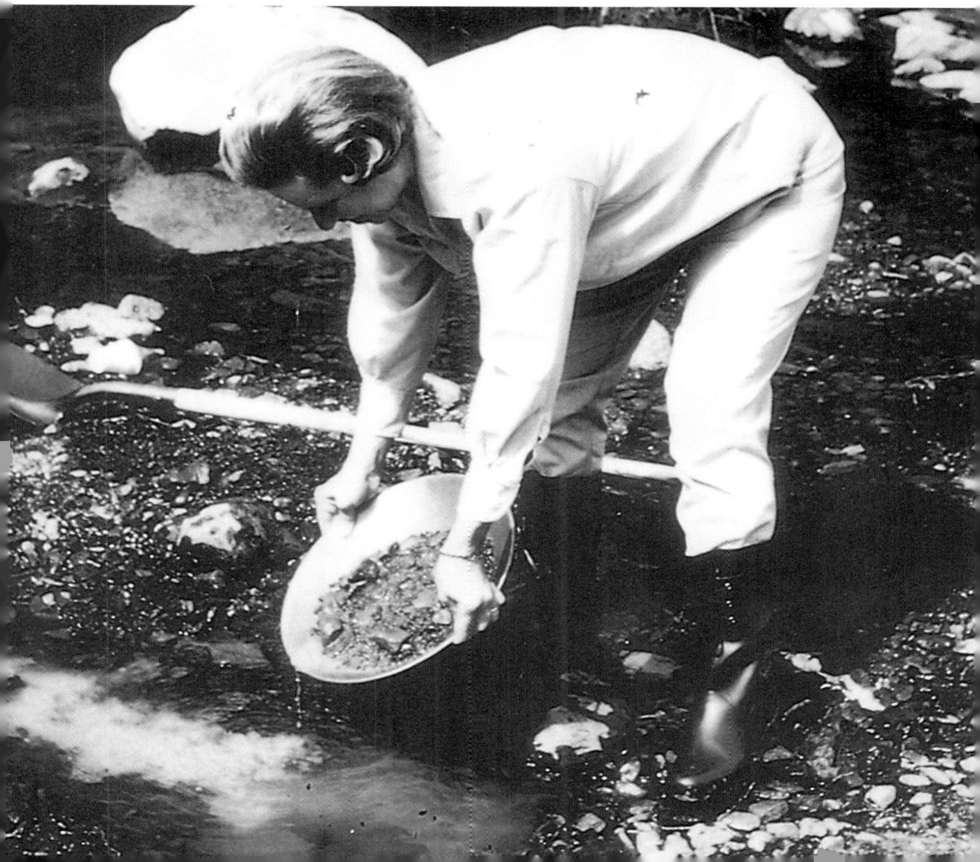

Der Moschusochse

Vor etwa 125 Jahren gab es in Alaska noch Moschusochsen, die aber wegen ihres Fleisches und dem herrlichen Wollvlies von den Eskimos und Einwanderern ausgerottet wurden. Versuche, dieses Wild wieder anzusiedeln, scheiterten.

Dem Boone and Crockett Club ist es schließlich zu verdanken, daß im Jahre 1930 etwa 30 Tiere auf Grönland eingefangen wurden, die man in Alaska auf der Nunivak-Insel aussetzte, die in der Bristolbucht in der Beringsee liegt. Im Jahre 1960 waren es schon etwa 700 Stück, die sich ständig vermehrten. Man setzte deshalb einige Tiere in zwei freie Gebiete auf dem Festland von Alaska aus; eine kleine Herde in der Arctic Wildlife Range im Norden der Brooks Mountains und einige Stücke auf der Seward-Halbinsel.

Der Lebensraum der Nunivakherde ist aber zu klein geworden. Deshalb entschloß man sich nach langem Zögern, eine begrenzte Anzahl von Bullen zum Abschuß freizugeben.

Es ist schon eine Reihe von Jahren her, daß ich in der etwa 900 Hektar großen ,,Alberta Game Farm" eine Moschusochsenkuh, gefolgt von ihrem Kalb mit wackelndem Gang, langsam auf mich zukommen sah. Der Anblick hatte mich so stark beeindruckt, daß ich mich mit diesem Wild näher befassen wollte.

Die Farm liegt in Kanada im Staate Alberta, nicht weit von Edmonton, der Hauptstadt Albertas. Ao Oeming, der Besitzer und Leiter dieser Farm, ein geborener Baltendeutscher, hatte die Tiere durch Klappern mit einem Eimer herangelockt. Währenddessen erzählt er mir einiges über diese urigen Wesen. Vor vielen Jahren ließ er einige Kälber, männliche und weibliche, im Wildschutzgebiet des Nordwestterritoriums von Kanada einfangen und setzte sie in seiner Farm aus. Ao Oeming ist übrigens in Kanada ebenso populär wie etwa Heinz Sielmann in Deutschland.

Überall klares, sauberes Wasser und viele Fische (unten: kapitaler Königslachs).

Während wir die Tiere beobachteten, erzählt er mir, daß die Moschusochsen *(Ovibos moschatus)* eine eigene Familie innerhalb der Horntiere bilden. In früheren Zeiten waren sich die Gelehrten nicht ganz darüber einig, ob diese Wiederkäuer zu den Schafen, Ziegen oder zu den Rindern gehören. Neueste Forschungen haben aber bewiesen, daß das Blutserum des Moschusochsen dem der Schafe und Ziegen näher steht und auch in seinen äußeren Merkmalen hat er mit ihnen mehr Gemeinsamkeiten als mit den Rindern. Die Wissenschaft bezeichnet den Moschusochsen daher als „Schafochsen".

Ich sehe die gestreckte, niedrige plumpe Gestalt der Moschusochsenkuh. Auffallend sind der große Schädel und die kleinen Lichter dicht unter den Hörnern. Die Lauscher sind kurz und kaum zu sehen, da sie im Fell fast verborgen liegen. Die Schnauze erscheint breit. Die Hörner wenden sich abwärts an den Schädelseiten, während die Spitzen wieder aufwärts streben. Die weiblichen Stücke tragen schwächere Hörner. Die Jungen haben gerade emporstehende Spieße. Bei älteren Moschusochsen bildet die Basis der Hörner einen Schild, der bis zu 10 cm stark wird und von Büchsengeschossen nur schwer durchschlagen werden kann. Die Läufe sind stämmig und kurz, die Schalen erscheinen breit und ebenfalls kurz.

Das zottige Haarkleid wächst außergewöhnlich lang, so daß man bei den Kühen die Spinne mit ihren vier Zitzen nicht erkennen kann, und bei den männlichen Tieren ebensowenig das Kurzwildbret. Im Sommer sind die Haare braun, im Winter schwarzbraun.

Im Sommer schützt ihr dickes Wollvlies sie gegen die Mückenschwärme. Sie wälzen sich im Schlamm und bilden dadurch eine Schutzkruste gegen ihre Peiniger, so daß sie sich im Sommer auch zwischen Tümpeln und Morästen aufhalten können. Erst wenn sie den Haarwechsel vollständig abgeschlossen haben, suchen sie trockene Einstände auf.

Es bilden sich kleine Herden von 20 bis 30 Stück. Selten stehen mehr als zwei oder drei alte Bullen bei der Herde, weil sie in der Paarungszeit heftige Kämpfe auf Leben und Tod austragen. Wie auch die Caribous suchen die Moschusochsen im Winter die südlichen Einstandsgebiete auf. Ihre außerordentliche Genügsamkeit und ihre den Unbilden der Witterung und des Lebensraumes angepaßten Eigenschaften ermöglichen es den Tieren, den

furchtbaren Winter zu überstehen; vorausgesetzt, daß sich Äsungsverhältnisse und Bestand im Einklang befinden.
Ende August paaren sich die Tiere. Nach neun Monaten, etwa im Mai, bringt die Kuh ihr Kalb zur Welt. Ein kleines, sehr niedliches Geschöpf, das nicht nur zärtlich betreut, sondern auch bis zum Äußersten mutig verteidigt wird.

Der Arktisforscher Petersen, der viele Winter in der Arktis verbrachte, hatte sich dem Studium der Moschusochsen besonders gewidmet. Er hat festgestellt, daß man unter einem Moschusochsenfell nicht erfrieren kann. Er hat unter einem frisch abgezogenen Fell bei 27 Grad Außentemperatur 2 Grad Wärme gemessen. Moschusochsen sind also hervorragend an den arktischen Winter angepaßt. Wärme können sie dagegen schlecht vertragen.

Ihre Haare sind je nach Körperteil zwischen 16 und 90 Zentimeter lang. Beim Wechsel im Frühjahr findet man das Haar zu Haufen in Büscheln. Die Eskimos verarbeiten sie und fertigen daraus eine sehr wärmende Kleidung. Würde man die Tiere aber scheren, so gingen sie bald an Lungenentzündung ein.

Moschusochsen werden bei einer Schulterhöhe von etwa 1,10 Meter bis zu 2,50 Meter lang. Das langhaarige und dichte Fell läßt sie aber weitaus stärker erscheinen. Die Wissenschaft kennt heute drei Unterarten: den Alaska-Moschusochsen *(Ovibos moschatus moschatus),* der fast ausgerottet ist, ferner den Wager-Moschusochsen *(Ovibos moschatus niphoecus),* dessen Bestände ebenfalls sehr gering sind, sich aber durch die Schutzmaßnahmen wieder vermehren, und schließlich den Grönland-Moschusochsen *(Ovibos moschatus wardi).* Zu dieser Art gehört auch der Bestand auf der Insel Numivak, der aus ausgesetzten Tieren entstanden ist.

Man weiß, daß während der Eiszeit auch bei uns, vorwiegend im norddeutschen Raum, Moschusochsen vorkamen. Mit der zunehmenden Erwärmung haben sich die Tiere im Laufe der Jahrtausende in die kalten Zonen des Nordens zurückgezogen. Forscher haben sie dort auf ihren Expeditionen erst im Jahre 1869 entdeckt. Es wurde dann aber eine schlimme Zeit für das Wild, denn der Mensch, der in die Arktis vorstieß, hatte bald heraus, daß das Fleisch hervorragend schmeckt, und daß die langhaarige Decke einen ausgezeichneter Kälteschutz abgibt. Es ist nachgewiesen, daß allein die Hudson Bay Company in wenigen Jahren mehr als 5000 Moschusochsendecken aufgekauft hat.

Wie bei den Bisons, so forderte auch bei den Moschusochsen

die zunehmende Zivilisation einen furchtbaren Aderlaß. Deutsche Polarforscher beobachteten, daß sich das Wild bei Annäherung der Fremdlinge zunächst vertraut benahm und sie herankommen ließ. Wenn es sich aber angegriffen fühlte, nahm es doch reißaus. In einiger Entfernung formierte sich die Herde, nahm die Kälber in die Mitte und richtete sich mit den bewehrten Schädeln gegen den vermutlichen Angreifer. Die Moschusochsen sind recht wehrhaft. Angeschweißte Stücke stürzen sich todesmutig auf den Jäger, der überrannt oder von den spitzen Hörnern durchbohrt werden kann.

Der Forscher Tramnitz wurde beispielsweise überrannt und kam wie durch ein Wunder nur mit zerbrochenem Gewehr, zerrissenen Kleidern und starken Verletzungen von der Alleinjagd zurück. Auf diese Weise verteidigen sich Moschusochsen auch wirksam gegen Wölfe. Freilich – wenn sie den Menschen mit seinem Gewehr nicht kennen, mag es sein, daß sie sich in ihrer zusammengedrängten Verteidigungsformation zusammenschießen lassen, was des guten Fleisches wegen früher oft geschehen ist.

Die Forscher Payer und Copeland·erzählen, daß besonders ältere Tiere nach leichter Verletzung die größte Kaltblütigkeit ihrem Gegner entgegensetzen und mit gesenktem Schädel zum Angriff übergehen. Sie erlebten, daß die großkalibrige Kugel, die auf die ,,gepanzerte" Stirn abgeschossen wurde, wie eine Scheibe plattgedrückt zu Boden fiel. Das gleiche Geschoß hätte einen Eisbären glatt durchschlagen.

Bei dem Fleisch der Kühe ist der Moschusgeruch nicht so stark. Forscher und andere, die es genossen haben, finden es vortrefflich. In Stücke geschnitten und an der Luft getrocknet, haben in früheren Zeiten die Eskimos es auch an die Pelzjäger verkauft oder Tauschgeschäfte damit gemacht. Das Haarvlies ergibt einmalig weiche Gewebe.

In Tiergärten haben sie früher selten überlebt. Erst durch neuere Erkenntnisse sind ihre Überlebenschancen gestiegen. Im Berliner Zoo wurde eine Moschusochsenkuh über 12 Jahre alt. In der Gefangenschaft sind es unwirsche Gesellen und zeigen sehr selten Anhänglichkeit.

Das Verbreitungsgebiet während der Eiszeit war riesig groß. Ihr Vorkommen erstreckte sich durch Asien und Mitteleuropa, immer nördlich der großen Gebirgsketten beider Erdteile. Heute sind die Polarbüffel, wie sie auch genannt werden, vorwiegend in den arktischen Teilen Nordamerikas zu finden. Auf den nördlichen Inseln schätzt man den Bestand auf etwa 10.000 Stück. Unterernährung, Seuchen und Parasitenbefall führen zu Verlusten. Viele Tiere sind deshalb geschwächt und werden dann bevorzugt durch Wölfe erbeutet. Um das Gleichgewicht zwischen dem Wildbestand und den Äsungsverhältnissen herzustellen, hätte man dem Bestreben der Wildbehörden Kanadas und Alaskas nach Abschüssen nachgeben müssen. Die Regierungen, obwohl diesem Vorschlag nicht abgeneigt, mußten sich dem Widerstand der Jagdgegner und Tierfreunde beugen, die in jedem Abschuß eine Bedrohung, ja, sogar eine Ausrottung der Moschusochsen sahen!

Es wurde deshalb nur ein Dutzend zum Abschuß freigegeben, und damit wesentlich weniger, als die Wildbehörde gefordert hatte. Weder den Moschusochsen, noch den Eskimos, die seit 1917 keine Polarbüffel erlegen durften, war damit geholfen.

Immerhin ist es heute möglich, in beschränktem Maß wieder auf Moschusochsen zu jagen.

Es war mein Freund Ronald Kaar aus Anchorage, der auf einen Moschusochsenbullen waidwerkte und nun darüber berichtet: ,,Ich war einer der Glücklichen unter 82 Bewerbern, die ein Los zogen, um einen Moschusochsenbullen auf Nunivak Island zu erlegen.

Die Nunivak-Insel liegt in der Beringsee etwa 20 Meilen von der Westküste Alaskas entfernt. Etwa 200 Eskimos bevölkern diese Insel. Sie leben in dem einzigen Dorf Mekoryuk und führen dort ein hartes und einsames Dasein. Die empfehlenswerteste Möglichkeit, auf der Insel zu jagen, ist, sich mit dem ‚Mekoryuk Village Council' in Verbindung zu setzen und ein Jagdarrangement zu verabreden. Im allgemeinen wird die Jagd auf 14 Tage zu einem festen Preis ausgerichtet, worin die Führung, Verpflegung und auch Ausrüstung enthalten sind, aber nicht die Wildmarken und die Lizenz. Eine Garantie für einen erfolgreichen Abschuß wird nicht gegeben.

Die Insel erreicht man am besten mit dem Flugzeug. Die Gesamtkosten, also Flug, Gepäck, Hotelzimmer, Verpflegung, Präparator, Bergung des Wildbrets, die Wildmarken und die Jagdlizenz kosteten für mich als Einheimischen alles zusammen rund 1500 Dollar. Da ich im Stundenlohn arbeite, war diese Summe für mich ein harter Brocken; aber es hat sich doch gelohnt. Obwohl ich schon auf alle Wildarten Alaskas, auch auf den Polar- und Braunbären, Grizzly und Dall Sheep in vielen

Jahren gejagt habe, finde ich, daß die Jagd auf den Moschusochsen die Interessanteste war.

Zunächst kauften wir uns in Anachorage die Jagdausrüstung. Wir flogen dann nach Bethel, wo wir die erste Nacht verbrachten. Am nächsten Morgen starteten wir nach Nunivak Island und trafen in Mekoryuk unsere Jagdführer. Mein Guide war ein älterer Eskimo. Die Verständigung wurde etwas schwierig, da er kein Englisch sprach, aber ich hatte bald herausgefunden, daß er über sehr viel Erfahrung verfügte.

Inzwischen waren die berüchtigten Beringseestürme aufgekommen. Wir mußten einen Tag warten, bis sie sich ausgetobt hatten. Am nächsten Morgen hatte sich das Wetter beruhigt, und unsere Jagdausrüstung konnte in das vier Meter lange Boot verladen werden. Aus Sicherheitsgründen wurde sie mit einer Segeltuchplane zugedeckt. Wir fuhren zunächst bis zum äußersten Ende der Insel, die über weite Strecken mit Sanddünen durchsetzt ist, in denen sich die Moschusochsen besonders gerne aufhalten.

Inzwischen wurde die See recht rauh und bewegt, so brauchten wir acht Stunden, bis wir unser Ziel erreichten. Endlich, es war am frühen Nachmittag, wir hatten bereits 40 Meilen hinter uns gebracht, sahen wir durch unsere Gläser einen Moschusochsenbullen. Es wurde kurz beratschlagt, worauf sich mein Jagdkamerad mit seinem Eskimo an Land begab.

Sein Guide gab ihm zu verstehen, recht vorsichtig zu sein, unter Ausnutzung jeder Deckung zu laufen und sich nicht dem Bullen zu zeigen, denn die Moschusochsen können sehr angriffslustig werden, besonders in der Brunftzeit, die bereits im Gange war. Er sagte mir später, daß ihm etwas die Knie zitterten, als sie sich recht nahe an das Stück heranschlichen. Aber der Eskimo erkannte bald, daß der Bulle zu jung war. Deshalb kamen sie zum Boot zurück.

Eine Weile später machten wir zwischen den Dünen drei andere Bullen aus. Wir fanden aber keine Möglichkeit, an dieser Stelle zu landen. Mein Jagdführer meinte, es sei ein alter Bulle dabei und belehrte mich, daß die Decke dieser Methusalems von hellerem Braun sei, während man die Jüngeren daran erkennt, daß das Haar dunkelbraun und an den Schädeln silbergrau ist.

Nun, wir waren nicht traurig, daß wir nicht schon am ersten Tag jagdlichen Erfolg hatten. Spät am Abend kamen wir in einer Lagune an, wo wir landen und übernachten konnten. Unser kleines Zelt war schnell aufgestellt, und bald lagen wir im tiefen Schlaf in unseren Schlafsäcken.

Schon in aller Frühe wurden wir durch ein eigenartiges Geräusch geweckt. Schnell waren wir draußen und sahen Tausende Wildgänse, die uns in wolkenartigen Schwärmen überflogen. Während unser alter Eskimofreund nach Moschusochsen Ausschau hielt, war ich mit meinem Jagdfreund nach Wildgänsen unterwegs.

Es dauerte lange, bis der Eskimo zurückkam. Wir nutzten die Zeit und fischten auf Silberlachse und Seeforellen. Während es in anderen Gewässern dabei oft recht spannend und aufregend zugeht, hatten wir hier keine Mühe und fast bei jedem Wurf einen Fisch am Haken. Die gebackenen Fische waren eine köstliche Abwechslung unseres Speisezettels.

In den letzten beiden Tagen hatten wir doch recht gutes Wetter, was in der Beringsee im September nicht oft vorkommt. Wir fuhren nun zu der kleinen Bucht zurück, wo wir am Vortage die drei Bullen gesehen hatten. Was wir kaum zu hoffen wagten, trat ein: die Gesellschaft befand sich noch am gleichen Platz. Wir mußten aber zunächst eine günstige Landestelle finden, die wir erst nach einer halben Meile fanden.

Es wurde nun ausgelost, wer zuerst zu Schuß kommen sollte, wobei ich gewann. Unter größter Vorsicht, voraus mein Führer, und unter Ausnutzung jeder Deckung bewegten wir uns zwischen den Sanddünen. Oft mußten wir auf allen Vieren kriechen, um näher heranzukommen. Wie bei jeder Jagd, bei der es um Trophäen geht, gab es ein Hin und Her, bis wir zu unserer Freude feststellten, daß wir nicht einen, sondern zwei jagdbare Bullen vor uns hatten. Nach kurzer Beratung meinte unser Eskimo, daß wir beide schießen sollten, was wir durch Zeichen meinem Jagdfreund und seinem Führer verständlich machten. Das Wild hatte uns noch nicht bemerkt, aber dafür hatte uns das Jagdfieber mächtig gepackt. Der Wind stand auf uns zu, etwa 200 Meter vor uns ästen die Bullen.

Aber plötzlich merkten wir eine Veränderung in ihrem Verhalten, sie traten unruhig hin und her, mußten etwas bemerkt haben. Zum Schuß entschlossen, schlich ich noch etwa 50 Meter auf den einen Bullen zu. Ich war gut abgekommen, daher erstaunt, daß der Moschusochse nach dem Schuß noch stand. Aber ich erinnerte mich an Aussagen, daß dieses Wild hart im Nehmen ist und schoß noch zweimal. Das dichte, dicke Haarvlies bietet einen guten Schutz. Ich hatte aus meiner 7-mm-Winchester drei Patronen (175 Grains) verschossen, bis der Bulle endlich lag.

Währenddessen hatte mein Jagdkamerad, nicht weit von mir, aus seiner .300 Winchester zwei Schuß auf seinen Bullen abgegeben, der dann ebenfalls lag.

Der dritte Bulle, der längst die drohende Gefahr bemerkt hatte, ging mit seinem Schädel in Angriffsstellung über. Wir nahmen deshalb volle Deckung, während der alte Eskimo auf eine Sanddüne kroch, um sich zu vergewissern, ob Gefahr bestand. Er gab uns dann durch Zeichen zu verstehen, daß sich der Bulle abgesetzt habe und keine Gefahr bestünde.

Die Freude war nun übergroß. Die Eskimos schlugen die Stücke aus der Decke, wobei wir kräftig mithalfen. Es bedeutete harte Arbeit, das Wildbret, die Trophäen und die zottigen Decken zum Ufer zu schleppen und ins Boot zu verstauen.

Eine Fahrt von etwa sechs Stunden lag vor uns. Der heulende Wind konnte uns die Freude an den erfolgreichen Jagdstunden nicht nehmen. Wir waren uns aber auch bewußt, daß wir mit unserem kleinen Boot in der Beringsee unterwegs waren, von der man sagt, daß hier die Wetter der Welt entstehen.

Mittlerweile wurde es uns doch etwas unheimlich zu Mute, denn die Wellen brachen um und über unser Boot, so daß wir bis auf die Haut durchnäßt waren. Obwohl wir ganz auf die Erfahrung unseres Bootsführers vertrauten, blieb es uns nicht verborgen, daß auch der alte Mann etwas unruhig wurde. Seiner großen Erfahrung hatten wir es zu verdanken, daß wir doch heil, aber spät in der Nacht in dem kleinen Hafen des Dorfes Mekoryuk wohlbehalten ankamen. Wir waren durchfroren und schliefen bald in unseren Schlafsäcken ein.

Am nächsten Morgen war alles vergessen, aber nicht die Freude über unseren jagdlichen Erfolg. Während des ganzen Tages waren die Eskimos damit beschäftigt, die Capes (Decke) von den Schädeln der Tiere zu entfernen. Wir halfen so gut es ging dabei mit. Es war harte Arbeit, denn bei keinem anderen Tier läßt sich die Decke so schwer entfernen wie bei dem Moschusochsen.

Das Wildbret mundet vorzüglich. Es schmeckt ähnlich wie Büffelfleisch, ist aber nicht so fett, so daß wir beschlossen, einen größeren Teil des Fleisches mit nach Hause zu nehmen.

Die Hörner meines Bullen wogen zu meiner großen Freude 96 Pfund. Der augenblickliche Weltrekord des Grönland-Moschusochsen ist 115 ⅞ Pfund; er stammt von einem Bullen, der im Jahre 1900 erlegt wurde und dessen Schädel mit Trophäe man im Harvard-Museum bewundern kann.

Schon während verschiedener Jahre war es geplant, ältere Moschusochsenbullen auf Nunivak Island freizugeben. Aber protestierende Gegner der Jagd meinten, das wäre gleichbedeutend mit dem Abschuß einer Kuh auf der Farm. Ich hatte es anders erlebt, denn es war nicht nur sehr schwierig, das Wild anzupirschen oder auszumachen, sondern auch der ständige Wechsel der Witterung, auf den man in diesem entlegenen Ende der Welt gefaßt sein muß, hat die Jagd doch sehr erschwert. Ich war glücklich und zufrieden und stolz darauf, eine würdige und urige Trophäe mit nach Hause zu nehmen.

Der letzte Abend bescherte uns noch das Wunder des Nordlichts. Ein mächtiger Lichtstreif schoß purpurn, grün und gelb über den Zenit und baute eine Brücke weit am Horizont.

Weiße Widder im steilen Fels

Das weiße Bergschaf (Dall Sheep; Ovis canadensis dalli) ist das begehrenswerteste und am schwierigsten zu erbeutende Jagdwild Alaskas. Man schätzt den Bestand auf etwa 10.000. Das ist nicht viel, wenn man bedenkt, daß Alaska etwa sechsmal so groß ist wie die Bundesrepublik, und sich die Gebirgsmassive weit über das Land verteilen. Will man den weißen Widder jagen, muß man über die 2.000-Meter-Grenze klettern. Kein Weg und Steg führt in ihre einsame Welt.

Vor 90 Jahren kümmerte sich noch kein Mensch darum, welches Alter ein Widder hatte und wie stark seine Schnecken waren. In den zwanziger Jahren aber gab es schon eine ,,Alaska Game Commission" mit dem Sitz in Juneau, der Hauptstadt Alaskas. Man löste als Ausländer (für Inländer gibt es eigene Bestimmungen) bei irgendeinem Händler, der dazu die Berechtigung besaß, einen Jagdschein zu 100 Dollar als Pauschale und war berechtigt, einen Elch, zwei Caribous, einen Bergwidder und zwei Braun- und Grizzly-Bären zu erlegen.

Es gab auch schon ,,vereidigte staatliche Führer", verwegene abenteuerliche Burschen, die die Goldrauschzeit ins Land verschlagen hatte. Diese Männer lebten meist allein in Hütten an irgendeinem See oder Flußlauf und betätigten sich im Winter als Pelzjäger und Trapper. Einige davon waren auch ,,Trophäenjäger" und kannten die Wildeinstände. In der Jagdsaison führten sie ausländische Jäger.

Heutzutage hat die Jagdbehörde, das ,,Alaska Departement of Fish and Game", die Jagdausübung in festem Griff. Alljährlich, Ende Juni, gibt die Wildschutz-Behörde ein Büchlein unter dem Titel: ,,Alaska Hunting and Guiding Regulation" heraus, in dem man alles Wissenswerte über die Jagd nachlesen kann. Dort gibt es genaue Auskunft über die ,,Hunting-License" (Jagdschein), die ,,Tags" (Wildursprungszeichen) und die Jagdzeiten. Die Jagdzeiten für den ,,Dall-Sheep-Widder" beginnen sehr unterschiedlich in den einzelnen Gebieten, im allgemeinen aber am

10. August, und schon am 20. September ist die Jagd wieder geschlossen.

Der weiße Widder wird bis 100 kg schwer, seine Schnecken erreichen einen Umfang bis 40 cm und eine Länge von über 100 cm und wiegen bis 25 kg. Die weiblichen Schafe sind wesentlich schwächer. Ihre Schläuche sind dünn und werden kaum mehr als 30 cm lang.

Das Dall-Schaf ist der nördliche Vertreter der neuweltlichen Dickhornschafe (Bighorn-Sheep). Diese mächtigen Bergschafe kommen in mehreren Unterarten in den Hochgebirgen Nordamerikas vor; von Süd nach Nord erreichen sie immer größere Körper- und Gehörnstärke und nehmen eine hellere Färbung an. In den südlichen Rocky Mountains sind sie braun, in Kanada grau und weiter nördlich allmählich weiß-grau-gescheckt, in Alaska schließlich schneeweiß. Nur noch die gewaltigen Bergschafe Innerasiens (Argali, Marco-Polo-Schaf) übertreffen das Dall-Schaf an Stärke. Seine Nahrung besteht aus Moosen, Flechten, Kräutern und Gräsern der Bergmatten und Geröllhalden. Das Schaf bringt nach einer Tragzeit von 20 bis 25 Wochen ein oder zwei Lämmer zur Welt.

Als meine Frau und ich mit Bernd Gaedecke nach langem Warten auf günstiges Wetter von Fairbanks aus in das Brooks-Gebirge zum Quellgebiet des Alatna-Flusses flogen, wußten wir, daß uns ein völlig menschenleerer Raum erwartet, der nur 300 km von der Eismeerküste entfernt liegt. Am 8. August starteten wir bei strahlender Sonne in Fairbanks. Achthundert Kilometer hatten wir mit der kleinen viersitzigen Cessna bis an unser Ziel zu fliegen. Die Vorbereitungen hatten auch diesmal lange gedauert. Es durfte nichts vergessen werden, denn in der weiten Abgeschiedenheit kann die kleinste Panne zu ernsten Folgen führen. Aber auf Bernd konnten wir uns verlassen. Mit pedantischer Genauigkeit überprüfte er immer wieder die Maschine und ihre Ladung.

Schon ein halbe Stunde nach dem Start sahen wir unter uns den Yukon, der sich, einer riesigen, gleißenden Schlange gleich, zum Bering-Meer bewegt. Als wir den Fluß und auch längst den Polarkreis überflogen hatten, näherten wir uns einem riesigen Gebiet, das mit Hunderten kleiner und größerer Seen durchsetzt war und aus dreitausend Meter Höhe wie eine überirdische Landschaft wirkte.

Bernd drehte eine Kurve und landete gegen den Wind auf einem dieser Seen. Er hatte dort, gut versteckt, ein Benzinlager angelegt. Langsam glitt unser Flugzeug zum seichten Ufer. An einem langen Seil zogen wir gemeinsam das Flugzeug auf den sandigen Strand. Schon sahen wir auch eine starke Elchfährte, die wir bis in ein Erlengestrüpp verfolgten. Wir schleppten nun die Kanister zur Maschine, und bald waren 200 Liter Benzin aufgetankt.

Wenig später erreichten wir das Vorgebirge der Brooks-Range, um nach einer weiteren halben Stunde in das Alatna-Tal einzuschwenken. Die einsame Welt nahm uns aufs neue gefangen, die Berge rechts und links wurden immer höher, oft befanden wir uns auf gleicher Höhe mit ihnen, wenn der Höhenmesser zweitausend Meter anzeigte. Wieder erlebten wir das Farbenspiel der Bergkuppen und Felsengebilde, das von Blau bis Purpurrot reichte. Dem Flußlauf entlang sahen wir saftig grünes Weidengestrüpp, mit verkrüppelten Fichten durchsetzt.

Das Landschaftsbild änderte sich wieder. Die Bergkuppen waren nun rund, und es schien so von oben, als sei es eine Kleinigkeit, darüber zu pirschen. Aber wir wußten es besser, liegt doch das kleine Gestein lose auf, als wäre es hingeschüttet, ist nur von einer dünnen Moosschicht bewachsen. Aber nun hatte Bernd einige Schafe entdeckt. Das Maschinchen kurvte darauf zu, in dreihundert Meter Höhe flogen wir über ein paar Mutterschafe mit ihren Lämmern. Die alten Widder lieben es allein zu sein und suchen die Ruhe.

Das Tal des Alatna wurde breiter, die Berge traten seitlich zurück, und der Fluß schlängelte sich durch die Tundra. Wir flogen jetzt in etwa 1500 Meter Höhe und waren schon über drei Stunden unterwegs. Als wir in der Ferne das Ende des Tales gewahrten und einige kleine Seen erkannten, von denen der größte der Alatnasee ist, ahnten wir, daß wir bald am Ziel unseres Fluges sind.

Wir wußten, daß unser Lager an der Wasserscheide der Brooks-Range liegt. Etwa 1000 Meter weiter entspringt der Kilik-River, dessen Wasser zur Eismeerküste fließen. Gegen den Wind brachte Bernd das Flugzeug auf das Wasser, das uns mit kleinen Wellen empfing, so daß es eine rauhe und rubbelige Landung wurde. Langsam glitt die Maschine zu der mit einem Weidenknüppel und einem roten Hemdfetzen markierten Landestelle.

Nun sahen wir zwei Menschen uns zuwinken; ein Hüne von Gestalt, ,,Chuck", und ein schmächtiger Knabe, sein Sohn. Ein eisiger Wind empfing uns, als wir aus dem Kabinchen krochen, kleine Schneewehen lagen um unsere Zelte, die Chuck, der schon einige Tage hier war, aufgebaut hatte. Wir schrieben den 9. August! Der Winter schien schon seinen Einzug zu halten. Die jungen Alaskaner werden schon als Kinder mit der rauhen Wirklichkeit des Landes vertraut gemacht, sie sind dann abgehärtet. Das wollte auch Chuck, und deshalb hatte er den kleinen Kerl mitgenommen. Der Junge war jedoch froh, jetzt wieder zu seiner Mutter zu kommen, und kroch zu Bernd ins Flugzeug, der bald zum Rückflug nach Fairbanks startete. Er wollte morgen mit „Dan" und Proviant, Gasflaschen und anderen Dingen wiederkommen.

Wir hatten uns bald häuslich eingerichtet, während Chuck im Eßzelt einen starken Kaffee braute. Der Wind blies immer noch, aber die Sonne kam durch. Die Plauderstunde mit Chuck – der übrigens Professor an der Universität Fairbanks ist und sich in seinen Ferien als „Guide" betätigt – war ausgefüllt mit den Erinnerungen an das vergangene Jahr. Zehn Tage waren wir mit ihm unterwegs gewesen, viele Kilometer waren wir gekraxelt, gekrochen und gelaufen, erschöpft kamen wir abends ins Camp zurück. Nicht allein das lose Gestein oben auf den Graten, wo wir oft von Schneestürmen überrascht wurden, machte uns zu schaffen, auch der Gang über die „Nigger-Heads" der Tundra war eine Qual, denn man mußte höllisch aufpassen, daß man sich nicht den Fuß verknackste oder gar brach, wenn man versehentlich dazwischentrat.

Einmal – es war in dem Moment, als wir mit den Gläsern auf etwa 1.000 Meter einen Wolverine (Vielfraß) an einem gerissenen Caribou beobachteten – passierte es: Margot rutschte ab, und wir glaubten, sie hätte den Knöchel gebrochen. Es sah böse aus. Aber Chuck blieb ruhig, besah sich den Schaden, der Knöchel war heil, und sachgemäß legte er einen elastischen Verband an. Margot lief, wenn auch mit Schmerzen, tapfer weiter. Oft waren wir verdrossen, und manchmal dachte ich mißmutig, hat Chuck überhaupt eine Ahnung von Schafjagd? Als ich ihn einmal fragte, ob Widder zu finden wären, sagte er recht gelassen: „Sie sind nicht dort, wo man sie sucht, sondern dort, wo man sie findet!"

Ich hatte bald gelernt, wie recht er hatte, denn mit dem Maßstab, den wir europäische Jäger anlegen, kann man hier nicht messen. Die Schafe mit ihren Lämmern findet man leichter, denn sie äsen auf halber Höhe auf guten Äsungsflächen. Die alten Widder aber suchen Ruhe und Sicherheit und steigen über die hohen Grate in windgeschützte Ecken und Winkel der höchsten Bergkämme. Inzwischen hatte ich gelernt und am eigenen Leibe verspürt, warum der Kopfschmuck dieser mächtigen Widder zur ,,Startrophäe" der Amerikaner geworden ist; denn nur wer Mut, Kraft und Ausdauer hat, wird zu ihr gelangen!

Sie äsen an einer windgeschützten Stelle; meist unter einem Felsenvorsprung tun sie sich zu einem ,,Igel" nieder, um nach allen Seiten äugen zu können. Kein Baum oder Strauch behindert ihre Sicht. Wenn gar der Wind plötzlich umschlägt, was oft vorkommt, wittern sie den Menschen schon auf viele hundert Meter. Alle Plage war dann wieder einmal vergeblich gewesen, und mit etwas Zorn im Bauch kehrt man erschöpft ins Lager zurück. Aber von dem Willen besessen, die Trophäe zu erjagen, nimmt man neuen Anlauf und geht am nächsten Tag wieder dem Berg entgegen.

Chuck erinnerte mich an ein Erlebnis des vorigen Jahres, als wir – es war am achten Tag – wieder einmal nach mehreren Stunden Aufstieg uns zu einem Grat hinaufgequält hatten und im eisigen Wind schweißgebadet oben ankamen. Wir setzten uns, so gut es ging, auf den Rucksack und stärkten uns mit etwas Schokolade. Plötzlich zeigte Chuck auf einen Punkt in der Ferne. Er hatte mit dem Spektiv Widder ausgemacht, die ich zunächst mit meinem Glas nicht sehen konnte. Nach längerem Hinschauen sah auch ich, daß es fünf Widder waren, die in etwa dreitausend Meter Entfernung langsam über ein Schneefeld zogen. Chuck meinte: ,,Alle kapital, jeder ein ,Full-Curl'." Er sagte es gelassen und dämpfte damit meine Aufregung. Einer hinter dem anderen zogen sie langsam weiter, um dann plötzlich zu verhoffen. Anscheinend waren sie vor einer abstürzenden Felswand angelangt. Es sah so aus, als berieten sie darüber, was sie machen sollten. Schließlich taten sie sich nieder, einer nach dem anderen; sie gingen dabei planmäßig vor. Der erste begann sich ein Bett zu scharren, bevor er sich niedertat. Nach fünf Minuten machte der zweite das gleiche, dann der dritte, dann der vierte. Der fünfte Widder aber zog an den Rand des Abgrundes und bezog dort seinen Wachtposten mit dem Blick in unsere Richtung. Die anderen lagen im Kreis und äugten in die vier Himmelsrichtungen. Ihrer Scharfsicht konnte nun nichts entgehen. Es war ein herrliches Erlebnis, die strategische Meisterleistung der Berggewaltigen zu beobachten. Wir waren darüber beglückt und nicht einmal böse, als Chuck abwinkte und wir den Heimmarsch antraten.

Als wir die Erinnerungen darüber zu Ende gesponnen hatten, kam Margot durchfroren ins Zelt zurück, hatte aber drei pfündige Grailings geangelt. Chuck half ihr, die Fische auszunehmen, während ich vors Zelt trat. ,,Kommt, schnell!" rief ich ins Zelt. ,,Oben am Hang sehe ich einen Widder!" Die Gläser waren rasch zur Hand. ,,Tatsächlich, es ist einer, aber jung, die Schnecken haben nur eine Viertel-Kreisumdrehung, aber ich habe während zehn Tagen nicht einen gesehen!" meinte Chuck. Sicher ein gutes Omen!?

Bernd brachte mit seiner Maschine am nächsten Morgen auch Dan. Er ist ein zäher und begeisterter Jäger, der bald – völlig auf sich allein gestellt, mit einem Zelt, Schlafsack, Proviant und Medikamenten auf seinem ,,Package" (Traggestell) und dem Gewehr über der Schulter – aufbrach, um einen Widder zu erlegen. Der schwere Gang über das Felsengebirge war in allen Einzelheiten mit Chuck besprochen und der Weg, an den er sich halten wollte, in eine Karte eingezeichnet. Zu seiner Sicherheit nahm er ein rotes Plastikband mit, um an geeigneten Stellen Markierungszeichen anzubringen, damit wir ihn notfalls finden konnten. Nach fünf Tagen, auf die Stunde genau, so war es abgesprochen, sollten wir ihn zurückerwarten oder ihn suchen kommen und auf Leuchtsignale achten.

Als er so allein über die Tundra loszog und allmählich zwischen Wolkenfetzen gegen das gletscherdurchsetzte Gebirge verschand, meinte Margot: ,,Ich bewundere ihn, wahrlich ein mutiger Mann." Männer, die keine Gefahr scheuen, findet man oft in diesem rauhen Land. Auch wir zogen nun dem Berg entgegen.

Viele Tage waren wir ohne Erfolg bis zur Erschöpfung gekrochen, gekraxelt und oft mutlos abends ins Camp zurückgekehrt. Aber Bernd, der wieder einmal von Fairbanks kam und einen Jäger aus den Staaten mitbrachte, machte uns Mut und half uns durch seinen jugendlichen Optimismus. Ich will die schwierigen Tage vergessen und nur noch den letzten Jagdtag in der Brooks-Range schildern.

Wie aus heiterem Himmel landete am Nachmittag eine kleine ,,Piper" mit zwei Wildschutzbeamten auf unserem See. Den einen kannten wir schon vom vorigen Jahr. Die Männer waren auf einem Kontrollflug und auf der Suche nach Wilderern. Bei dem

In den Talkettna-Mountains kam dieser starke Widder zur Strecke.

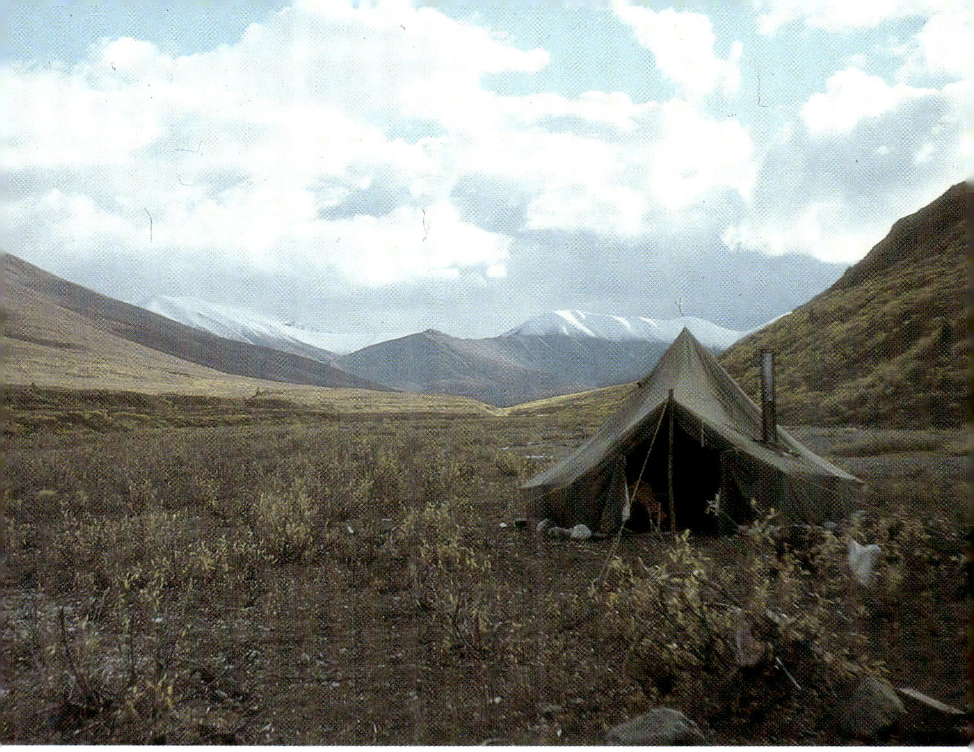

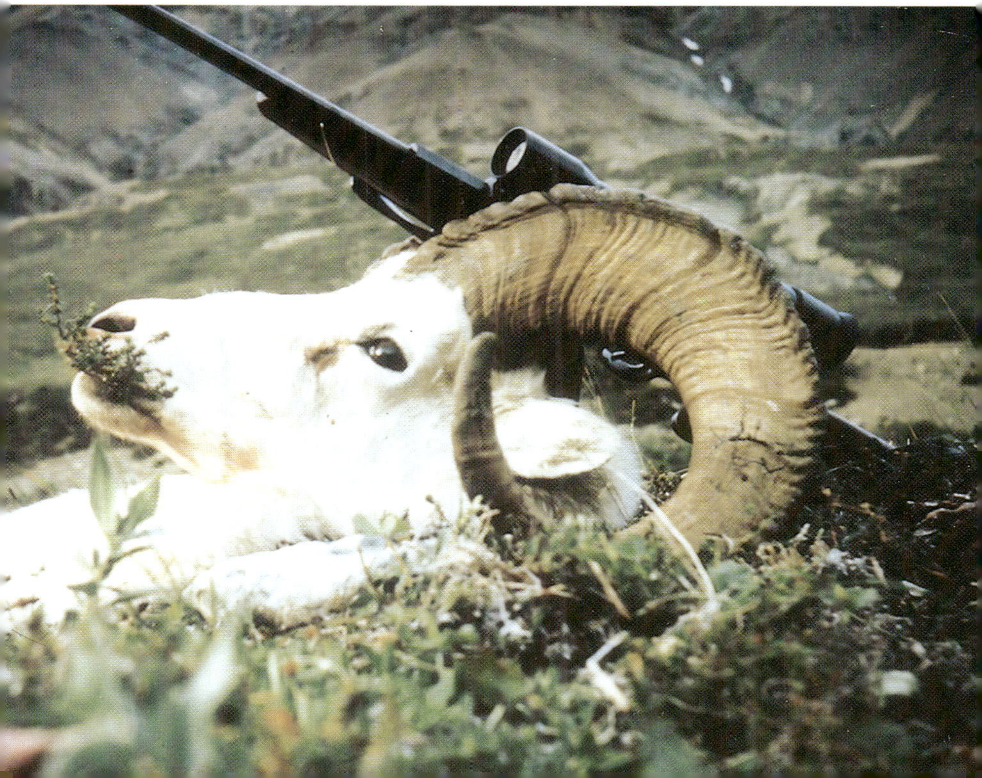

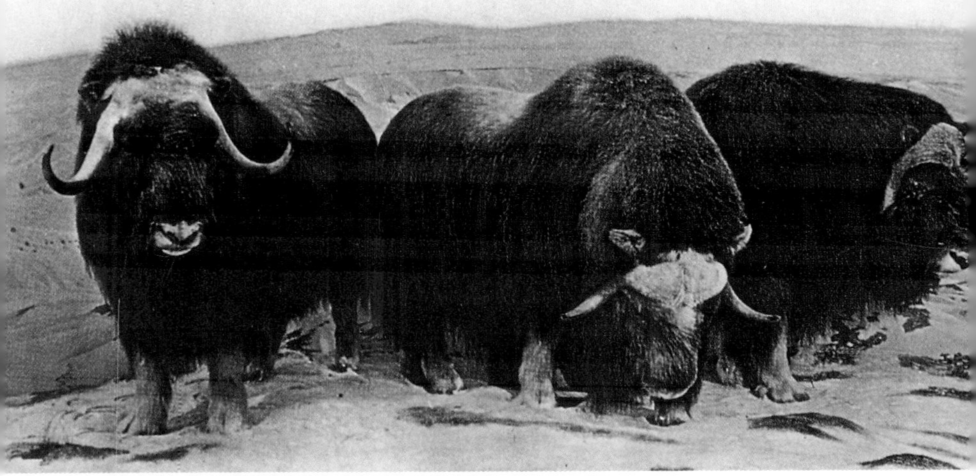

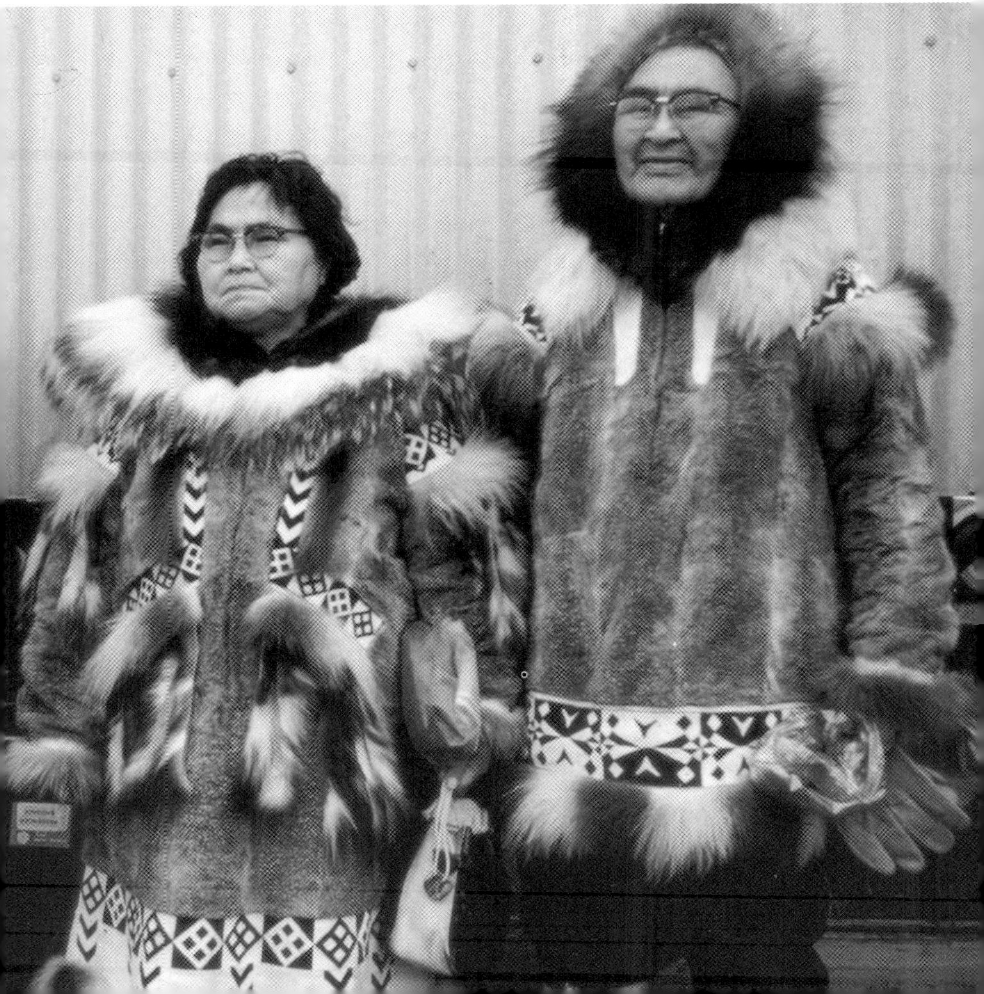

üblichen Kaffee erzählten sie, daß zwei ihrer Kameraden vor ein paar Tagen in einem Seitental abgestürzt seien. Während ich mein Gewehr putzte, erzählten sie uns, daß sie besonders hinter wildernden „Ölleuten" her seien, die von der Küste am „Point-Barrow" aus mit Hubschraubern nach Wölfen und Bären jagen, deren Felle harte Dollars bringen. Manchen haben sie schon erwischt, und die Strafen sind hoch.

Ich hatte Zeit und Ruhe, mich mit Chuck über ein brennendes Thema, den Kampf der Wildschutzbehörden gegen die Ölgesellschaften, zu unterhalten. Die Ölgesellschaften, es sind acht an der Zahl, haben sich zu einem Trust zusammengeschlossen. Man nennt sie hier kurz die „Ölleute". Als man vor ein paar Jahren an der Eismeerküste, dem Prudhoe Bay (300 Meilen östlich von Point Barrow), etwa 300 Kilometer nördlich unseres Lagers, riesige Ölvorkommen entdeckte, war es fast wie in der Goldrauschzeit vor 75 Jahren! Wie im Taumel ließen sich die Menschen auf alle möglichen Spekulationen ein, um sich am künftigen Dollarsegen zu beteiligen.

Auch die Eskimos und Indianer meldeten ihre Ansprüche an und sagten, sie seien die Ureinwohner und Besitzer des Landes. (Ein tüchtiger Rechtsanwalt, der ihre Interessen vertritt, hatte bei der Regierung in Washington auch Erfolg mit ihren Forderungen.) Viele Millionen Dollar wurden 1969 bei Versteigerungen in Anchorage umgesetzt, als das Land mit dem darin vorkommenden Öl seine Besitzer wechselte.

Das „Fish and Game Departement" von Alaska bemühte sich durch Aufrufe an die ganze Welt um die Erhaltung des Naturparadieses Alaska. Die Hilferufe fanden Gehör und wurden von vielen einflußreichen Persönlichkeiten, nicht nur aus den Staaten, unterstützt. Inzwischen hatten die Ölleute den Riesentanker „Manhatten" für eine Fahrt durch das arktische Meer umbauen lassen. Nach wochenlanger Reise kam das Schiff an der Prudhoe Bay an. Es erwies sich aber, daß der Transport des Öles auf diese Weise viel zu kostspielig und zeitraubend ist. Es wurde eine riesige Pipeline von den Ölfeldern im Norden bis nach Valdis, dem eisfreien Hafen im Süden Alaskas, geplant. Dies wäre ein

Oben: Moschusochsen in ihrer üblichen Verteidigungsstellung.
Unten: Eskimo-Frauen in reich verzierter Pelztracht.

großes Unglück für unser Land, seine Tiere und Pflanzenwelt, meinte Chuck an jenem Abend.

Die Ölleitung würde etwa 1300 km lang sein und das Rohr etwa einen Durchmesser von 120 cm haben. Das Öl fließe dann mit einer Temperatur von 65 Grad Wärme durch das Rohr. Der vereiste Boden, der aufgerissen werden müßte, um die Rohrleitung aufzunehmen, schmelze sicher, weshalb in kurzer Zeit die Pipeline an vielen Stellen brechen, das Öl herausfließen würde. Aber nicht nur deshalb sei alles ein riskantes Projekt, meinte Chuck. „Bei uns im Norden wächst alles sehr langsam. Wenn die Raupenfahrer den Boden zerstören, dauert es Jahrzehnte, bis alles wieder wächst. Wir haben hier sieben Monate tiefen Winter, und ein paar Zentimeter unter dem Moosboden, auf dem wir stehen, ist ewiges Eis. Die Spuren der Arbeitsmaschinen würde man in hundert Jahren noch sehen!

Das ist aber noch nicht alles, was gegen eine Pipeline spricht. Da sind vor allem die riesigen Caribou-Herden, die im Frühjahr zum Norden, im Herbst zum Süden ziehen. Selbst wenn man die Ölrohre nicht in den Boden legt, sondern auf Stützen stellt, würde dieser fast anderthalbtausend Kilometer lange „Zivilisationsstreifen" den Caribous und anderen Tieren unabsehbaren Schaden zufügen.

Mit diesen Argumenten wehrten sich damals viele Naturschützer und Wissenschaftler dagegen, daß das Projekt überstürzt in Angriff genommen wurde. Sie wollten erreichen, daß erst nach eingehender Prüfung aller Gegebenheiten Wege gefunden würden, die den wirtschaftlichen Anforderungen unter möglichster Schonung von Landschaft, Tier- und Pflanzenwelt gerecht würden. Alaska ist eines der letzten Naturparadiese der westlichen Welt, das nicht zerstört werden darf. Diese Argumente fanden bei Regierung und Öffentlichkeit Gehör. Erst als die Voraussetzungen für die Erhaltung der Tier- und Pflanzenwelt weitgehend erfüllt waren, durfte mit der Verlegung des gigantischen Rohrsystems (von den Japanern geliefert) begonnen werden. Das Öl fließt inzwischen. Die Baustellen überwachsen allmählich, das Wild zieht ungehindert seine Fährte. Aber es ist doch nicht mehr die alte, ursprüngliche Unberührtheit.

Am nächsten Morgen schien zwar die Sonne, es war aber kalt. Drei Stunden stiegen wir bereits durch das steile Bachbett des Crystal-Valley. Immer wieder suchten wir die Felsen oben mit den Gläsern ab, aber wir mußten noch höher steigen. Es war nicht ermutigend, wenn ich hinaufschaute zu dem Grat, den wir erreichen mußten. Chuck machte immer Mut, Margot war unverdrossen, auch ich von starkem Willen beseelt, bis wir endlich nach vielen Stunden schweißtriefend oben ankamen. Das Wetter wechselte ständig, oft peitschte uns der Schnee ins Gesicht, um bald wieder der Sonne Platz zu machen. Wir waren aber vorbereitet und hatte genügend wollene Sachen im Rucksack.

Nun tat sich uns ein grandioser Blick über das verschneite Land dar. Die Sonne verwandelte das einsame Land unter uns durch Licht und Schatten zu einer grandiosen Wunderlandschaft, die mitten im Sommer unter den millionenfach glitzernden Kristallen der Schneedecke begraben lag. Im tiefen Schnee gingen wir auf dem Kamm entlang. Es war Mittagszeit; wir hielten kurze Rast und genossen immer wieder den Anblick des verzauberten Landes.

Plötzlich hatte Chuck mit dem Glas in etwa 500 Meter Entfernung drei Widder entdeckt. Mich traf es wie ein elektrischer Schlag, als ich nun auch das begehrenswerte Wild sah, das sich niedergetan hatte. Der Wind stand günstig, und die Widder konnten uns nicht eräugen. Unter Ausnutzung dieser Vorteile krochen wir auf allen vieren und immer die Felsen als Deckung ausnutzend, etwa dreihundert Meter näher heran. Ich wußte, daß eine einmalige Chance vor mir lag, denn der stärkste Widder, der auf Posten stand, stellte sich jetzt breit.

Auch die anderen hatten sich erhoben. Sicher hatten wir doch ein Geräusch verursacht, aber der Wind war nach wie vor gut. Den Pullover, die Jacke und den Hut legte ich als Auflage auf den Rucksack, den ich vorsichtig über die Felskante schob. Es waren Sekunden der Hochspannung, bis sich endlich der Schuß in vielfachem Echo brach. Obwohl das Jagdfieber mich immer noch mächtig beutelte, hatte ich erkannt, daß meine Kugel ins Leben getroffen hatte. Das Echo war kaum versunken, da legte sich mein Widder schlegelnd auf die Seite und rollte dann den Hang hinab.

Es waren Schrecksekunden für uns, denn wußten wir, ob nicht noch eine unzugängliche Felsspalte den Widder unerreichbar verschwinden ließe? Aber kaum zwanzig Meter weiter blieb der Widder an einer Felszacke hängen, während sich jetzt seine Rudelgenossen in Bewegung setzten und den gegenüberliegenden Hang annahmen. Die fliehenden Widder waren bald verschwunden. Vor uns lag das Land wieder friedlich. Wir sahen den Widder liegen, er konnte uns nicht mehr entrinnen. Wir gönnten uns eine Verschnaufpause, denn wir wußten, daß noch harte Arbeit bei der Bergung des schweren Stückes bevorstand, dessen beste Wildbretteile mit der Trophäe mit ins Camp genommen werden mußten.

Als ich wenig später beim Berühren der Schnecken und der seidig weißen Decke langsam wieder zur Besinnung kam, wußte ich, daß mein Traum sich erfüllt hatte. ,,Er wird dreizehn Jahre alt sein!'' meinte Chuck sachverständig. Fast zwei Stunden waren wir damit beschäftigt, den Widder aufzubrechen und zu zerwirken. Als wir spät am Abend ins Camp zurückkehrten, kam uns Bernd weit entgegen und nahm Margot die schwere Last ab. Aber auch Dan sei zurück, erzählte Bernd. Pünktlich, fast auf die Minute, hatten sie ihn über die Trundra zurückkommen sehen. Zwar ohne Widder, aber guter Dinge hatte er die anstrengenden Tage überwunden.

Noch lange haben wir in dieser Nacht von unseren Erlebnissen erzählt. An Schlaf war nicht zu denken. Als Margot und ich in unseren Schlafsäcken lagen, lauschten wir noch lange in die helle Nacht hinaus, deren Stille nur einmal von dem Heulton eines Wolfes unterbrochen wurde, der wie ein Mahnruf klang und meine Sinne wachrief zu dem Wunsch, daß uns Jägern dieses Paradies der Jagd für immer und ewig erhalten bleiben möge.

Der Weitertransport geschieht nun mit einem Flugzeug, sehr oft mit einer gebräuchlichen zweisitzigen Super-Cab oder einer viersitzigen Cessna, die im Sommer oder im Herbst mit Schwimmern, oder je nach Landschaft mit Rädern, ausgerüstet ist. Wenn das Gewässer frei von Treibholz ist, kann die Maschine mit ihren empfindlichen Schwimmern starten und landen. Vorausgesetzt das Wetter ist günstig, kann die ganze Last einschließlich Jäger und Jagdführer in drei Etappen ausgeflogen werden. Nehmen wir auch hierbei den günstigen Fall an, man habe nur eine Flugstunde bis an das Ziel, so benötigt man drei Stunden für jede Etappe, also neun Stunden; denn das Flugzeug muß entladen und aufgetankt werden. Die Charterstunde kostet zur Zeit 150 (1987) Dollar, so daß für den Transport allein 1350,– Dollar aufzubringen sind!

Kommen aber wegen Wettersturz oder längerer Flugstrecke oder anderer Widrigkeiten noch mehr Flugstunden dazu, so kann ein solches Unternehmen sehr leicht noch viel mehr kosten! Allein dieses Beispiel macht deutlich, warum die meisten Alaskaner darauf verzichten, eine solch verlockend große Menge köstlichen Wildbrets in ihrem Tiefkühler verschwinden zu lassen. Eigene Viehzucht gibt es im Lande kaum. Das Frischfleisch ist teuer, es muß über viele tausend Kilometer eingeflogen oder mit Kühlschiffen herangeschafft werden.

Der deutsche Jäger braucht sich um diese Nebenkosten kaum zu kümmern, denn er hat seine Jagd über einen Outfitter arangiert. In den meisten Fällen ist in dem ausgemachten Preis die Jagdführung mit Verpflegung und Unterkunft während der Jagdtage enthalten. Das Wildbret aber muß, wie schon gesagt, der menschlichen Ernährung unentgeltlich zugeführt werden, was nun aber Sache des Outfitters ist.

Viele Outfitter haben eine ,,Homestead", ein Stück Land irgendwo in der Wildnis. Sie haben sich das Land an einem Fluß oder See abgesteckt und für ein paar Dollar erworben. Ein selbstgezimmertes Blockhaus bildet den Mittelpunkt. Eine ,,Cache" zur Aufnahme des Wildbrets steht daneben. Das ist eine Bretterhütte auf einem etwa fünf Meter hohen Gerüst, um Wölfen, Bären und anderen Raubtieren das Eindringen unmöglich zu machen. Im Winter ist das Fleisch tiefgefroren und für lange Zeit ein sicherer Vorrat. Neuerdings aber, seit es das Flaschengas gibt, haben auch die Menschen in der Wildnis große Tiefkühler, müssen aber für genügend Gasvorrat sorgen; denn im Winter, wenn die Seen und Flüsse zugefroren sind, kann das Flugzeug nur auf Kufen landen, vorausgesetzt, die Eisdecke ist glatt und mit Schnee bedeckt. Sehr oft sind die Menschen auf ihrer Homestead dann von der Außenwelt abgeschnitten.

Auch schon vor vielen Jahren war eine starke Trophäe sehr begehrenswert, aber die Jagd danach weitaus beschwerlicher. Nach Alaska zu gelangen, war nur mit dem Schiff möglich, was oft Monate dauerte. Paul Niedick erzählt davon recht eindringlich in seinen Erlebnisbüchern. Auf den Berliner Trophäenausstellungen, vor dem Ersten Weltkrieg, erregten die von Niedick erbeuteten Schaufeln besonders großes Aufsehen.

Wie es damals war

Aus dem berühmt gewordenen Buch von Paul Niedieck, ,,Mit der Büchse in fünf Erdteilen" (1905 erschienen) im folgenden einige auszugsweise Zitate. Im Vorwort seines Buches sagt Niedieck: ,,Mit

*meinen Reise- und Jagderlebnissen der letzten sieben Jahre trete ich
an die Öffentlichkeit. Dabei habe ich nicht im Sinne, eine
kunstvolle Ausarbeitung meines umfangreichen Materials zu bieten. Diese Blätter sind vielmehr einfach bedruckt mit meinen
Aufzeichnungen, so wie sie im Zelt mit Bleistift niedergeschrieben
worden sind, und machen keinen Anspruch darauf, zoologisch
oder wissenschaftlich etwa Neues zu bringen."*

Elchjagd in Alaska

,,Der Morgen des 11. August 1903 fand mich auf dem Dampfer
,,Nome City", der gerade um die äußerste Spitze der Kenai-
Halbinsel im nordwestlichen Alaska steuerte, um mich bald
darauf in Seldovia, meinem Ziele, zu landen. Nicht aber das Gold
hatte mich bewogen, diese weite Reise zu machen; es war ein
anderer Schatz, den auch Alaska birgt, das ist das Wild, das in
einigen Arten, wie Elch und Bär, hier die größten und stärksten
Dimensionen erreicht, die der Naturgeschichte bekannt sind.

Von Seattle, der Hauptstadt des Staates Washington der
Vereinigten Staaten von Nordamerika, aus fuhr der Dampfer
zunächst nach Sitka, der (damaligen) Hauptstadt Alaskas, die
landschaftlich ganz reizend gelegen ist, um nach zehntägiger
Seereise Seldovia, am Cooks Inlet gelegen, zu erreichen.

Seit dem Jahre 1902 ist das Ausführen von Jagdtrophäen aller
Art aus Alaska verboten, somit die Jagd für einen außerhalb
Alaskas wohnenden Jäger zwecklos. Es ist erlaubt, eine gewisse
Anzahl von Tieren zu erlegen, ohne daß man dazu einen
Jagdschein benötigt; man muß aber dann seine Beute im Lande
zurücklassen. Ausnahmen werden nur für wissenschaftliche
Zwecke gemacht. Es gelang mir, durch ein Empfehlungsschreiben
des Direktors des Museums für Naturkunde in Berlin, von dem
Ackerbauministerium in Washington die Erlaubnis zur Ausfüh-
rung meiner eventuellen Strecke zu erhalten. Die amerikanische
Regierung bezweckt durch diese radikalen Maßregeln, dem
Handel in Geweihen und Fellen, den die professionellen Jäger
betreiben, Einhalt zu gebieten.

Um im Lande zu reisen, Pferde gibt es nur ganz vereinzelt hier,
bleibt als Transportmittel nichts anderes übrig als der Mensch.
Indianer gibt es nur wenige. Es ist aber auch nicht ratsam, viele
Leute mitzunehmen. Jeder Mann mehr bedeutet mehr Proviant

und weniger Bewegungsfähigkeit. Deshalb engagierte ich, außer dem Führer Henry Alson und einem Koch, nur zwei Träger, die alle zusammen 160 Pfd. Gepäck tragen konnten. Den ersten Teil der Reise ließ ich meine Ruderboote von einem kleinen Dampfer schleppen, dann baute ich acht Kilometer landeinwärts am Fuße eines Gletschers mein erstes Lager auf.

Die erste Birsch galt dem Bergschaf. Auch hier, wie in den Rocky Mountains, steht dieses Wild hoch oben in den Bergen, wo keine Bäume mehr wachsen, und auch hier ist das Schaf das am schwersten zu erlegende Wild. Um den Kamm der Berge zu erreichen, mußten wir dem Bett eines reißenden Gebirgsstromes folgen, und an einem Wasserfall krochen wir an seinen Ufern durch das schier undurchdringliche Erlengestrüpp. Die Steine des Baches waren mit schlüpfrigem Moos bedeckt und die Steigung stellenweise so stark, daß wir uns gegenseitig hinaufziehen mußten. Dazu hat man keinen Alpenstock in der Hand, sondern eine schwere Doppelbüchse, die bei jedem Sturz auf den Felsen zerschellen kann.

Es war ein herrlicher Tag, die Sonne stand hoch am klaren Himmel. Aber auf keinem der umliegenden Berge konnte ich Wild konstatieren. Ich marschierte zur See zurück und ruderte 13 km weiter die Bucht hinauf. Hier war die Gegend von zahlreichen Enten und anderen Sumpf- und Wasservögeln belebt, aber leider auch von Moskitos.

Auf dem Marsche, den ich nun zu einem andern Bergrücken machte, auf der Suche nach Schafen, bekam einer der Indianer einen Blutsturz und konnte seine Last nicht weitertragen. Ich mußte mich nun selbst mit meinen Gewehren und Patronen beladen, um erst abends spät, vollkommen erschlafft, mein Ziel zu erreichen.

Die Birsch auf Schafe fiel am folgenden Tage wiederum erfolglos aus. Ich sah keine, aber zahlreiche Fährten und Losung von Bären.

Am Nachmittag brach ein orkanartiger Sturm, begleitet von starkem Regen, los. Bis auf die Haut durchnäßt langte ich wieder im Lager an, ohne Kleider zum Wechseln zu haben; denn wir hatten gestern ein Gepäckstück nach dem andern auf dem Marsch zurücklassen müssen, um die Lasten leichter zu machen.

Hier in den Bergen gibt es zahlreiche Waldhühner, drei verschiedene Sorten, die wunderbar von Wildbret sind, da sie sich momentan von Beeren ernähren. Mit der Schrotflinte ließe sich eine gute Strecke machen; aber das laute Echo in den Bergen verbietet deren Gebrauch.

Das Klima ist mild. Ich befinde mich hier auf demselben Breitengrade, auf dem Christiania in Norwegen liegt. Die Temperatur ist an der Küste dieselbe wie um diese Jahreszeit, wenn wir kühle Tage in Deutschland haben. Im Herbst, und in diesem befinde ich mich bereits nach hiesiger Rechnung, gehören die schönen und klaren Tage zu den Ausnahmen, während Regen und Nebel vorherrschend sind. Heute zum Beispiel sitze ich den ganzen Tag untätig im Zelte.

Drei Tage dauerte diese unfreiwillige Gefangenschaft, bis endlich die Sonne am Himmel stand. Ich benutzte die Gelegenheit, um einen weiten Marsch in die Berge zu machen, fand aber auch hier weder Schafe noch Fährten derselben. Den Aufstieg auf den Höhenrücken, wo sie vielleicht sein konnten, versperrte mir ein Gletscherarm, den mein Führer und ich lange vergeblich zu überschreiten versuchten. Auf halben Wege mußten wir die Jagd aufgeben. Der Abstieg wurde uns allen noch saurer wie der Aufstieg.

Ich versuchte mich mit den Booten einen der kleinen Flüsse hinaufzurudern, um mein Glück nochmals in einem andern Tale zu versuchen. Der Strom war aber so reißend und die Bemannung der Boote so unzureichend, daß ich schon nach wenigen Kilometern diesen Versuch als hoffnungslos aufgeben mußte und somit die Jagd auf Schafe überhaupt.

Ich wende nun meine ganze Aufmerksamkeit den Elchen zu. Es ist aber zweifelhaft, of sie schon aus dem Bast sind; denn die Schaufler sollen erst Mitte September fegen und im Januar schon wieder abwerfen. Das Terrain, in dem ich mich befinde, ist für Elche wie geschaffen, hügelig, sumpfig, hier und da ein kleiner See, große und kleine Tannenwaldungen und das ganze Land bewachsen mit Weiden, der Äsung der Elche. – Die ersten drei Tage mußte ich mich damit begnügen, zahlreiche Fährten zu konstatieren. Das Wild hat tiefe Wechsel in die Sümpfe und durch die Wälder gezogen, denen man leicht folgen kann, und hier und da sieht man eine mächtige Schaufel am Boden liegen.

Endlich, nachdem ich acht Tage gejagt, ohne ein Stück Wild zu sehen, kam ein Elch einen Hang herabgetrollt, direkt auf die Stelle zu, wo mein Führer und ich gerade frühstückten. Er hatte unsern ganzen Wind sowohl wie die Rauchwolke des Feuers, auf dem wir Tee kochten. Es ist mir unerklärlich, warum er nicht in der entgegengesetzten Richtung flüchtig wurde. Auf 150 Schritt herangekommen, machte er eine scharfe Wendung. Es war ein Hirsch mit geringem Geweih, und letzteres war noch ganz im Bast. Ich ließ deshalb meinen Führer schießen, und dieser brachte den Elch mit zwei Blattschüssen zur Strecke, um unsrer Hungersnot ein Ende zu machen. Die Hohlkugeln meines Kalibers 375 (englische Doppelbüchse mit Corditpulver, ca. 9 mm) hatten je eine Rippe durchschlagen und große Löcher in Lunge und Herz gerissen.

Endlich konstatierte ich von einem Hügel aus, der die Landschaft überragte, auf eine Entfernung von mehreren Kilometern ein weibliches Stück Elchwild, begleitet von zwei Schauflern. Beide trugen mächtige Geweihe. Der eine hatte schon ganz gefegt; die Sonne beschien die hellen Schaufeln und gab ihnen den Anblick zweier mächtiger Laternen, während der andere eine Schaufel gefegt und die andere noch ganz im Bast trug. Das Rudel zog gemeinsam über eine Blöße. Das Tier behielt ruhig seinen Kurs, während die beiden Schaufler bald vorantrollten, bald zurückkamen, offenbar in großer Aufregung. Dann und wann senkten sie die geweihten Häupter gegeneinander, aber ohne zu kämpfen; sie schienen nur Maß nehmen zu wollen für die bevorstehenden Turniere, denn es ist Anfang der Brunftzeit. Ich verließ nun eiligst meinen Beobachtungsposten, und ich erreichte nach anderthalb Stunden die Stelle, wo ich die Elche zuletzt gesehen.

Die Fährte ist, wenn das Wild nicht gerade den Wechsel einhält, in dem dichten Gestrüpp nicht verfolgbar. Ich hielt aber die Richtung ein, in der die Elche verschwunden waren, und befand mich nach Verlauf einer weiteren halben Stunde einem Elch gegenüber, der, an einem Hang stehend, mir den Rücken zukehrte. Bald entdeckte ich mit dem Glase etwas zur Seite einen andern, der ein ganz helles Geweih trug, sah aber gleich, daß es keiner von den Gesuchten war; denn die Schaufeln waren für hiesige Verhältnisse gering. Ich wollte die Elche nun umschlagen; jedoch ehe es sich vermeiden ließ, bekamen sie Wind und brachen weg.

An den folgenden Tagen sah ich noch zwei Hirsche, einen ganz jungen, der noch im Bast war, und einen älteren ohne Bast, aber zu jung, um als gute Trophäe zu gelten.

Als ich auch bis zum 18. September weder einen Elch zur Strecke, noch überhaupt beschossen hatte, beschloß ich, diesen Teil des Landes zu verlassen und an einer andern Stelle mein Heil zu versuchen.

Seit drei Tagen ging der Regen unaufhaltsam nieder. Es handelt sich um die Äquinoktialstürme, die hierzulande zur Vollkommenheit entwickelt zu sein scheinen. Die Wiesen standen kniehoch unter Wasser; der Sturm hatte zahlreiche Bäume zu Fall gebracht, die uns den Weg versperrten. Die Bäche waren zu Strömen angewachsen und gefährlich zu passieren. In einem derselben wurden meine beiden Indianer von einem zu Tal treibenden Baumstamme erfaßt; die Strömung riß sie in wenigen Sekunden mehrere hundert Meter zu Tal; sie verloren ihre Lasten, aus meinem Schlafsack und meinem Kleidersack bestehend. Letzterer blieb bald an einem Baumstamme hängen, während wir ersteren erst später am Tage aus der See fischten. Die Hälfte der Küchenutensilien und das Flobertgewehr gingen bei dieser Eskapade verloren. Ersteres ist nicht schlimm, denn für Speck und Bohnen reichen die übriggebliebenen noch hin. Der Verlust des Floberts aber ist sehr bedauerlich; denn einige Grouse und Enten wären gerade jetzt sehr willkommen gewesen. Auch die Bälge einiger Vögel, die ich mit viel Mühe präpariert, gingen in den Fluten unter.

In der Wahl des neuen Terrains, das etwa 30 km von dem früheren entfernt liegt, scheine ich glücklicher gewesen zu sein. Ich habe drei Stunden Marsch vom Lager einen pyramidenartig geformten Berg gefunden, von dessen Spitze aus ich das Gelände, das auch hier aus Tannengehölz, mit offenen Blößen abwechselnd, besteht, gut übersehen kann. Gleich am ersten Tage entdeckte ich einen geweihten Elch mit dem Glase in dem Moment, wie er sich niedertat. Das Geweih war zu gering, um das Stück zu jagen; ich wollte aber versuchen, möglichst nahe an den Elch heranzukommen, um ihn zu photographieren. Er ließ mich mit gutem Winde bis auf 25 Schritte heran, dann wurde er hoch. Ich konnte aber in dem hohen Weidengestrüpp nur die Spitzen seiner Schaufeln sehen, dann hörte ich ihn wegbrechen. Diese Erfahrung war insofern lehrreich, als ich mich überzeugen konnte, daß ich in künftigen Fällen den Elch auf diese Weise nicht jagen kann. Denn ich hätte keine Kugel anbringen können. Das Gras ist gerade jetzt, Ende September, am höchsten; die Weiden sind dicht belaubt.

Tags darauf sah ich von dem Berge aus fünf Elche, lauter Tiere und Kälber. Ein junger Hirsch hatte meinen Führer und mich an dem Berghang entdeckt, anscheinend aber ohne uns als Menschen zu erkennen. Wahrscheinlich von Neugierde getrieben, zog er nun langsam auf unsern Anstand zu. Nach einer Stunde stand der Elch auf dreißig Schritt vor uns. Wir konnten sehen, wie die Gräser sich unter seinen Tritten bogen, und dann und wann lugten die Zacken seiner Schaufeln über das Gras hinüber. Ich nahm nun, mit der Kamera bewaffnet, auf den Schultern meines Führers Platz. Der Elch machte kehrt und ging in langem Troll zu Tal, während ich zwei Momentaufnahmen machte.

Endlich, am 30. September, entdeckte ich auf eine Entfernung, die ich auf 3 km schätzte, einen starken Schaufler, begleitet von einem Tier und einem Kalb. Das Wild zog kreuz und quer, bald über Blößen, bald im Tannendickicht. Der Geweihte ließ das weibliche Stück keinen Moment aus den Augen; denn die Brunftzeit hat jetzt ihren Höhepunkt erreicht.

Gegen 11 Uhr hatten sich die Elche niedergetan und waren unserm Gesichtskreise entschwunden. Wir wußten aber genau, wo sie saßen. Die Stelle, die sie sich ausgesucht, war für mich die denkbar ungünstigste; denn ich konnte von keiner Stelle heran, so daß ich beim Schuß über dem Wilde zu stehen kam. Das Terrain bestand aus sechs bis sieben Fuß hohem Gras, in dem ich das Wild selbst aus der nächsten Nähe nicht hätte sehen können.

Nach langem Überlegen beschloß ich, ein Treiben zu veranstalten. Ich wollte das Wild umschlagen und mich an einer Stelle, die etwas erhöht schien, anstellen, während mein Führer mit dem Winde von der andern Seite auf die Elche zugehen sollte. Das Resultat dieses Manövers war ein recht zweifelhaftes, mit nur einem Treiber und einem Schützen in der Front. Ich rechnete aber damit, daß das Wild, rege gemacht, meist dahin zurückwechselt, woher es gekommen ist, und wählte meinen Stand da, wo die Elche kurz zuvor eine tiefe Schlucht passiert hatten. Die Uhren wurden verglichen, und wir erlaubten uns gegenseitig zwei Stunden, um die weiten Kreise zu beschreiben.

Genau, wie ich es berechnet, kam es. Kaum war ich auf meinem Stande angelangt, da erschien am Rande der Schlucht zuerst der Geweihte, dann auch das Tier und das Kalb, 300 Schritt von mir entfernt. Ich hatte einen vorzüglichen Schuß, hätte nicht ein Erlenstrauch das Blatt des Geweihten verdeckt. Einige erwartungsvolle Sekunden verstrichen, während deren alle drei Stück aufmerksam rückwärts sicherten. Jetzt macht der Schaufler einen Schritt den Hang hinab, meine Kugeln verlassen die Läufe; das beschossene Stück ist meinen Blicken entschwunden, während Tier und Kalb zurückflüchten. Nach wenigen Minuten kommt ersteres zurück und äugt unentwegt in die Schlucht hinab, in welcher der Hirsch wohl liegen muß. Dann geht es von neuem, durch meinen folgenden Führer erschreckt, flüchtig ab. Ich darf meinen Stand nicht verlassen; denn nur von hier aus kann ich die Schlucht bestreichen, sollte der Elch wieder hoch werden. Dann erschien mein Führer und rief mich heran, in die Schlucht zeigend und mit seinen langen Armen ein riesiges Geweih darstellend. Außer der langersehnten herrlichen Trophäe hatte ich die ebenso große Genugtuung, richtig gejagt zu haben; denn mein Führer war wohl ganz nahe an die Elche herangekommen, hatte aber in der dichten Deckung keinen von ihnen zu Gesicht bekommen.

Mittlerweile hat der Winter hier seinen Einzug gehalten. Seit zehn Tagen haben wir starke Nachtfröste, und heute, am 8. Oktober, geht ein Schneesturm nieder, der mir die schönste aller Jagdweisen, das Spüren des Wildes im Schnee, in Aussicht stellt. Auf den Schneesturm folgten drei unbeschreiblich schöne Tage, klares, kaltes Wetter, die Sonne gegen Mittag sommerlich warm; dazu die herrliche Schneelandschaft. Ich war reich entschädigt für die vielen Regentage im Monat September. Zahlreiche Elchfährten ließen mich darauf schließen, daß auch das Wild seine Deckung im Tannenwalde verlassen und umherzog.

Ich sah in den drei Tagen fünfzehn Stück, aber nur geringe Hirsche und weibliches Wild, und diese alle vereinzelt, woraus ich schloß, daß die Brunftzeit ihr Ende erreicht hatte. Auch einen schwarzen Bären, den ersten, den ich überhaupt zu Gesicht bekam, sah ich in diesen Tagen. Es war aber leider schon zu spät am Tage, um Jagd auf ihn zu machen. Auf der Blöße, auf der ich ihn sah, standen und wechselten ferner drei Elchtiere und zwei Kälber. Sie alle schienen auf ganz vertrautem Fuße mit Meister Petz zu stehen. Endlich, es war am Spätnachmittag des 11. Oktober, entdeckte ich von meiner Höhe unmittelbar unter mir ein Elchtier und bald darauf einen Geweihten mit anscheinend guten Schaufeln.

Vier Kugeln verließen in regelmäßigen Zwischenräumen meine Läufe, ohne daß der Elch die geringste Notiz davon nahm. Erst auf den fünften macht er eine scharfe Wendung und steht jetzt ganz spitz von hinten ebenso regungslos wie vorher. Der Führer beobachtet das Wild mit dem Glase und konstatiert: ein Hinterlauf gebrochen, und versichert mir ferner, daß der Elch, schon vom ersten Schuß ins Herz getroffen, jeden Moment zusammenbrechen müsse. Das ist auch meine Ansicht. Der Sicherheit halber setze ich meine Kanonade fort, bis der Recke auf den elften Schuß in sich zusammenbricht. Ich konstatiere einen Blattschuß und zwei gebrochene Hinterläufe. Die Distanz hat etwa 400 m Luftlinie betragen. Unzweifelhaft war der erste der Blattschuß, der das Herz des Elches am oberen Rande durchbohrte. Der fünfte zerschmetterte einen Lauf und ließ den Hirsch die Wendung machen. Der elfte endlich brach den andern Lauf und brachte den Elch zu Fall. Trotz der großen Distanz habe ich nur mit dem 100-m-Visier geschossen und dadurch den Fehler vermieden, der fast immer gemacht wird, nämlich das Wild zu überschießen, wenn es tief unter dem Schützen steht. Damit hatte die Jagd ihr Ende erreicht; denn ich durfte nur zwei Elche erlegen, und das Jagen auf Schafe und Bären beschloß ich auf meinen zweiten Besuch Alaskas zu verschieben.

Die Erinnerungen von Niedick lassen erkennen, wieviel beschwerlicher die Wildnisjagd damals vor 80 Jahren war. Rund 30 Jahre später, 1935, berichtet Sigmund Szèchenyi von seiner Elchjagd auf der Kenai-Halbinsel. Szèchenyi und seine zwei Jagdkameraden jagten unter Führung von Andy Simons.

Auch wir fanden Ende der sechziger Jahre noch reichlich Elchwild auf der Kenai-Halbinsel mit guten Schauflern. Inzwischen ist die wunderschöne Halbinsel durch Straßenbau weitgehend erschlossen und das Snowmobil ein allgemeines Transportmittel geworden, womit man leicht in die Einstände des Wildes kommen kann. Gute Schaufler sind dort zur Seltenheit geworden, und durch Überbejagung ist der gesamte Wildbestand stark dezimiert.

Von der Elchjagd des Grafen Szèchenyi zitiere ich auszugsweise aus seinem Buch ,,Alaska''. Seine Erlebnisse und Eindrücke sind auch bei dieser Jagd mit trefflicher Beobachtungsgabe und feinem Humor niedergeschrieben.

Wir reiten auf einem recht guten Steig durch eine liebliche Gegend. Das Gelände ist hügelig mit schütterem Fichten- und Birkenbestand, dazwischen größere und kleinere Gewässer. Alte, verblichene Elchschaufeln markieren den Steig. Alle hundert Meter liegt eine. Es sind Abwurfschaufeln, die von Menschenhand hingelegt wurden. Vor Jahren, als die ersten Jäger in diese Gegend kamen, bezeichneten sie den Pfad, der zum Kelleyfluß führt, mit solchen Elchschaufeln. Seither wurde es zur Gewohnheit, die gefundenen Schaufeln auf den Fußweg zu legen. Sogar die Landkarte bezeichnet diesen Weg als „Moose Horn Trail" (Elchgeweihpfad). Darunter befinden sich einige kapitale, richtige Waschtröge. Wir kommen auf eine Anhöhe, und schon sehen wir vor uns den ersten Elchschaufler. Er steht bewegungslos – wir tun das gleiche und beäugen uns gegenseitig auf kaum 60 Schritt...

Ist das ein monströs großes Tier! Unsere Pferde erscheinen daneben wie Zwerge. Die großen fahlgelben Schaufeln bereiten mir Herzklopfen. Schon will ich nach meiner am Sattel befestigten Büchse greifen, da höre ich Hjalmars Stimme hinter mir: „Mittelmäßig, nicht schußbar."

Der Elch zieht auf uns zu, offenbar hält er die Pferde für Artgenossen. Er schwingt sein ramsnasiges Haupt hin und her, unter seiner Kehle baumelt ein Beutel, wie der Klöppel einer großen Glocke. Er kommt immer näher und gibt einen dumpfen, grunzenden Laut von sich... die gewaltige Kreatur mit dem Riesenhaupt – erkennt uns noch immer nicht. Die Pferde werden unruhig und schnauben.

Hjalmar muß ihn anschreien, erst dann stutzt er, auf kaum 25 Schritt... ich habe gerade noch Zeit, eine Aufnahme zu machen, ehe er sich abwendet und sich in langsamem Troll entfernt. Wir erreichen den Rand eines ausgedehnten Tales. Unter uns erglänzt ein ziemlich breiter, schäumender Fluß: der Kelley River. Unten angekommen, folgen wir in einem schönen, dichten Nadelwald dem Flußufer. Dann haben wir plötzlich die Zelte vor uns, und ich sehe meine Gefährten, die vom Lagerfeuer aufspringen. Vor dem Feuer, an Fichtenstämmen befestigt: zwei Paar riesengroße Elchschaufeln.

Beide haben also ihren Elch erlegt. Mit offenem Mund bleibe ich vor diesen prachtvollen Geweihen stehen.

6. Oktober, Camp „Kelley River"

Ein klarer, windstiller, eisiger Morgen. Ich weiß nicht, wieviel Grad unter Null sein können; jedenfalls ist in meinem Zelt das Wasser, das ich mir zum Waschen vorbereitet hatte, vollständig gefroren, obwohl ich am Abend tüchtig geheizt hatte. Aus dem Waschbecken muß ich das Eis heraushämmern.

Wir ziehen zu Pferde los: Andy, Hjalmar und ich.

Wir müssen über den Fluß setzen, das gute Jagdgebiet ist auf dem anderen Ufer. Unser Lager befindet sich diesseits, weil wir nur hier Quellwasser haben.

Die ganze Gegend ist vom Reif weiß überglänzt. Die Nadelbäume sind wie mit Zucker bestreut. Auch der Flußrand ist bis zu einem halben Meter gefroren.

Folgsam steigen unsere Pferde in das strudelnde, ihnen bis zu den Flanken reichende Wasser. Vorsichtig, sachverständig, schreiten sie zwischen den glattgeschliffenen, rutschigen Steinen des Flußbettes. An manchen Stellen ist die Strömung so mächtig, daß sie die Pferde ein gutes Stück zur Seite drückt, aber auch das bringt sie nicht aus der Ruhe, sie bleiben dann bedächtig stehen und betasten den Grund, um den Fuß an die richtige Stelle zu setzen. Zeitweise reicht die tosende Flut bis zur halben Höhe des Sattels. Dann lege ich ein Bein auf den Pferdehals, das andere muß ich jedoch wohl oder übel in das eisige Wasser hängen lassen.

Auch hier ist das Flußtal von steilen, mit Nadelwald bestockten Bergketten eingefaßt, genau wie vor unserem Lagerplatz. Ein schmaler, steiler Pfad führt in Serpentinen auf die Höhe; diesen klettern wir hinauf. Auch beim Klettern sind unsere Pferde äußerst tüchtig.

Wir erreichen eine bewaldete Hochebene. Da wachsen schon viele Laubbäume; hauptsächlich Birken, Erlen und Pappeln unterbrechen die Eintönigkeit des Nadelwaldes. Hier geht der Herbst noch nicht seinem Ende zu wie in den höheren Bergen, die den Kenai- und Skilak-See umgeben; der Blätterfall ist noch nicht beendet. Es brennt das Feuer des Herbstlaubes noch in allen Farben und ist – wenn möglich – noch prächtiger, als wir es bei Fairbanks sahen. Die Gebüsche der Zwergbirken sind wie frisches rotes Blut, ihre hochstämmigen Brüder wie das blasse Gold Alaskas ...

Unentwegt stoßen wir auf neue Bäche. Auf seichte, tiefe, breite und schmale. Auch kleinere Seen zeigen sich. Zwischen ihnen liegt sumpfiges Gelände, in dem man tief einsinkt. Die Pfützen sind von milchglasartigen kleinen Fenstern überzogen, die unter den Hufen der Pferde klirrend platzen und einen schwarzen Brei glucksend hervorbrodeln lassen.

Bald haben wir das Ende der zwei Kilometer breiten Hochebene erreicht, unter uns erscheint eine unübersehbare Ebene; dort unten werden wir jagen.

Wir sitzen ab, Hjalmar behält die Pferde im Auge, während ich mich mit Andy auf einer breiten Felsplatte niederlasse. Von hier aus können wir die unter uns befindliche Gegend großartig übersehen. Auf den ersten Blick zeigen sich bereits drei Elchtiere.

Sie äsen friedlich zwischen blutrotem Zwergbirkengebüsch: braune, ramsnasige Untiere auf grauen Läufen.

Die sich vor uns erstreckende Niederung ist auenartig mit Büschen bewachsen. Fichtengruppen bilden dunkle Flecke im Durcheinander von Gebüsch und Gräsern. 30 Jahre sind es vielleicht her, daß dort ein vernichtender Waldbrand gewütet hat. Eigentlich ist die ganze Niederung auf 20 Kilometer Länge und ebensolche Breite abgebrannt. Die zerstreut liegenden Fichtengruppen sind die Überreste des alten Waldes, aus dem Flammenmeer errettete Inseln. Wo das Feuer sich durchgefressen hat, sprossen Birken, Erlen und vielartiges Staudenwerk hervor.

Diese Lichtung von riesiger Ausdehnung ist der Lieblingstreffpunkt der Elche aus dem ganzen angrenzenden Gebiet, es ist ihr Brunftplatz.

Während der zehn Minuten, die wir jetzt hier schon sitzen, habe ich das Glas nur für ein bis zwei kurze Augenblicke, in denen ich es mit vor Aufregung zitternder Hand Andy hinüberreichte, von den Augen genommen, damit er sich äußere, ob ein Schaufler tatsächlich so kapital ist, wie ich ihn anspreche. Seitdem wir nämlich hier sitzen, habe ich in der Lichtung unter uns schon an die 25 Elche entdeckt, darunter fünf hervorragende Schaufler!

Sie bewegen sich hin und her; einer verschwindet, ein anderer erscheint aus der Pappeldickung. Das erste, was man bemerkt, sind die Schaufeln. Sie leuchten hell im Sonnenschein, während der braune Körper mit den Farben der Umgebung verschmilzt. Besonders fallen die Schaufeln vor Nadelbäumen auf. Wie ein Paar große, gelbe Schmetterlingsflügel heben sie sich von dem dunkelgrünen Hintergrund ab. Manchmal scheinen sie fahl oder gar weiß, je nachdem, von welcher Seite die Sonnenstrahlen sie treffen.

Das Wetter ist prachtvoll, und die Luft wird ständig wärmer. Von den Fichten schmilzt der Rauhreif, sich in Tautropfen verwandelnd. Es herrscht völlige Lautlosigkeit. Nur von unten ist ein eigenartig gedehntes Mahnen zu hören: der sehnsüchtige Ruf des Elchtieres. Dazwischen ein dumpfes Grunzen und Knurren: der Schlachtruf des Schauflers. Hin und wieder noch ein starkes

Oben: Professor Heimann mit seinem starken Eisbären (1962).

Unten: Früher das einzige Verkehrsmittel der Eskimos: das Hundegespann, auch heute noch teilweise zur Jagd eingesetzt.

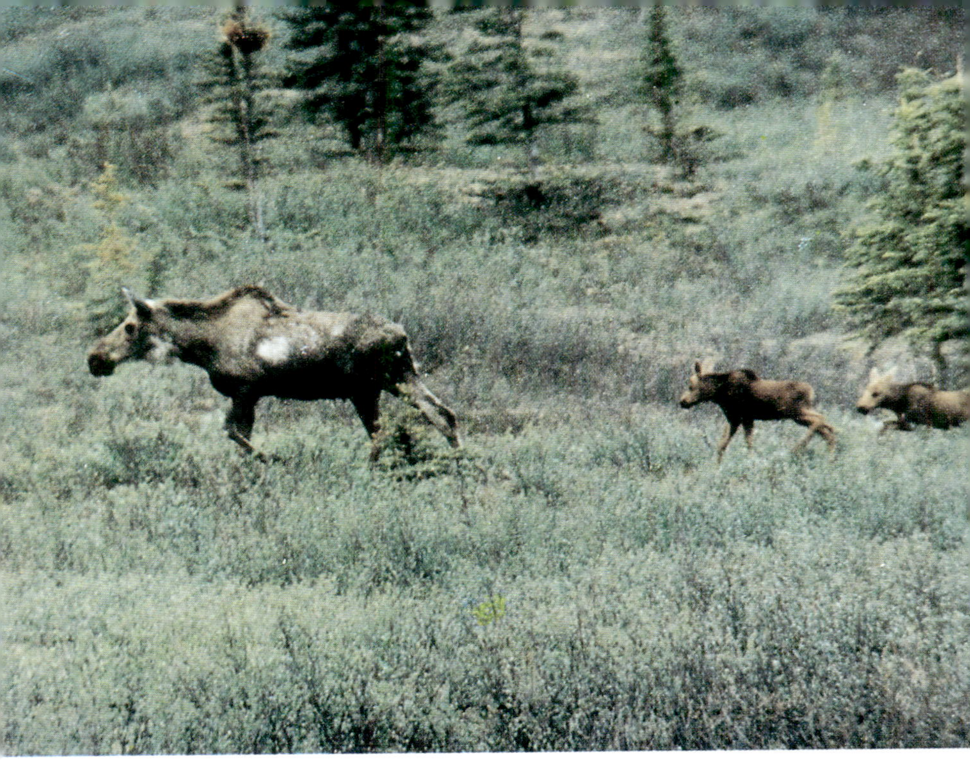

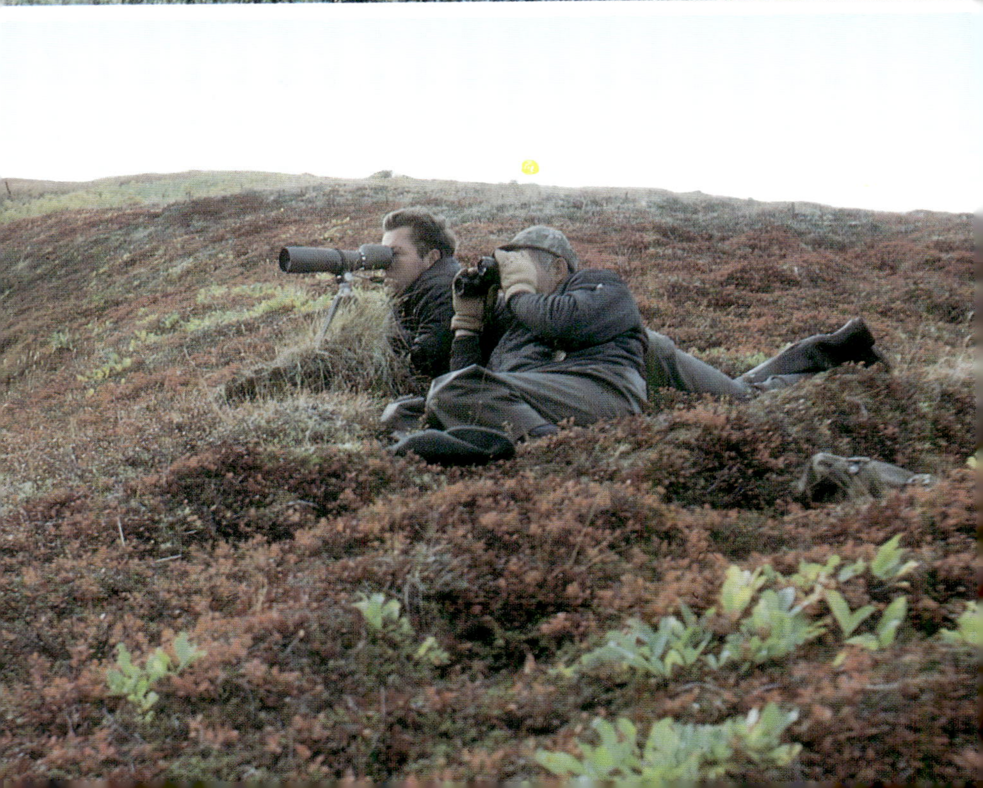

Knacken, wenn die schweren Schaufeln sich durch das Holz Bahn brechen.

Von hier aus, in großer Entfernung, ist es natürlich schwer, den stärksten Schaufler anzusprechen. Selbst auf kurze Entfernung ist das nicht leicht! Besonders für mich, der ich Alaska-Elchschaufeln nur an der Wand gesehen habe. Mir kommen alle riesig und kapital vor. Aber Andys sachverständiges Auge ist von keinem begeistert. Es dauert eine ganze Weile, bis er seine Nachforschungen mit dem Jagdglas beendet und einen Plan ausgekocht hat. Bald erreichen wir einen niedrigen Hügel, der mit dünnen Birken und einigen Erlenbüschen bewachsen ist, und erblicken plötzlich auf zweihundert Schritt ein mächtiges Schaufelpaar. Wir halten, um es – auf den Pferden bleibend – mit dem Glas näher anzusehen.

Im ersten Moment verstehe ich nicht, wieso sich die Schaufeln kaum einen Meter über dem Erdboden zeigen. Aber schon ist es mir klar: Der Träger des schweren Geweihs ruht sich aus. Er scheint sogar zu schlafen. Das schwere Haupt ist auf den Boden gesunken.

Es scheint, daß selbst Andy diesen Schaufler für eine ernste Angelegenheit hält. ,,Er hat tatsächlich beträchtliche Schaufeln'', bemerkt er mit sichtlichem Interesse.

Er kriecht jetzt vorwärts. Er nähert sich dem Hirsch bis auf hundert Schritt, mustert ihn wohl zehn Minuten lang und erklärt: ,,Er verdient die Kugel doch nicht. Wir finden bessere. Er hat gute breite Schaufeln mit vielen Enden, die Stangen jedoch sind dünn. Es ist ein leichtes Geweih.''

Ich pirsche also den anscheinend immer noch tief schlafenden Schaufler zu Pferde an, vorsichtig mit schußbereiter Kamera, mich von Gebüsch zu Gebüsch deckend.

Nun bin ich ungefähr hundert Schritt heran, da wirft er auf, sich mehr aufzuregen, ist ihm nicht der Mühe wert. Er läßt mich noch fünfzig Schritt näherkommen, erst dann wird er gemächlich hoch... Er bietet einen verblüffenden Anblick! Vorsintflutlich! Nicht aus unserer Zeit. Als ich das erste Mal vor einem wilden Elefanten stand, war der Eindruck ähnlich...

Oben: Zwillingskälber sind beim Elchwild selten.

Unten: In der Farbenpracht des Indianersommers. Weit geht der Blick vom Aussichtsplatz über das Land.

Er genehmigt mir drei Aufnahmen. Dann wendet er gelangweilt seine große Nase und läßt mich unwillig stehen. Er kann das Fotografieren anscheinend nicht ausstehen.

Darauf begebe ich mich ganz glücklich zu den anderen zurück. Ein schöneres Elchschauflerbild wird die Welt noch nicht gesehen haben! Die Freude währt jedoch nicht lange. Nur fünf Minuten. In der Aufregung hatte ich vergessen, die Verschlußklappe hochzuziehen. Mit verdecktem Objektiv habe ich auf den Schaufler geschossen!

Wir frühstücken. Gerade wollen wir die Sattelgurte anziehen, als aus der naheliegenden Fichtengruppe ein unerwarteter Lärm ertönt. Ein Krachen und Schlagen, ein Anprallen und Knirschen... als prügele man sich mit Stangen, als schlügen sich Raufbolde im Wirtshaus Stühle an die Köpfe...

Tatsächlich wird dort gerauft, aber nicht im Wirtshaus, und der Zweikampf wird mit Gewehren ausgetragen. Zwei Elchhirsche kreuzen ihre mächtigen Waffen.

,,Sie kämpfen, los!" schreit Andy.

Schon sind wir aufgesessen. Soweit es Windwürfe und die Dickung erlauben, eilen wir in die Richtung. Wir haben alle Hoffnung, uns nicht zu verspäten und noch etwas vom Kampf sehen zu können, als der Lärm plötzlich aufhört...

Trotzdem streben wir weiter, vielleicht können wir doch noch die kämpfenden Recken erblicken; es könnte sein, daß der eine Waffen benützt, die unser Gefallen erregen... Als wir näher herankommen, hören wir, daß der Kampf fortgesetzt wird, kaum hundert Schritt von uns... Nun sind wir nahe genug, sitzen ab und schleichen bis auf fünfzehn Schritt heran. Von hier aus können wir das Duell fünf Minuten beobachten. Ein Vorgang, den kaum jeder hundertste oder gar tausendste Jäger in seinem ganzen Leben zu beobachten Gelegenheit hat! Selbst Andy war nur ein einziges Mal Augenzeuge.

Es sind prachtvolle, mächtige Schaufler. Andy hofft jedoch noch immer auf etwas Besseres und rät vom Schuß ab. Ihre Häupter sind blutig zerschlagen, aus den Nüstern und den keuchenden, halb geöffneten Äsern dringt röchelnd blutiger Schaum. Beide sind vorne zusammengebrochen. Stirn gegen Stirn liegen die mächtigen Häupter, die Windfänge pflügen den Boden auf. In fürchterlicher Anstrengung brechen sie sich schier das Genick. Ihre Hinterläufe, wie zwei in den Boden verankerte

Eisenstangen, sind zum Bersten gespannt; sie haben die Kraftanstrengung und die ganze Wucht des Riesenkörpers zu tragen.

Sie drehen sich im Kreise, trennen sich, um erneut aufeinander loszufahren. Unter Keuchen, Stöhnen und Schnaufen verdrehen sie wütend die Lichter. Bei jedem Zusammenprall kracht es dermaßen, daß man glauben möchte, die schweren Schaufeln müßten in Stücke brechen. Keine Rede davon. Nicht das kleinste Stück splittert von ihren Enden ab. Der Zweikampf geht weiter.

Aber jetzt kann der eine nicht mehr. Mit einem plötzlichen Ruck reißt er sein Haupt zur Seite, um sich vom Druck der ineinander geratenen Schaufelenden zu befreien. Wie ein Blitz macht er einen Satz nach rückwärts und wird flüchtig. Der andere stürzt durch den unerwarteten Abbruch des Gegendruckes fast ganz vornüber. Er macht einige wankende, unsichere Fluchten hinter dem Ausreißer her, dann verhofft er und äugt, wie von Schwindel erfaßt, ins Leere. Die Flanken arbeiten wie ein Blasebalg. Die Lichter sind vom eigenen und von des Gegner Schweiß verschleiert. Er dreht sich langsam zur Seite und geht im Troll ab.

Es ist schon finster, als wir uns von der Niederung auf die Hochebene hinaufarbeiten. Schon zeigen sich die Sterne, und die Luft kühlt rasch ab.

Langsam reiten wir zur unfreundlichen Musik der Koyoten heimwärts... ein Mittelding zwischen Wolfsgeheul und Fuchsgebell. Und gerade als unsere Pferde in die silberglänzenden Fluten des Kelleyflusses hineinwaten, zerreißt ein langgedehntes, melancholisches Heulen die Nachtstille...

Das Rohr meines Eisenofens hat keinen Zug. Mein Zelt ist so voller Rauch, daß er mir fast die Augen ausbrennt. Ich lasse mich infolgedessen beim hochflackernden Lagerfeuer nieder und werde hier die Ereignisse des Tages aufzeichnen.

Es gelang uns nicht, den Ofen auszubessern. Man kann dieses Rauchen nicht aushalten, die Zugluft fehlt. Andy bastelt so lange daran herum, bis er die Geduld verliert: er nimmt meine Büchse und repetiert drei Schüsse in das aus dem Zeltdach führende Ofenrohr! Er schießt sechs Zuglöcher in das Blech. Schöne, runde kleine Löcher, die jetzt wie rötlichgelbe Glutaugen leuchten. Der Ofen bekommt auf der Stelle so viel Zugluft, daß er nur so brummt. Im Nu hört auch das Rauchen auf.

Wie gesagt, so einen Pelzjäger kann man schwer in Verlegenheit bringen.

7. Oktober, Camp „Kelley River"
Heute ist bei Tagesanbruch noch stärkerer Reif. Die Kälte
erfordert einen Mantel mehr. Die Fichten haben sich ihr schön-
stes Rauhreifkleid übergeworfen, jede Nadel ist sorgfältig über-
zuckert.

Wir überqueren den Fluß, aber das geht heute nicht so leicht
wie gestern. Heute behalten wir nur ein Pferd, Hjalmar kehrt mit
den anderen heim, um die Trophäen meiner Gefährten hinunter-
zubringen und neue Lebensmittel von der Insel zu holen.

Wir klettern auf die Hochebene, setzen uns am gestrigen
Aussichtsplatz nieder und untersuchen die Niederung mit dem
Glas.

Heute ist dort unten noch viel mehr Bewegung zu beobachten.
Innerhalb einer halben Stunde zählen wir dreißig Elche, darunter
– zehn Schaufler!

Kaum sind wir unten, werden vor uns drei Stücke flüchtig; ein
schwacher Hirsch, Tier und Kalb. Sie verhoffen nach kurzem
Troll und spitzen ihre großen Eselsohren mit Interesse. Der
Hirsch wendet langsam und zieht in die Dickung, das unge-
schlachte Haupt des Tieres jedoch betrachtet uns unbeweglich aus
einem Busch, wie wir, kaum vierzig Schritte davon, weiterziehen.
Glaubt es, von uns nicht gesehen zu werden?

Wir erreichen ein mooriges Bruch. Auch in diesem Sumpf
stehen Elchfährten in Massen. Die Vorsehung hat zwischen den
weit spreizbaren Schalen des Elches eine Art Schwimmhaut, die
sich wie eine Ziehharmonika erweitert, wachsen lassen. Dieser
verdankt das mächtige Wild, daß es in den Sümpfen nicht
einsinkt. Denn die zwischen den gespreizten Schalen ausge-
spannte Haut vergrößert die Oberfläche des Trittes und verteilt
das Gewicht auf eine größere Fläche. Der achthundert Kilogramm schwere Elch zieht mit Leichtigkeit über einen Morast, in
dem das kleinste Pferd versinken würde.

In der Mitte des Moosgrundes erreichen wir eine kleine
Anhöhe, auf der auch die Pferde stehen können. Hier setzen
Andy und ich uns nieder und warten, bis Frank zurückkehrt, der
Umschau hält, wie wir uns am leichtesten aus diesem Bruch
herauskämpfen können.

Während wir warten – um uns befindet sich ein dünnstämmi-
ger, dichter Fichtenhorst mit durcheinander gebrochenen Ästen –
hören wir Wild auf uns zuziehen... schwere, quatschende
Tritte... Äste krachen... das unverkennbare Anstreichen von

Schaufeln an Bäumen... wir wissen, daß sich ein Schaufler nähert. Vielleicht hat ihn Frank roglig gemacht... Da kommt er! Er wird vor uns auf ungefähr fünfzig Schritt vorbeiziehen. Seine langen Läufe tragen in langsamem Schritt die kurze, bucklige Figur mit dem gedrungenen Träger. Auf sein Haupt hat er sich ein recht ansehnliches Schaufelpaar gepackt; wir können es aber nicht genau ansprechen, denn nur ab und zu leuchtet es zwischen den kreuz und quer stehenden Fichten hervor.

Ich pfeife ihn an.

Darauf reagiert er nicht, er trollt weiter – jetzt hustet Andy, da erst wird er stutzig. Uns bemerkt er nicht – wir sind gedeckt –, nur das Pferd. Ein bis zwei Schritt zieht er auf uns zu – nun sind seine breiten, vielendigen Schaufeln gut sichtbar. ,,Nicht übel", flüstert Andy, ,,zwar etwas eng gestellt... aber schießen Sie! Für den ersten sollte er entsprechen..."

Ich hebe meine Büchse... hinter dem Schaufler hört man wieder rascheln. ,,Warten Sie noch!" Ich spüre Andys warnende Hand auf meiner Schulter. ,,Es kommt noch einer nach..."

Schon krachen die dürren Äste, die Wipfel der Bäumchen biegen sich, und ein großer, schwarzer Körper zwängt sich hindurch...

Auch dieser ist ein starker Schaufler... welcher ist nun der bessere? Der erste hat es jetzt eilig. Anscheinend hat er vor dem anderen Angst. ,,Take him", zischt Andy, ,,he ist the better one!" (Los, er ist der bessere!) Ich halte hochblatt und lasse fliegen. –

Er war verschwunden, als habe ihn der Blitz getroffen.

Vor ihm befand sich ein Gebüsch, dahinter mußte er zusammengebrochen sein. Ich warte, vielleicht wird er wieder hoch...

Ja, da hebt er noch etwas sein schaufelgekröntes Riesenhaupt, und ich gebe ihm den erlösenden Fangschuß auf den Träger.

An der sumpfigsten Stelle ist er zusammengebrochen, das Wasser reicht uns über die Knöchel.

Die Größe des Schauflers ist ungeheuer. Das gestreckte Wild verblüfft noch mehr als das lebende, wenn man es vor sich hat. Es übertrifft an Größe noch das größte Pferd.

Nun sehe ich, daß es sich, von seinen enormen Maßen abgesehen, auch dadurch vom Europäischen Elch unterscheidet, daß es keine weißen Flanken hat und auch die Läufe nicht weiß sind. Es ist einfarbig, glänzend, dunkelbraun, nur die Läufe sind bleicher und fahl. Sein Haar ist derb, steif, spröde, fast borstenartig. Mein Elch ist so zusammengebrochen, daß der Windfang im

Morast versunken war. Wir heben ihn hoch: es ist ein wahrer Rüssel! Kein Wunder, daß er damit auf Kilometer die menschliche Wittrung aufnehmen kann.

Die „Glocke" unter seiner Kehle ist kaum mehr wahrzunehmen. Dieses eigenartige behaarte Anhängsel ziert (oder verunstaltet?) nur die Kehle jüngerer Hirsche. Im reifen Alter wird dieser Bartzapfen kürzer und dicker; bei ganz alten Schauflern schrumpft er zu einem aufgedunsenen, fetthaltigen Doppelkinn.

Der Hirsch verbreitet einen beißenden Moschusgeruch. Er ist nicht unangenehm und dem Brunftgeruch unserer Hirsche überhaupt nicht ähnlich.

Meine Männer gehen an die Arbeit. Das Haupt wird mit dem Beil abgeschlagen und der Träger mit scharfen Messern aus der Decke getrennt.

Wir nehmen jetzt nur die Trägerdecke mit. Sie wird hinten auf meinem Sattel festgeschnallt. Das Geweih bleibt hier, es ist zu weit „nach Hause", um es jetzt dorthin zu transportieren. Es wird morgen mit dem Pferd abgeholt.

Kaum sind wir zehn Minuten unterwegs, da hören wir wieder das Aufeinanderschlagen von Schaufeln und Kampflärm. Wir kommen etwas zu spät an den Schauplatz. Die Hirsche hatten dazu eine weite Lichtung, in der Größe von ungefähr zehn Morgen, gewählt, die mit nur wenigen höheren Büschen bewachsen ist. In ihrer Mitte stehen die beiden Kämpfer, zwei stattliche Recken mit starken Schaufeln. Sie haben zu kämpfen aufgehört; anscheinend konnte keiner den andern kleinkriegen...

Aber wollen sie nicht wieder beginnen?

Nein – sie stellen sich nebeneinander! Aber siehe da! Sie bedrohen sich wieder! Schwingen die schwer gekrönten Häupter hin und her, schielen mit schiefen Trägern aufeinander und schätzen, diese zurückziehend, ihre Kraft...

Dann, mit einer plötzlichen Wendung, sind sie wieder krachend aneinander geraten.

Das Ringen dauert jedoch nicht lange, nur einige wuchtige Stöße... und schon ergreift der eine die Flucht. Der Sieger verfolgt ihn nicht einmal. Er bleibt einige Minuten stehen und wartet nur, bis sich der Gegner so weit entfernt hat, daß er seines Sieges sicher sein kann, da er auch am Ende seiner Kraft ist! Dann tut er sich auf der Stelle nieder. Die Damen, deren Gunst er nun nach seinem Sieg erringen könnte, interessieren ihn nicht. Zu dritt stehen sie am Rande der Lichtung und erwarten voll Sehnsucht einen der beiden als Sieger. Auf diese zwei jedoch können sie lange warten. Der eine hat Reißaus genommen, der andere ist so erschöpft, daß er nicht wieder hochwerden kann... Der starke Schaufler, der Sieger, schnarcht sich dort aus, wo er sich niedergetan hat. Wir kriechen ganz dicht an ihn heran. Man möchte meinen, daß sein über und über verwundetes Haupt kaum noch das Gewicht der schweren Schaufeln tragen kann. Er legt es auch zu Boden, um es ruhen zu lassen, dabei stöhnt er, als sei seine letzte Stunde gekommen. Als er uns aber plötzlich wahrnimmt, vergißt er sein Kopfweh, wird hoch und flüchtet dem anderen nach. Er trägt gute Schaufeln, denen des von mir erlegten ähnlich. Aber vielleicht finden wir doch einen noch stärkeren.

Auf dem Heimweg begegnen wir noch einem großen Rudel. Im wahren Sinn des Wortes befinden wir uns mittendrin. An allen Ecken und Enden sieht man die Häupter der Tiere mit ihren langen Lauschern, und aus den Fichten leuchten Schaufeln hervor. Bewegung vor und hinter uns, können wohl an die fünfundzwanzig Stück sein. Unglaublich, wie sie aushalten. Sie beachten uns kaum. Dazwischen ziehen vier oder fünf Schaufler umher. Der eine ist besonders endenreich, und sein segelartiges Geweih läßt meine Hand die Büchse fester umspannen. Aber Andy gefällt auch dieser nicht: ,,Wir haben noch zwei Tage vor uns und sollten uns nicht übereilen; es wird hier schon noch einen besseren geben.''

Andy kennt sich mit dem Wild hervorragend aus, das muß man zugeben. Auf seine Meinung kann man sich immer verlassen.

Meine Jagdgefährten haben beschlossen, sich morgen hinunterzubegeben. Ihre Elche haben sie erlegt, Bären finden sie keine, und so haben sie hier nichts zu suchen. Wenigstens können sie zeitgerecht unten sein, um vor dem Einschiffen alles zu erledigen. Ich selbst kann im letzten Augenblick eintreffen.

Jetzt höre ich, daß Hank allein pirschen gegangen war, und zwar mit meiner Kamera. Natürlich – wie es dann meist so geht – war er einem guten Braunbären begegnet, den er auch fotografierte. Vor einer Weile kam Hjalmar mit den drei Pferden an. Er ist jetzt noch ganz aufgeregt, was mich nicht wundert. Ein temperamentvoller Schaufler hat ihm arg mitgespielt. Bei Dunkelwerden hatte er, bereits kaum einen Kilometer vor unserem Lager, die Hügel erreicht, als ein starker Schaufler seine aneinandergeknüpften Pferde anfiel!

Hjalmar behauptet, daß er dem Elch einen Stockhieb aufs Haupt versetzte. Ich glaube ihm das auch, denn so weit ich ihn kenne, hat er nie übertrieben. Aber der Hirsch ließ trotzdem nicht von ihm ab. Da sprang er geistesgegenwärtig vom Pferd, schnitt die Gepäckstricke durch, riß die zusammengebundenen Roßschweife auseinander und ließ die Pferde laufen. Aber auch jetzt setzte der Schaufler ihnen noch nach. Hjalmar kam nur mit einem Pferd an. Vielleicht verfolgt der Elch die beiden anderen immer noch.

Das Gepäck blieb natürlich liegen.

Ich habe Hjalmar, der sonst die personifizierte Gelassenheit ist, noch nie so verstört gesehen. Er ist ganz blaß. Und obendrein gebraucht er Schimpfworte, die ich diesem ruhigen Schweden nie zugetraut hätte.

8. Oktober, Camp „Kelley River"

Die losgelassenen Pferde kehrten noch in der Nacht zurück.

Als wir erwachen, strecken sie bereits die reifbedeckten Köpfe und dampfenden Nüstern zum Zelt herein.

Meine beiden Gefährten machen sich auf den Weg. Sie nehmen zwei Pferde, die anderen kommen mit Andy, Hjalmar und mir auf die Jagd.

Bis Mittag kriechen wir umher, ohne irgend etwas in Anblick zu bekommen. Wer heute zum ersten Male hierher käme, würde kaum glauben, wieviel Wild sich gestern noch hier befand. Da war eigentlich hinter jedem Gebüsch Bewegung. Wie gewohnt, lassen wir uns zur Mittagsrast auf einem Hügel nieder. Wir machen Tee und holen die Wegzehrung hervor. Während wir essen, hören wir fernes Brechen. Uns kommt es vor, als trüge der Wind etliche Male sogar das Geräusch des bekannten Rülpsens heran...

In Eile schlingen wir das Frühstück hinunter, satteln und sind bereits wieder auf dem Weg.

Wir erreichen eine große Lichtung. Man sieht über vierhundert Schritt über sie hinweg. Sofort ist zu bemerken, daß sich zwischen den Fichtenstämmen Wild bewegt. Es dürfte die Stelle sein, von der wir vorhin das Brechen und Trenzen gehört hatten.

Vorderhand sind jedoch nur Tiere zu sehen. Sie scheinen unruhig, treten aus den Fichten oder wieder in den Bestand zurück und äugen verhoffend hinein. Hinter ihnen ist aus dem Wald erneutes Brechen zu vernehmen. Von unserem Standort aus ist ein Anpirschen nicht recht möglich. Der Wind wäre ausgezeichnet, wenn wir über das offene Gelände direkt Richtung auf das Wild nehmen könnten. So ahnungslos sich die Elche bis jetzt auch gezeigt haben, das zu riskieren, trauen wir uns nun doch nicht. Warten wir also lieber noch etwas, vielleicht ziehen sie schließlich doch auf die Blöße. Mir kommt vor, als hätten sie Richtung auf uns.

Drei Tiere und zwei Kälber sind bereits draußen. Uns zugewendet, naschen sie an dem Zwergbirkengebüsch. Sie scheinen sich beruhigt zu haben. Auf jeden Fall äugen sie nicht mehr zurück.

Wir beobachten sie gute zehn Minuten lang. Dazwischen hören wir ununterbrochen das vielversprechende Brechen von Ästen. Endlich entschließt sich der Hirsch ebenfalls auszutreten. Seine starken grauen Schaufeln dreht er wie zwei Flügel hin und her. Er umrundet die Tiere und entschließt sich sogar, das eine oder andere zu treiben.

Ich beobachte ihn durch das Glas. Aber auch mit dessen Hilfe kann ich ihn leider nicht als so stark ansprechen, wie ich es gerne hätte. Während dieser drei Tage hat sich auch das Urteilsvermögen meiner Augen den mächtigen Schaufeln angepaßt.

Aber was bedeutet dieses Krachen?

... in der Dickung steckt also noch ein Hirsch!

Wir einigen uns mit Andy, daß ich von diesen beiden Hirschen den besseren auf jeden Fall erlegen werde. Es hat keinen Sinn, länger zu warten. Wenn der andere nur bald austreten würde, um vergleichen zu können. Man hört starkes Brechen aus dem Wald. Es wiederholt sich ständig. Dieser unsichtbare Bursche scheint eine Rodung vornehmen zu wollen. Er schlägt mit immer heftigerer Gewalt an den Bäumen und ist auch schon bedeutend näher gezogen. Schließlich läßt er ein bis zwei dumpfe Trenzer hören und dann ... zeigt sich eine Schaufel!

Diese genügt uns. Man sieht sofort, daß er der weit bessere ist. Da ist nicht viel zu überlegen.

Der Plan ist gefaßt: ich sitze auf und reite geradeaus auf das Rudel zu. Der Wind ist einwandfrei, die Elche äugen schlecht, und die Pferde halten sie für Verwandte. Ich habe also die besten Aussichten.

Mein unerwartetes Erscheinen löst keinerlei Wirkung aus. Ich werde keines Blickes gewürdigt. Die Entfernung zwischen uns ist übrigens groß, sicher vierhundert Schritt. Mein langsames Näherkommen wird völlig ahnungslos hingenommen. Jetzt zeigen sich acht Stück am Rand der Blöße: fünf Tiere, zwei Kälber und der zu Anfang erschienene Schaufler. Der andere, „unser Hirsch", lungert noch zwischen den Randbäumen herum. Hin und wieder kann man seine Schaufeln erblicken... und was für Schaufeln!

Die Elche kümmern sich überhaupt nicht um uns. Das heißt, sie halten uns offensichtlich für ihresgleichen. Sie werfen zwar hin und wieder auf, äsen dann aber ruhig weiter. Verdacht haben sie keinen und finden das berittene Elchtier auch nicht weiter merkwürdig.

Nun sind es noch einhundertfünfzig Schritt. Der Hirsch steht jetzt breit; er ist nicht zu fehlen – ein schwarzes Brauereipferd!... also los... vorsichtig hebe ich mein Bein über den Sattel und langsam, mit äußerster Vorsicht, lasse ich mich vom Pferd heruntergleiten.

Dann setze ich mich blitzschnell, lasse das Pferd los und schieße dem großen Elch meine Kugel aufs Blatt – er bleibt stehen, rührt sich nicht... und doch habe ich den Kugelschlag vernommen! Ich repetiere, ziele ganz genau... schieße... er bleibt stehen!

Schnell den dritten Schuß...

Auch dieser bleibt ohne Wirkung!

Was heißt das? Schieße ich daneben? Oder mit Platzpatronen? Hat sich das Fernrohr auf meiner Büchse verschoben?

Der Hirsch steht immer noch am selben Fleck, seine Läufe haben Wurzeln geschlagen.

Ich reiße das Zielfernrohr von der Büchse... und geb in aller Eile, ohne Fernrohr, zwei Schüsse ab...

Auch jetzt rührt sich der Schaufler nicht!

Jetzt packt mich das Jagdfieber. Die Büchse ist leer, fünf Patronen verschossen. Ich will laden, finde keine Patrone. In welche der vielen Taschen habe ich sie gesteckt?

Aber jetzt... der Hirsch zittert... er taumelt... er spreizt die Läufe... sie geben nach... beugen sich...

Er bricht zusammen!

Die Tiere bleiben mit dem anderen Hirsch noch immer am gleichen Platz; sie haben sich das Schnellfeuer angehört. Jetzt werden sie unruhig, treten hin und her; dann ziehen sie, ab und zu verhoffend, weiter...

Sie verstehen nicht recht, was geschehen ist...

Erst als meine Leute mit viel Lärm auf mich zulaufen, erkennen sie die Gefahr. Brechend und krachend verschwinden sie im Wald.

Ich war vor Aufregung in Schweiß gebadet.

Schon lange hatte mich nicht mehr ein derartiges Jagdfieber gepackt. Die Zähne klappern mir. Was war nur geschehen? Hatte ich auf einen Panzerschrank geschossen? Auf einen unverwundbaren Elch? Warum gab er keinerlei Schußzeichen und rührte sich nicht? – Ein beispielloser Fall.

Nun liegt er verendet langhingestreckt. Aus dem niedrigen Gebüsch ragt die mächtige linke Schaufel tatsächlich wie ein geblähtes Segel hervor.

Einhundertachtundsechzig Zentimeter. Um drei mehr als der gestrige. Die breiten, gleichmäßigen Schaufeln mit fünfzehn und vierzehn Enden reizen mich zu einem Jauchzer, den die gesamten Elche von Kenai hören müssen!

Die Schüsse sitzen alle fünf! Das Blatt ist wie eine Scheibe durchsiebt. Warum wollte er also nicht zusammenbrechen oder wenigstens zeichnen? War er von der ersten Kugel gelähmt und konnte die darauffolgenden nicht spüren?

Jetzt fiel mir ein, daß ich in kanadischen Jagdbeschreibungen mehrmals über ähnliche Fälle gelesen hatte; daß Elche nicht zusammenbrachen, ehe das Leben sie nicht ganz verlassen hatte.

Es ist stockfinster, bis das Haupt und seine Decke abgeschärft sind. Jetzt erscheint der Mond, der uns den Weg versilbert. Wir kommen mit der schweren Last zügig vorwärts.

Bei jedem Schritt des Pferdes schlagen die beiden starken Geweihe aneinander – es klingt, als prallten in der Ferne kämpfende Schaufeln zusammen ...

Die Präriewölfe stimmen ihr Abendlied an und heulen von allen Seiten ihre Klagen gegen den Mond.

Vielleicht wollen sie mich verabschieden! Denn morgen verlasse ich diese unvergeßliche Gegend.

Die Jagd ist zu Ende!

Ein Schaufler zum 75. Geburtstag

Es war Mitte August 1982, als ich mit meiner Frau Margot im Wohnmobil in Alaska unterwegs war. Wir fuhren zunächst nach Süden zur Kenai-Halbinsel, an die Mündung des bei den nordamerikanischen Anglern berühmt gewordenen Anchor River, um nach Lachsen zu angeln. Wer aber meint, daß dieses Handwerk einfach ist, der irrt sich sehr.

Der Erfolg hängt, wie auch bei der Jagd, vom Können ab. Diese Sportfischer richten sich vor allem nach der Tide-Time, das heißt nach den Gezeiten, die ja sehr unterschiedlich ausfallen. Recht gespenstig schaut es aus, wenn die Angler, oft schon im Morgengrauen, an der Flußmündung stehen, wo sie die Lachse erwarten, die bei Flut aus dem Meer in den Fluß streben.

Nach ein paar Tagen fuhren wir nach Norden zum Denali-Park, diesem Schutzgebiet, wo wir diesmal Grizzlys aus der Nähe filmten und einmal mitten in einem Elchrudel standen, keine fünf Meter trennten uns von ihnen. Das rumpelnde Verdauungsgeräusch eines Elchtieres, das unmittelbar vor mir lag, blieb gut in meiner Erinnerung.

Nach diesen schönen Tagen fuhren wir über die Paßstraße des Richardson Highway und waren umgeben von den Bergriesen in einer Farbenpracht, die in dieser Jahreszeit nur übertroffen wird durch das Farbenspiel des goldgelben Herbstlaubes.

Wir waren auf dem Weg zu Herb Fessler, dem alten Freund und Outfitter, der uns an der Meile 103, im Basiscamp der Gunsight Lodge erwartete. Von dort fliegt er seine Jagdgäste mit seiner Super Cub in die Jagdgebiete.

Oft hielten wir unser Fahrzeug an und filmten die grandiosen Szenen, auch jetzt, als wir den Matanuska-Gletscher erreichten, ein überwältigender Anblick.

Ich hatte die Jagd mit Herb Fessler schon vor einem Jahr abgesprochen, ein alter Elchhirsch sollte es sein. – Wenn man aber schon siebzig ist und auf das fünfundsiebzigste Lebensjahr zueilt, wird man von Jahr zu Jahr ruhiger. Fast hatte ich die Büchse mit der Kamera getauscht. Nur selten hatte ich noch mit der Waffe gewaidwerkt, es sei denn, es handelte sich um einen Hegeabschuß.

Endlich nach vier Stunden waren wir am Ziel, es war am 9. September. Herb erwartete uns. Seine Super Cub stand bereit, mich ins Jagdcamp zu fliegen. Zunächst saßen wir in seinem alten Wohnwagen zusammen, wir hatten uns viel zu erzählen. Aber dann schnappte sich Fessler, inzwischen auch schon fast sechzig Jahre alt, meinen Seesack und meint: ,,Wir wollen fliegen." Margot blieb mit unserem Wohnmobil zurück und verbrachte die Zeit meiner Jagd auf ihre Weise.

Während der nächsten 20 Minuten hatten wir wieder die unendliche Weite des Landes unter uns. Zwischen den aufgelockkert stehenden Fichten und Zwergweiden, die Erde mit Moosen und Flechten bedeckt, überflogen wir ideales Einstandsgelände für Bären und Elche, das umgeben ist von der Gletscherwelt der Bergriesen. Sicher landete Whitey, so wird er hierzulande wegen seiner weißen Haare genannt, auf der rauhen Piste vor dem Zeltcamp, das an einem Gletscherbach gelegen ist.

Wir begrüßen Bob, meinen Guide. Aber auch Bobs Frau erscheint, die im Küchenzelt das Regiment führt, was nicht nach meinem Geschmack ist, denn Frauen, es seien denn Jägerinnen, gehören nicht ins Jagdcamp. Aber ich mußte mich damit abfinden, zum Trost konnte sie kochen.

Manfred aus dem Allgäu, er hatte seinen Elch inzwischen erlegt, und Max sein Begleiter, der fotografiert hatte, kamen herbei. Für sie war die Jagd vorbei, sie wollten nun irgendwo fischen. Bob hatte dazu eine gute Idee.

Bald saßen wir im Eßzelt, es gab Filets vom Dall Sheep, mit Gemüse aus der Dose, was recht gut schmeckte, es war eine stimmungsvolle Stunde.

Die Elche waren zwar schon in Brunftstimmung, die Hirsche mit ihrem Rudel standen aber, wegen des noch zu trockenen Wetters, in den feuchten Einständen des Tazlina-Lake, viele Meilen von hier, zu Fuß wegen des undurchdringlichen Weidengestrüpps kaum zu erreichen.

Wir beschlossen deshalb, es im Morgengrauen mit dem Snow-Truck zu versuchen über die Höhe so weit als möglich in die Nähe der vermutlichen Feuchteinstände zu fahren, was mit diesem federlosen Kettenfahrzeug leichter gesagt als getan ist.

10. September 1982

Als Bob um 5 Uhr früh ins Zelt kam und mein Öfchen einheizte, war alles vergessen. Bei trockener Kälte war die Freude über die mit Spannung erwarteten Ereignisse des Tages groß.

Während wir im Eßzelt gemütlich frühstückten, ließ Bob den Motor des Truck warmlaufen. Als wir dann steif und hart in dem kleinen Führerhaus sitzend, zunächst langsam über das Geröll des Bachbettes fahrend, durchgerüttelt wurden, und wenig später durch hohes Weidengestrüpp einer Höhe zustrebten, hatte ich meine Zweifel, ob das gutgeht. Aber Bob steuerte den Eisenkasten nun auch über viele Hindernisse, wie vermorschte Baumstämme, oder über trockene Bachbetten hinweg, als hätte er zeitlebens nichts anderes getan. Langsam gewöhnte ich mich an die Schuckelei, die Kälte draußen empfanden wir nicht, zumal wir auch mit allen Sinnen das Gelände beobachteten.

Es ging wieder einen steilen Hang hinauf, als wir plötzlich steckenblieben und sich unser Fahrzeug rückwärts bewegte. Eine fatale Situation, dachte ich, denn Bremsen hatte der Truck nicht. Aber Bob hatte schnell einen Gang eingeworfen, so daß das Ungetüm stehen blieb. Im Handumdrehen hatte er den Kasten gedreht, und weiter ging die Fahrt über viele Hindernisse hinweg, immer bergwärts. Inzwischen waren wir schon eine Stunde unterwegs, die Sonne schien längst, oft hielten wir an und spekulierten mit den Gläsern das Gelände ab. Ein schöner Tag war angebrochen, als wir endlich auf einem Höhenrücken anlangten und unser Fahrzeug abstellten.

Vor uns tat sich eine wunderschöne Landschaft auf, die ins Unendliche zu gehen schien. Viele Meilen vor und unter uns sahen wir den Tazlina Lake, dessen Wasser in der Sonne kristallklar glitzerte.

Die Pirsch begann nun. Wir waren sicher schon mehr als zwei Stunden auf den Läufen. Der Zauber des Tages hatte mich so gefangengenommen, und sicher auch die Passion, daß ich die Anstrengung vergaß. Die Verschnaufpause aber, um mit den Gläsern das tiefer gelegene Gelände abzuleuchten, waren erholsame Minuten. In den Taleinschnitten mit saftigen Zwergweiden, wo auch Schutz gegen den Wind war, suchten wir das Elchwild. Endlich sahen wir in weiter Ferne ein Tier mit einem jungen Hirsch. Bob baute schnell sein Spektiv auf.

Der schöne, fast windstille Morgen in diesem erhabenen Land in seiner unbeschreiblichen Farbenpracht ließ bei mir keinerlei Unruhe oder Jagdfieber aufkommen. Auch ohne jagdlichen Erfolg wäre ich für diesen Tag dankbar gewesen.

Oft hatten wir das Gelände mit den Gläsern abgesucht, als wir einiges Elchwild zwischen Fichten äsend ausmachten. Es war sehr weit, erst mit dem Spektiv konnte Bob die einzelnen Stücke ansprechen und zeigte mir einen Schaufler mit seinem Rudel, das weit verteilt äste. Der Hirsch schien kapital. Aber so sicher waren wir uns noch nicht, denn fast 2000 Meter trennten uns noch von dem urigen Wild. Voller Spannung pirschten wir näher. Oft hielten wir an, denn manchmal war uns die Sicht durch eine Senke oder Baumgruppe genommen. Aber Bob, mit seinen geschulten Augen, fand nun auch durch das Glas, immer wieder die Elche.

Den Wind und auch das Wetter hatten wir zum Bundesgenossen, bis wir uns, es schien eine Ewigkeit zu dauern, auf etwa 200 Meter an das Rudel herangearbeitet hatten.

Wir konnten sie nun einzeln ansprechen, zwei junge Schaufler waren dabei und drei Tiere. Endlich sahen wir den langsam und majestätisch aus dem Fichtenbestand austretenden Schaufler, der dem Gebäude nach alt sein mußte, wenn auch sein Geweih nicht kapital schien. Ein letzter Blick durchs Glas ließ meinen Entschluß leicht werden, denn solch alten Recken zu finden und zu erlegen war mein Wunsch gewesen.

Aus vieljähriger Erfahrung in Alaska wußte ich, daß ich nun schnell handeln mußte, denn breit stand das mächtige Wild auf etwa 200 Schritt, im Moment unbeweglich, vor mir, als Kulisse eine traumhafte Landschaft.

Zur Besinnlichkeit war keine Zeit, ich mußte handeln. Nach dem ersten Schuß aus meiner Mauser, Kal. 30-06, TU-Geschoß, auf das Blatt, blieb der Riese, wie das oft der Fall ist, noch stehen. Die zweite Kugel aber auf den Träger riß ihn blitzartig von den Läufen ins herbstlich gelbe Laub der Weiden.

Im Gefühl der Freude und Trauer zugleich ließ mich der Ruf ,,Waidmannsheil``, das einzige deutsche Wort das Bob kannte, und der Hieb seiner Pranke wieder in die Wirklichkeit zurückkehren. Ich hatte einen Alaska-Riesenelch zur Strecke gebracht. Die Pulse gingen nun doch etwas schneller, als wir uns langsam, sehr langsam auf den gefallenen Recken zubewegten.

Sein Rudel schien die Situation noch nicht zu begreifen. Es war noch Zeit sie zu filmen, dann langsam verschwanden die klobigen Tiere.

Ich kann nicht sagen, ob Bob ähnliche Empfindungen hatte wie ich, denn für ihn begann nun die schwere Arbeit, den Wildkörper von etwa 800 kg zu zerwirken und dann auch, wie es das Gesetz vorschreibt, abzutransportieren. Das Wildbret muß der menschlichen Verwertung zugeführt, darf aber nicht verkauft werden.

Ich machte mir noch keine Gedanken, als er sagte: ,,Ich hole die Maschine und bin in etwa zwei Stunden zurück.`` Aber nun, da er mich verließ, hatte ich viel Zeit mich mit meinem Elch und seiner Umgebung zu befassen, zu filmen und zu fotografieren. Mittlerweile stand die Sonne hoch, es wurde recht warm. Mein Wunsch war nun sehr schnell, eigentlich viel zu schnell in Erfüllung gegangen.

Darüber sinierte ich immer noch, als ich das Gebrumm des Truck hörte. Nach drei Stunden hatte er das Riesentier zerwirkt, die Wildbretteile auf dem Snow Truck verladen und meine Trophäe auf dem Dach festgebunden.

Wir fuhren zurück über unendlich viele Hindernisse im flammenden Indianersommer.

Gold an der letzten Grenze

Erinnerungen an Klondyke

Ein Schrei so laut, daß er nicht nur von Amerika gehört wurde, sondern von der ganzen Welt: G o l d ! Es war ein Schlachtruf. Die gesamte Menschheit horchte auf. Aller Augen wandten sich gen Alaska. Es dauerte nicht lange, und in aller Munde war das Zauberwort: Klondyke!

Dieser Name, dieser Bazillus, er bewirkte das größte Goldfieber der Weltgeschichte. Tausende abenteuerliche Gestalten ergossen sich nach Norden. Auf gebrechlichen Schiffen über das Meer. Unter vielen Gefahren ging es weiter zu Fuß auf die kaum zu erklimmenden Gebirge; aus allen Nationen, aus allen Gesellschaftsschichten, kaum einer hatte Ausrüstung, Kenntnisse oder Fähigkeiten. Ich will nur erwähnen, daß es sich bei der Klondyke um einen Fluß handelt, der sich nicht in Alaska befindet. Er ist zwar nur ungefähr 60 km von der Grenze entfernt, fließt aber drüben im kanadischen British-Columbien. Nach dem Fund von Klondyke entdeckte man im benachbarten Alaska ebenfalls größere und kleinere Goldnester. Die Pelzjagd und die Fischerei traten in den Hintergrund. Erst jetzt wurde den USA die ungeheure Bedeutung des Ankaufs von Alaska klar. Nach Unterlagen aus dem Jahr 1927 wurden seit dem Erwerb dort Erze für 600 Millionen Dollar gewonnen. Davon fallen ungefähr 400 Millionen auf Gold, der Rest auf Silber und Kupfer.

Zur Zeit des Klondykefiebers versammelte man sich in Skagway. Von hier aus zogen die Scharen auf das 1000 Meter hohe Chilkoot-Joch, in dessen Lawinen und Schneestürmen Hunderte der Abenteurer und Tausende von Lasttieren zu Grunde gingen. In dieser Menschenkette fand sich auch ein Dichter, Robert Service, der seinerzeit selbst am Ansturm auf das Gold teilnahm.

,,Nie werde ich die Männer vergessen,
die dort, im Anblick des Berges
schwer beladen sich wie Ameisen ins Eis klammerten;
verbissen, entschlossen und furchtlos,
grausam, kaltblütig und hart,
fluchend, ausschweifend und immer mit dem Schlachtruf: ,Gold!'"

Nach der waghalsigen Überwindung des Chilkoot folgte die halsbrecherische Kanufahrt durch die Wirbel im felsigen Flußbett des Yukon. Dann erst, nach wochenlangen Strapazen auf Leben und Tod kam das gelobte Land: Dawson, White Horse, Klondyke. Es waren die Sammelplätze goldhungriger Abenteurer, Desperados, Falschspieler und gesetzesscheuen Gesindels. In wenigen Stunden erworbene und nach kürzester Zeit vergeudete Millionenvermögen, Freuden und Leid, Hungertod und Skorbut, all das war mit Skagway verknüpft. Längst ist die Stadt ein stiller, uninteressanter Ort geworden, während in den zwei Jahren des Klondyke-Rausches 20 000 Glücksritter umherschwärmten.

Es ist viele Jahre her, daß ich einem uralten Norweger begegnete, der als kleiner Bub sich mit seinem Vater am Klondyke aufhielt. Am Klondyke war ihm nicht viel Gutes beschieden. Auch dieser Alte hatte es zu nichts gebracht, das Gold betrog ihn, es ging verloren. Nur seine Ehrlichkeit und seine Begeisterung gingen ihm nicht verloren. Auch jetzt will er wieder dem Gold nachgehen. Er erwähnt einen neuen Fund, von dem außer ihm keiner etwas weiß.

,,Ich war 20 Jahre alt und kam aus dem Kummer über den Tod meiner Frau hierher. Von Seattle hatten wir uns auf einem Fischerboot, das eigentlich für 20 Personen bestimmt war, auf den Weg gemacht, wir waren aber 200! Ein besseres Schiff ließ sich nicht finden, es gab nur solche, die für die Versicherungsgesellschaft wertlos waren. Das Essen wurde in der einzigen Waschschüssel aus Blech, die wir hatten, gebracht. Es war ein Kampf um jeden Bissen. Wer nicht raufen konnte, bekam nichts zu essen. Keiner kannte den Weg, wir fuhren blindlings los, nichts zeigte uns die zahllosen Felsenriffe an. Nur Glück allein konnte uns helfen. Die meisten von uns schliefen an Deck. An künftige Übernachtungen im Schneesturm hatten wir uns also bereits auf dem Schiff gewöhnt. Entkleiden kam auch bei jenen nicht in Frage, die unter Deck schliefen, jeder hatte Angst um sein Geld. Wir trugen es auf dem Leib, in einer Tasche um den Hals gebunden. Wer nicht genügend achtgab, suchte es am andern Morgen vergebens.

Ich war unter den ersten, die Skagway erreichten. Schon am dritten Tag stürmten wir den halsbrecherischen Steilhang des Chilkoot. Dieser war eine wahre Leiter aus Eis. Fichtenäste mußten herbeigeschleppt werden, um etwas Halt unter die Füße zu bekommen, denn das geringste Ausgleiten bedeutete Lebensgefahr. Es waren schwere Lasten, die wir tragen mußten. Unsere Ausrüstung von fast zwei Doppelzentnern, die bei Gott nichts Überflüssiges enthielt, verlängerte den waghalsigen Weg um das 15- bis 20fache. Wir mußten nicht nur schweres Werkzeug und warme Kleidung mitführen, sondern auch Proviant für mehrere Monate.

Schon auf der Eistreppe von Chilkoot konnten viele nicht mehr mit, andere warfen ihre Last weg, um überhaupt nur lebend hinüberzukommen. Ganz Schlaue machten sich mit leeren Händen auf den Weg, und wenn sie oben ankamen, hatten sie sich vollständig mit den in der Spur zurückgelassenen Sachen ausgerüstet.

Damals konnte man Klondyke nicht nur über das Chilkoot-Joch, sondern auch über den White-Paß erreichen. Letzterer erforderte zwar einen längeren Weg, doch konnte man ihn auf einem Pferd bewältigen. Auch heute noch heißt einer seiner Abschnitte „Schlucht der toten Pferde", denn nach der Schneeschmelze im Frühjahr 1899 zählten wir dort 4000 Pferde und Maultierskelette.

Damals waren es 33000, die diesen Weg der Hölle zwischen Skagway und Klondyke zurücklegten. Aber wieviele waren aufgebrochen, um niemals anzukommen. Wer es nicht aushielt, mußte daran glauben. Für Gerechtigkeit war keine Zeit, man mußte sich beeilen. Viele versuchten sich gar nicht an der Goldgräberarbeit, sie übernahmen das Schleppen des Gepäcks, das brachte besseres Geld als Gold. Alles, selbstverständlich auch das Befördern der Lasten, kostete irrsinnige Summen. Außer Gold fehlte alles restlos. Es fanden sich unter uns Leute, und dafür gibt es genügend Zeugen aus der damaligen Zeit, die als Träger 300000 Dollar verdienten. Selbst Indianer bekamen für je zwei Kilo, die sie den Chilkoot hinaufschleppten einen Dollar.

Findige, rücksichtslose Männer verschafften sich Vermögen, ohne an Goldsuchen zu denken. Jene, die nach Klondyke wollten, mußten durch eiskalte Wildbäche bis zur Brust hindurchwaten. Wer zuerst ankam, fällte einen Baumstamm, erklärte ihn zur Brücke, die nur gegen Bezahlung benutzt werden durfte. Wochenlang saß er mit geladener Waffe neben dem Stamm und ließ sich die Brückenmaut bezahlen, einen halben Dollar pro Kopf. Wer nicht zahlte, mußte schwimmen.

Was bedeutete aber damals, in jener Zeit, als die Hoffnung Hunderttausende nach Klondyke lockte, ein halber Dollar? Ich kannte einen, der einen mächtigen Schleifstein über den Chilkoot schleppte. Er zerriß sich fast vor Anstrengung. Wir hielten ihn für verrückt, aber er wurde damit reich. Ein halbes Jahr hindurch schliff er die stumpf gewordenen Werkzeuge der Bergmänner. Sein Stein drehte sich Tag und Nacht. Später nahm er sich zwei Gehilfen und sammelte selbst nurmehr die Geldstücke ein. Für ein Dutzend leerer Flaschen zahlte man 10 Dollar; aus den Bierflaschen wurde Fensterglas! In den Blockhütten füllte man die Fensteröffnungen durch mit Lehm aufeinander geklebte Bierflaschen. Ich erinnere mich, daß einer sogar einen Trupp Truthühner von Skagway auf die Goldfelder trieb, das Stück wurde für 50 Dollar verkauft!

Skagway, zunächst nur ein größeres Zeltlager, entwickelte sich allmählich zu einer Stadt der Irrsinnigen. 60 Gasthäuser, 60 Tanzlokale wurden eröffnet, deren zahlreiche Taschendiebe, Falschspieler und Dirnen dafür sorgten, daß die von den Goldfeldern bereichert Zurückgekehrten anderntags ihre Taschen leer fanden. 60 Nachtlokale und kein einziger Polizist! Es galt nur das Recht der Faust. Alkohol, Weiber, Würfel und Kartenspiel hatten uns zu Sklaven gemacht. Die Glück gehabt hatten, tobten sich vor Freude, die Enttäuschten vor Kummer aus. Das viele Gold floß in die Taschen der Gastwirte, der Dirnen und Gauner. Es galt als nichts Besonderes, wenn ein zerlumpter Goldgräber in einer Nacht Gold im Wert von 1000 Dollar verjubelte.

Ich erinnere mich, daß der Wert eines Eies auf 1½ Dollar stieg; dabei waren es Eier, die sicher viele Monate eingefroren waren. Wir hatten uns so daran gewöhnt, daß uns die frischen, die wir einmal bekamen, nicht mehr schmeckten."

Ich fragte den Alten, ob er beim Goldsuchen Glück gehabt habe? Ob er jemals einen bedeutenden Fund gemacht habe? „Ich nicht", antwortete er, „obschon ich viele Jahre suche. Es ist wahr, daß ich inzwischen auch Pelzjäger, Fischer, Schreiner, Schiffsarbeiter und sogar Kirchendiener war. Im Grunde meines Herzens blieb ich immer Goldgräber. Früher oder später fing mich dies immer wieder ein. Es ist eine harte Arbeit, eine undankbare Plage. Aber man bleibt in diesem Bann. Es ist eine magische Leidenschaft, der man verfällt, von der, wer ihr einmal befallen ist, sich nie mehr losmachen kann.

In all den Jahren hatte ich nur einen guten Winter. Ich fand Gold im Wert von 10000 Dollar. Seitdem brachte mir das Schürfen kaum noch das tägliche Brot. Ich sage das nicht, um mich zu beklagen. Es ging mir nicht schlechter als den meisten. Es gab nur wenige, die das gefundene Vermögen bewahren und retten konnten, die dabei ihr Glück fanden. Ich kenne viele, die seinerzeit Millionäre waren und sich heute kaum Tabak für die Pfeife leisten können. Trotzdem: Schade, daß diese Zeiten vorüber sind, als wir nirgends ohne Revolver hingingen, in Mokassins in den Lokalen tanzten und für die Kartoffel, die einen halben Dollar kostete, in Goldstaub bezahlten. Es gab Frauen, die sich auf die Waage stellten und nur für das gleiche Gewicht in Gold bereit waren, sich hinzugeben. Das waren andere Zeiten als die heutigen."

Den alten Mann übermannte der Schlaf. Er trank sein viertes Bier aus, nur so aus der Flasche, obwohl das Glas daneben stand, bedankte sich für die Einladung und stolpterte in seine Hütte.

Bei Old-Bill

Aus der Brooks Range waren wir mit Bernds Flugzeug nach Fairbanks zurückgekommen, es war im August 1969. Unser kleiner Wohnbus stand unversehrt vor Bernds Lodge. Wir hätten ihn nicht einmal abzuschließen brauchen. Als wir uns am nächsten Morgen verabschiedeten, meinte Bernd: ,,Kommt bald wieder; aber ich denke, daß ich Euch im Herbst in Wiesbaden besuchen werde." So long! Unser Wägelchen brachte uns auch diesmal ohne zu streiken über den etwa 800 Kilometer langen Richardson Highway nach Anchorage.

Lange Zeit ging die Fahrt am Tanana River entlang. In Delta Junction tankten wir auf, um in Serpentinen hinauf und hinunter durch das ewig schneebedeckte Gebirge der Alaska Range zu fahren. Spät in der Nacht erreichten wir Anchorage und wurden von Heddy und James herzlich aufgenommen.

,,Ein paar Tage solltet Ihr Euch schon gönnen", meinte Heddy, ,,denn die Spuren der Jagd in der Brooks Range sieht man Euch doch an."

Das wollten wir auch, aber schon am nächsten Tag schmiedeten wir neue Pläne. Da die Elchjagd im Süden noch nicht offen war, meinte James: ,,Besucht doch einmal Old Bill am Sheep River in den Talkitna Mountains. Ich denke, Ihr fahrt mit dem Camper wieder Richtung Norden, und bei Meile 103 werdet Ihr Whitey finden, der Euch schon weiterhelfen und zu Bills Hütte fliegen wird. Er ist einer von den seltsamen Käuzen, die in der Einsamkeit ein abgeschiedenes Leben führen. Diese Einsiedler leben von dem, was die Wildnis bietet: vom Fischen, Jagen, Trappen und Goldwaschen. Ihr werdet interessante Tage erleben.

Bei dem großen Erdbeben, das wir vor ein paar Jahren hatten, habe ich ihn kennengelernt. Er war zufällig in Anchorage, als das Beben kam, und hat auch beim Aufräumen geholfen. Grüßt den alten Kauz von mir, er wird Euch willig aufnehmen."

Wir ließen uns das nicht zweimal sagen, und schon am Nachmittag fuhren wir in die Stadt und kauften alles ein, was man für einen Zehn-Tage-Trip braucht. Schon am nächsten Morgen rollte unser Wägelchen über Palmer zur Lodge von ,,Whitey". Wir hatten Glück, daß er zu Hause war. Auch dieses Mal erlebten wir das grandiose Schauspiel des Matanuska-Gletschers, ein Sinnbild der Naturgewalten von Alsaka. Schon früh am nächsten Morgen flog uns Whitey zu Old Bills Hütte.

Es wird mir immer ein Rätsel bleiben, wie diese Buschflieger so selbstsicher das Ziel finden. Die Hütte war kaum zu sehen, und die Landefläche, die er sich aussuchte, eine etwa hundert Meter lange, grobrauhe Steinfläche mit schütterem Buschwerk durchsetzt. Aber das Maschinchen setzte sicher auf und hopste bis vor die Hütte.

Ein Mann mit grauem Haar und vollem Bart empfing uns etwas mißtrauisch. Erst als ich ihm Grüße von James ausrichtete, wurde er freundlich und schwang sich mit einem Kopfnicken unsere Rucksäcke über die Schulter und stapfte voran. Seine Begrüßung erfolgte in recht gutem Deutsch.

Bill war deutscher Abstammung. In den dreißiger Jahren hatte ihn das Schicksal nach Alaska verschlagen. Inmitten einer kleinen Blöße und umgeben von einzelnen Baumgruppen stand das behaglich aussehende Haus. Mächtige Haufen gefällter Tannenstämme und Fischnetze, die zum Trocknen über Pfosten gehängt waren; auch Wäsche und allerlei Gerümpel prägten das Bild außerhalb der Hütte.

Margots Blick ging gleich in die Küchenecke, in der sie in den nächsten Tagen zu werken gedachte. In der einen Ecke stand der Ofen, der aus einem eisernen Faß konstruiert war. Dann gab es eine Pritsche, die der alte Mann als sein Bett bezeichnete. Als Bettzeug verwendete er Decken, Kissen, Felle, die als zerwühlter

Haufen auf der Bettstatt lagen. Gott sei Dank gab es noch einen Nebenraum, den wir uns als Schlafstelle herrichteten.

Es gab Bohnen, die man in diesem Land „Alaskanische Erdbeeren" nennt, denn schwarze, gelbe, braune und gefleckte Bohnen sind die Hauptnahrung dieser Einsiedler. Sie leben fast ausschließlich davon; und zwar deshalb, weil diese Hülsenfrüchte bei hohem Nährwert ein geringes Gewicht aufweisen. Wer die Lebensgewohnheiten dieser Hinterwäldler kennt, weiß, wieviel qualvolles Schleppen damit verbunden ist, den Vorrat an Lebensmitteln für die harten Wintermonate heranzuschaffen. Aber damit ist es noch nicht getan, denn es muß auch Ersatz an Geschirr, Geräten und Werkzeugen, Kleidungsstücken, Petroleum und vielem anderen besorgt werden. Als Hundefutter verwendet man dagegen Trockenfisch aus den Fangvorräten.

Obwohl heutzutage der Transport dieser Dinge durch Flugzeuge möglich ist und dadurch manches erleichert wird, ist aber keine Garantie gegeben, daß wegen der Naturgewalten das Starten und Landen eines Flugzeuges immer möglich ist. Die Trapper müssen sich deshalb darauf einstellen, Vorräte für mehrere Monate im Haus zu haben. Da ein Charterflugzeug nach wie vor sehr teuer ist, schleppen diese Einsiedler auf dem Buckel eine Zentnerlast über unendliche Strecken durch fast unpassierbaren Wald, bodenlose Sümpfe, unendliche Tundren oft zwanzig bis dreißig Tage auf den Trails. Die einzige Verbindung zur Außenwelt besteht aus dem Radio zur nächsten Station, wo sie ihre Vorräte ergänzen und Felle verkaufen.

In Deutsch mit englischen Brocken gemischt, stellte uns Old Bill Fragen nach dem Schwabenland, seiner alten Heimat. Er stammte aus einem kleinen Dorf. Seine Angehörigen waren verstorben, und zu den anderen Menschen hatte er nach vierzig Jahren keine Verbindung mehr. Wir gaben ihm zu verstehen, daß wir recht viel wissen wollten während der nächsten Tage. Er überlegte und versprach, uns am nächsten Morgen zum Goldwaschen zu führen.

Schon mit dem ersten Morgengrauen hörten wir Bill hantieren. Er brachte den Ofen in Gang und bereitete das Frühstück. Während Speck und Pancakes auf dem Ofen brutzelten und Kafeeduft zu uns herüberdrang, krochen auch wir aus den Schlafsäcken. Bill brachte noch Brot, Jam und „Strips", das sind geräucherte Streifen vom Lachs. Längs der Wirbelsäule auf beiden Seiten werden sie aus dem Rücken der „Salmon" herausgeschnitten.

Bevor wir uns aber zu Tisch setzten, wurden Bills drei „Malamutes" (Hunde) versorgt. Sie lagen draußen angekettet und waren umschwärmt von beißwütigen Moskitos, die auch uns während der nächsten Tage zu schaffen machten.

Es existieren viele Sorten dieser Blutsauger. Die wildesten und bissigsten sind die „Wiesstrumpf-Moskitos", wozu vor allem noch die „Gnads" kommen; diese kleinen schwarzen Stechfliegen haben es besonders auf die Augen von Mensch und Tier abgesehen. Viele vermögen sogar durch dichten Moskitoschleier zu schlüpfen. Für uns war das kein so großes Problem, da wir genügend Abwehrmittel zum Einreiben bei uns hatten.

Während wir kräftig zulangten, erzählte uns Bill, daß er kürzlich an das „Inlet" getrappt sei und dort eine Robbe erlegte. Das gut drei Zentner schwere Tier hat er in einem Boot über Stromschnellen bis hierher gebracht. Der riesige Haufen Fleisch war für die Hunde bestimmt, während der ausgebratene Speck einen ganzen Eimer voll Tran ergab.

„Die Innenhaut ist auch schon abgeschabt", sagte er weiter, „und ich werde sie bald gerben lassen. Ich kenne eine Squaw, die für Euch Mugluks daraus machen wird."

„Was ist denn das?" fragte ich.

„Ja, das sind wasserdichte Stiefel, die die Eskimos und Indianer in mühevoller Arbeit daraus fertigen. Diese Dinger sind zwar recht teuer, aber ich denke, im Winter und bei nassem Wetter sind sie das Beste, was es auf der Welt gibt."

So ein Alaska-Frühstück zieht sich lange hin. Verschiedene „Jams" (Marmelade) standen aus Heidel- und Preiselbeeren auf dem Tisch ebenso von wilden Himbeeren mit wilden Erdbeeren gemischt, die überall in der Wildnis wuchern. Manchmal hat man den Eindruck, als wären sie angesät und kultiviert. Im Herbst kann man die Früchte mühelos ernten. Aber auch die „Blacks" und „Brownies" finden sich dann in diesem „Beerenparadies" ein. Wir haben sie oft bei ihren Mahlzeiten beobachtet, und manches Mal ärgerlich umkehren müssen, da die Petze dort zu Gange waren, wo man selbst ernten wollte.

Wir drängten nun aber zum Aufbruch und wechselten unsere „Moks" (Mokassins), eine indianische Handarbeit, die wir uns in Anchorage gekauft hatten, mit unseren langschäftigen Plastikstiefeln.

Wir halfen, den Hunden die Packtaschen, die aus Elchhaut gefertigt sind, umzuhängen, worin dann auch für den Tagestrip alles untergebracht wurde; auch die Waschpfannen, Axt, Schaufeln, Pickel, Spaten und natürlich auch unsere Gewehre. Der „Leader" (Leithund) übernahm die Führung.

Zu einem namenlosen Bächlein, das sich weit unten mit dem Sheep River vereinigt, sollte es hingehen. Hier wollten wir unsere ersten Unzen Gold waschen. Es wurde aber kein Erholungsspaziergang, denn unser beschwerlicher Weg führte uns über die „Niggerköpfe", jene etwa kopfgroßen harten Grasbüschel, neben denen das Wasser gluckerte, das aus gewaltigen Schneemassen geschmolzen war. Der Übergang vom Winter zum Sommer ist in Alaska recht kurz, und es gibt eigentlich keinen echten Frühling. Wenn man in den Übergangstagen fast über Nacht grüne Grasspitzen aus den „Niggerköpfen" herausgucken sieht, bemerkt man auch braune Knospen und gelbe Kätzchen, die an den Büschen hängen.

Langsam bewegt sich unsere Kolonne im Gänsemarsch dahin. Während ich von einem der „Niggerköpfe" abrutschte und mit dem rechten Bein fast bis zum Knie in Wasser steckte, wurden unsere Hunde plötzlich unruhig, und die Kolonne stoppte. Bill hielt Ausschau und deutete auf eine Tanne hin, in deren Schatten wir auf einmal eine große dunkle Gestalt sahen. Wie Gold schimmerte ihr braunes Haarkleid. Mit wiegendem Gang trottete diese riesige und mächtige Gestalt eines Braunbären im rechten Winkel von uns auf einem „Trail" (Wechsel). Die Sonne war wieder durchgebrochen, und man sah unter dem schimmernden Fell jeden Muskel des gewaltigen Körpers spielen. Man vernahm auch den weichen, schlurfenden Tritt dieses mächtigen Wildes. Bill hatte die Hunde unter Kontrolle, und sie rührten sich nicht. Der Bär hatte keinen Wind von uns, und entfernte sich langsam, ab und zu einmal sich zu seiner ganzen majestätischen Größe aufrichtend, um am Blattwerk zu naschen, oder an den hochstämmigen Preiselbeeren. Unsere Kolonne setzte sich wieder in Bewegung dem „Goldcreek" entgegen.

Nach etwa zwei Stunden waren wir an einer Stelle angelangt, an der Bill schon mit Erfolg Gold gewaschen hatte. Er hatte auch dort eine kleine „Cash" gebaut, ein halbmannshoher Unterbau aus übereinandergelegten schenkelstarken Tannenstämmen, die er dann mit einer Zeltplane überdachte. Auf alle Fälle hatten wir für plötzlichen Regen oder Unwetter Unterschlupf.

Unser Platz lag in einer ziemlich breiten Schlucht. Hoch oben am Rand der Felswände sahen wir zerzauste Tannen und Birken.

Eine wildromantische Gegend umgab uns, zu deren Betrachtung wir nicht viel Zeit hatten, denn wir interessierten uns für den Sand des Baches. Die Hunde wurden an Leinen festgelegt, während Old Bill kräftig in die Hände spuckte und zum Schaufelstiel griff. Wir taten es ihm nach.

Es war kaum zu glauben, doch schon die erste Pfanne Sand zeigte „Farbe", wie die Goldwäscher sagen. Bill war recht froh; zwei „Nuggets" – so groß wie Bohnen – fischte er heraus und tat sie in sein Ledersäckchen. Er wusch schnell im Bachbett weiter, denn auch das winzigste Körnlein – fein wie Staub – bringt wertvolle Dollars.

Wir wuschen und wuschen, und langsam war Bills Pfanne leer. Er fand nochmals ein kleines „Nugget" und hatte noch zehn Goldkörnchen als Ausbeute, die er nun in ein kleines mit Wasser gefülltes Glasgefäß deponierte. Man sah den Goldstaub darin deutlich, der auf diese Weise nicht verlorengehen konnte.

Zu Mittag aßen wir recht hastig. Es wurde schnell Feuer gemacht und Kaffee gekocht, wozu es Brot und Speck gab. Wir gönnten uns wenig Ruhe und begannen bald wieder zu waschen. Als ich mich wieder einmal aufrichtete, wurde mir bewußt, daß Goldwaschen eine der mühsamsten Arbeiten überhaupt ist.

Alles in allem hatten wir bis zur Mittagsrast für etwa zwanzig Dollar Gold gewaschen, wie Bill kalkulierte. Es gibt viele Leute in Alaska, die in ihrer Freizeit oder Ferien in irgend einer Schlucht sich diesem mühseligen Handwerk hingeben. Denn Gold kann in Alaska überall sein. Es ist aber nicht dort, wo man es sucht, sondern dort, wo man es findet!

Nach kurzer Rast sagte ich zu Bill: „Da oben liegt doch ein kleiner See. Sollten wir in seinem Ufersand mal buddeln?" Es war ihm recht, und so klommen wir an einer geeigneten Stelle hinauf.

Es war ein flaches Gewässer von düsterem Hochmoor umgeben. Bei unserer Annäherung flüchtete allerlei Getier, während in der Ferne die hellweißen Bergspitzen eine gradiose Silhouette abgaben.

„Ich sehe hier keine Lachse", sagte ich zu Bill, „aber eine Forelle, vermutlich einen ‚Greyling'".

„Ja, bis hier hinauf können die Salmon nicht gelangen", meinte Bill, „denn der einzige Abfluß des Sees ist der Bach, an dem wir unten waren, der einen etwa fünfzig Fuß langen senkrechten Wasserfall bildet. Dieses Hindernis können die Lachse nicht überwinden.

Auch diesmal zeigte die erste Pfanne „Farbe". Es war Margot, die das Glück hatte, und mit einem schön glitzernden „Nugget" war sie reichlich beschenkt. Wir erkannten dann gemeinsam noch drei Staubkörnchen, die wir Bill ins Glas gaben.

Inzwischen spürte ich meine Knochen kaum noch. Mein Kreuz tat mir weh, und so gab ich die Wasserplantscherei auf. Ich filmte und fotografierte und lugte bei Bill und Margot in die Pfanne, die unermüdlich weiterwuschen. Als ich mich gerade anschickte in die „Cash" zu gehen, um ein bißchen zu schlafen, winkte Margot mit einem Freudenruf herüber. Sie hatte noch ein „Nugget" an Land gezogen. Sie wird im Geiste allerlei Pläne geschmiedet haben, welchen Schmuck sie sich aus ihrem Goldschatz machen lassen würde.

Während wir uns über den Fund gemeinsam freuten, sah ich zwischen zwei „Niggerköpfen" ein kleines braunes Tier herauslugen. Bill belehrte mich und sagte: „Du hast eine Bisamratte beobachtet. Die Jagd auf diese Tiere wird in Alsaka mehr als Sport betrieben. Man erlegt sie mit einer Kleinkaliberbüchse. Wenn man aber an einem Tag zehn davon erlegen will, muß man nicht nur gut schießen können, sondern hat hinterher auch kalte Füße. Diese Tierchen leben in zahllosen Rinnsalen und Tümpeln der Tundra und ernähren sich ausschließlich von Wurzeln und anderen Pflanzen, aber niemals von Fischen und Fleisch. In der Tundra wimmelt es von diesen kleinen Gesellen. Man muß sich unbeweglich aufstellen, um sie zu belauschen. Sie steigen aus dem Wasser, um sich erst einmal umzusehen, richten sich auf und äugen in die Gegend. Aber blitzschnell sind sie verschwunden, wenn man sich rührt. Nur der Schütze, der treffen kann und in der Lage ist, im Zeitlupentempo sein Gewehr in Anschlag zu bringen, wird eine erfolgreiche Jagd erleben. Die Aussichten aber sind angesichts der vielen Moskitos nicht sehr gut."

„Ich denke, wir haben für etwa 40 Dollar Gold gewaschen", meinte Old Bill, als wir uns am späten Nachmittag zum Rückmarsch rüsteten. Nach ein paar Stunden kamen wir ziemlich erschöpft bei der Hütte an. Während ich mit Bill die Hunde versorgte, machte sich Margot in der Küche zu schaffen. Recht schnell hatte sie Feuer im Ofen und aus unseren Vorräten einige Dosen Konserven zusammengeschüttet und bald den schönsten Eintopf zusammengebraut.

In der einen Ecke entdeckte ich ein paar Flaschen. „Sag mal, Bill, was hast Du darin?"

„Das ist Wein, zwar nicht so gut wie der Heimatwein in Württemberg. Aus den „Highbush-Granburry" mache ich ihn jedes Jahr. Das ist eine hochstämmige Beerenfrucht. Ich pflücke ihre haselnußgroßen Beeren, die in Dolden wachsen, die nur das leuchtende Rot mit den Preiselbeeren gemein haben. Zahllose Eimer sammle ich von dem Zeug und braue diesen Wein. Well, wir wollen ihn probieren."

Der Wein hatte viel Alkohol und schmeckte nicht schlecht, er half uns, die gute Stimmung zu erhalten.

„In Anchorage habe ich viele Indianer und Eskimos auf den Straßen betrunken angetroffen", meinte ich. „Man sagte mir, daß sie schon nach drei Glas Bier betrunken seien."

„Ja, leider vertragen diese Menschen den Alkohol schlecht. In früheren Zeiten war ihnen dieser verboten", fuhr Bill fort. „Damals habe ich oft Nachschub für meine Küche und Ausrüstung durch Indianer herschaffen lassen. Sie wußten, daß ich Wein braue, und als ich langsam aus der Blechkiste dort ein paar Dollarscheine holte und sagte: „Hier ist Euer Botenlohn, oder wollt Ihr lieber zwei Flaschen Wein dafür? Dann schielten sie meist sehnsüchtig aus ihren kleinen Schlitzaugen nach den Bottels. Sie sahen einander an, murmelten ein paar Worte in ihrer Sprache und grunzten: Woin. Das Geld schloß ich weg, und froh zogen sie mit dem Feuerwasser weiter. Wer fragte hier im Busch danach, wenn ich ihnen gegen das Gesetz Alkohol gab?"

Neugierig fragte ich ihn: „Ich habe draußen im Schuppen eine Menge Fallen und Tellereisen an den Wänden hängen gesehen?"

„Tja", meinte der Alte, „Ihr solltet in ein paar Monaten wiederkommen, dann könntet Ihr mir bei dem Aufstellen der Fallen und der Revision helfen."

„Daraus wird ja nun leider nichts", sagte ich, „aber erzähle uns doch ein bißchen von deinen Fängen."

„Ich will's versuchen", meinte er, „weiß aber nicht, wo ich zuerst anfangen soll. Fast täglich, schon beim Morgendämmern, wenn in der Winterzeit es nicht gar zu kalt ist oder der Schnee zu hoch liegt, ziehe ich mit meinen Hunden und dem Schlitten los. Es darf nichts vergessen werden; die Reserveeisen sind in einem Sack, der Schlüssel dazu, eine Kneifzange, Feile, und ein Fläschchen Schmieröl, Draht, Bindfaden, ein roter Fetzen Stoff, damit werden die Luchsfallen beködert.

Ein Verbandspäckchen und ein Bündel trockene Birkenrinde, um schnell ein Feuer zu machen, um Kaffee zu kochen und sich zu erwärmen, auch ein paar ‚Strips' und Fleisch für die Hunde vergesse ich nicht. Am Gürtel hängt die Trailaxt und ein großes Jagdmesser. Die Büchse werfe ich über die Schulter, denn Brownies, Wölfe und Vielfraß sind in unserer Gegend gefährliche Genossen."

„Der vorige Winter war besonders hart", fuhr er fort, „und Pelztierspuren kaum sichtbar. Oft mußten die Hunde helfen, den verwehten Trail auszuarbeiten. Schwierig ist es, den Silber- oder Blaufuchs zu fangen. Bei den Füchsen ist die Hauptsache nicht der Köder, sondern Geduld und noch mehr Vorsicht. Keine Menschenwitterung am Eisen und auch möglichst keine rundum verträgt die feine Nase, weshalb auch immer ein bißchen von dem Parfüm aus der Riechflasche auf die Schuhsohlen geschmiert wird."

Ich hatte schon gemerkt, das Zeug strömt einen penetranten Duft aus. Ich wollte wissen, woraus sich die Stinkmasse zusammensetzt. „Tja", meinte der alte Mann und biß einen Priem ab, „jeder hat da so sein Geheimnis. Fisch- und Fleischabfälle, Gedärme, Lunge und Leber von Kaninchen oder von Bibern, Birk- oder Schneehuhn wirken besonders appetitanregend. Aber jeder Trapper hat noch seine eigene Spezialität, die er zusetzt, und die er nicht verrät."

Die Stinkbüchse wird zum Schutz gegen Wolf, Bär und Hund einfach in die Erde vergraben. Das Zeug vergammelt dort.

„Die Biber dürfen nicht geschossen werden. Der Wildschutzbeamte sieht sich jeden Biberpelz genau auf Schußlöcher an, ehe er seinen Stempel draufdrückt. Wenn ein Schußloch drin ist, behauptet er, man hätte den Biber am Bau geschossen, was bei hoher Geldstrafe verboten ist. Denn als die Weißen das Schießeisen nach Alaska brachten, haben die Indianer die Biber massenweise abgeschossen und fast ausgerottet. Heute dürfen sie nur noch in Fallen gefangen werden. Im vorigen Jahr waren fünfzehn pro Nase zulässig. Ich brachte es aber nur auf neun. In anderen Jahren sah es besser aus. Wer sich aber verzählt und den einen oder anderen Biber mehr fängt, kann diese an tüchtige Geschäftsleute, die auch ungestempelte Pelze nehmen, verkaufen; natürlich zu einem geringen Preis."

Der Vielfraß ist der bestgehaßte Feind der Trapper. Wo Füchse, Wölfe, Schwarzbären im Camp geräubert und Verwüstung angerichtet haben, bleibt immer noch die Hoffnung, daß übriggebliebene Nahrungsmittel und Geräte zu retten sind. Wo aber ein Vielfraß an der Arbeit gewesen ist, bleibt eigentlich nur noch das Niederbrennen des ganzen Hauses samt Einrichtung, denn auf alles, was dieser unvorstellbare Gierschlund nicht hat hinunterschlingen können, spritzt er – damit sich ja kein anderer an seiner Beute vergreift – nur ein paar Tropfen aus seiner Stinkdrüse. Das genügt schon, um alles, aber auch alles in diesem Raum ungenießbar zu machen. Wegen seiner unglaublichen Kraft, Tollkühnheit und Wildheit geht ihm jedes Tier, sogar der Bär aus dem Weg. Aber sein Pelzwerk ist unbezahlbar, denn um den Gesichtsausschnitt an der Parka angebracht, kann sich beim Atmen kein Eis ansetzen und am Gesicht anfrieren.

Der alte Trapper berichtet weiter:

„Im vorigen Jahr war wegen der anhaltenden Kälte der Fang schlecht. Im Laufe der ersten Wochen gingen nur drei Nerze in die Eisen, ab und zu auch einmal ein Hase. In vierzehn Tagen habe ich keinen einzigen Biber erwischt, und mit viel Enttäuschung ging es manchen Nachmittag zur Hütte zurück.

Einmal, es war im April, hatte ich einen seltenen Glückstag. Einen Silber- und Blaufuchs, einen Wolverine, drei Nerze, zwei Hasen und einen Biber hatte ich an den Fallen. Zweihundertfünfzig Dollar wird der Fangtag einbringen, und als ich darüber noch nachdachte, sah ich plötzlich einen Elch, den ich auf dem Heimweg noch schießen konnte. Ich hatte nun für den Rest des Winters keine Fleischsorgen, für mich und meine Hunde."

„Vieles könnte ich darüber noch erzählen", meinte der Alte, „besonders auch über Begegnungen mit den gefährlichen Brownies. Wenn ich am späten Nachmittag zum Haus zurückkomme, muß ich vor allem die Hunde versorgen und Wasser vom Fluß heraufschleppen. Ist dann der Ofen in Gang gebracht, vergeht der Abend mit dem Aufspannen des erbeuteten Pelzwerkes und Reparaturen an Fallen, Schneereifen und anderem Gerät."

Wir waren alle rechtschaffen müde. Bill meinte, wir sollten jetzt schlafen gehen, denn morgen wollen wir nach Salmon Ausschau halten.

„Ich wecke Euch beim Morgengrauen", sagte er und rollte sich auf sein Bett.

Am nächsten Morgen waren wir am Fluß.

„Sieh doch mal, wie die Korken tanzen", sagte ich zu Margot, während uns die Moskitos, diese verfluchten Biester, umschwirrten. Aber wir waren ja einbalsamiert. Die Korken hüpften lustig auf und ab in dem klaren Wasser, das beim näheren Hinschauen uns weniger durchsichtig erschien.

,,Sieh' doch mal", sagte Margot, ,,das Wasser ist voller Fische, es wimmelt nur so!" Es waren Silberlachse. Zu vielen Hunderten standen sie dicht gedrängt über- und untereinander in dem flachen Wasser. Die Fische schienen sehr ermüdet von dem langen Wanderweg, aber in dem Netz, das Old Bill ausgelegt hatte, waren nur etwa zwanzig Fische zu sehen.

,,Bring mir bitte die Filmkamera", sagte ich zu Margot, ,,ich will versuchen, die Versammlung zu filmen."

Immer wieder patschte ich mit dem Ruder zwischen die Fische und versuchte noch einige ins Netz zu jagen. Ich wollte das Springen und Schlagen, das dann entstand, filmen. Als gar einige der blitzenden Fischleiber ins Netz schnellten, neigten sich die Pfähle, an denen das Netz befestigt war, unter dem Druck. Die Fische wirbelten durcheinander, schlugen mit den Schwänzen und verursachten eine tobende Aufruhr. Wir hofften, daß die Leinen hielten, denn die reißende Strömung hatte uns die Fische samt dem Netz fortgetragen.

Inzwischen war der Alte mit dem anderen Boot herangekommen und schwenkte um einen der Pfähle herum, um – falls nötig – das Netz aufzufangen. Ich stand im schwankenden Boot und versuchte zu filmen. Man spürte die ruckende und flüchtende Masse der Fische. Margot versuchte an der Spitze vorn das Netz zu packen, aber die kämpfenden Fische rissen es ihr aus der Hand. Es gelang mir, einen der Pfähle anzusteuern und die Netzleine nochmals zu befestigen. Die Gefahr, daß das Netz abtrieb, war nun verhindert. Gott sei Dank hatte ich meine langschäftigen Stiefel an. Fisch für Fisch löste ich aus dem Netz heraus und warf sie ins Boot. Das Wasser war eisig kalt, ich merkte es an den klammen Fingern. Mancher der Lachse war in dem Netz verdreht, Mit einem Stück Treibholz schlug ich den Fischen auf den Kopf, bevor ich sie ins Boot warf. Aber drinnen im Boot schnellte es lebendig weiter, während der Haufen der schimmernden Leiber immer größer wurde. Die Filmkamera hatte ich längst an Margot abgegeben.

Ich rief ihr zu: ,,Es ist ja unwahrscheinlich, was wir hier erleben; heute abend werden wir ein großes Lachsessen veranstalten."

Ich hatte auch ein paar Bisse von den Fischen abbekommen und gespürt, wie scharfe Zähne die Lachse haben. Als wir endlich nach einer weiteren Stunde unseren Fang am Ufer landeten, zählten wir über hundert Salmons. ,,Vier bis fünf Kilo wird jeder schwer sein" meinte ich zu Old Bill, der an einer anderen Stelle gefischt hatte und nun mit seinem Boot zu uns kam und zufrieden auf die Beute herunterschaute.

Margot hatte inzwischen einen mächtigen Topf Krautgemüse, in das sie große Brocken Speck hineingab, auf dem Holzfeuer gargekocht. Mit großem Behagen verzehrten wir diese Mahlzeit. Dann aber begann noch eine recht harte Arbeit. Mit dem Messer schlitzte ich den Lachsen die Bäuche auf und schnitt ihnen die Köpfe ab, während Bill die Innereien ausnahm und ins Wasser warf. Wir waren beschmiert von dem Schleim der Fische und dem Blut. Danach löste der alte Mann mit langen Schnitten das Rückenfleisch für die ,,Strips" aus. Es hat bis zum Abend gedauert, ehe wir in Etappen mit den Hunden die Fischleiber, die ,,Strips" und die Köpfe der Fische zur Hütte geschafft hatten.

Die ,,Strips" wurden gebündelt und gleich in den Rauch gehängt. Sie sind ein wichtiger Winterproviant, auch für die Hunde. Die Köpfe kochte Bill in einem Kessel, um sie später in Tagesrationen den Hunden zu geben. Noch in der Nacht schleppte ich mit dem Alten gemeinsam die räucherfertigen Strips gebündelt ins Rauchhaus. Auf Leitern und Lattenrosten turnten wir herum, um die Vorräte aufzuhängen. Das langsam schwelende Feuer des Faßofens ließ die Strips während der nächsten Stunden räuchern.

Old Bill hatte Cottonwood-Stämme gespeichert, gesägt und gespalten, denn dieses Holz gibt ein langsames Feuer ab und einen sehr aromatischen Rauch und ist deshalb am besten zum Räuchern geeignet. Viele Möwen hatten sich, angelockt durch die Fischreste, eingefunden. Mit viel Geschrei vertilgten sie die Abfälle. Zu Dutzenden saßen sie um unsere Blockhütte.

Unsere Hunde kamen an diesem Tag auch nicht zu kurz. Sobald aber die Luchse, Wölfe, Füchse und Bären, von den Düften Wind erhalten hatten, drangen auch sie während der Nacht in die Nähe unseres Rauchhauses vor. Wir sahen am nächsten Tag ihre Spuren. Aber das Gekläff der Hunde hielt sie ab, noch näher zu kommen.

Einer unserer Hunde hatte sich losgerissen. Bald hörten wir ein heiseres Gekläff und Standlaut im nahen Wald. Er hatte einen Schwarzbären auf einen Baum gejagt. Der ,,Blacky" hatte sich zu nah an das Rauchhaus herangewagt und noch Abfallreste erwischt. Dem Alten gelang es nur mit viel Mühe, den Hund wieder anzuleinen, während der Blacky noch höher in den Baum kletterte.

Auch die nächsten Tage verbrachten wir mit dem Lachsfang. Etwa zehn Stunden harter Arbeit waren es täglich. Margot hatte sich in diesen Tagen bis obenhin richtig an Lachs satt gegessen, während ich mich sogar übergegessen hatte, denn das überaus fette Fischfleisch sättigt sehr schnell. Auch die Bäuche unserer Hunde waren mit Salmon bald prall gefüllt.

Am Rauchhaus wurden die Hunde festgemacht, denn die lieblichen Düfte lockten immer wieder die Tiere der Wildnis herbei. Der Laichzug der Silberlachse ging aber auch bald zu Ende, und wir hofften, daß die „Rotlachse" bald kommen würden.

Als wir wieder einmal an einem frühen Morgen losgingen, sahen wir auf einer Sandbank einen jungen Bären, er schien verwaist. Wir hätten ihn gern mitgenommen und aufgezogen, aber das Muttertier hielt sich vielleicht in unmittelbarer Nähe auf, und um mit ihm nicht in Konflikt zu kommen, ließen wir von unserem Vorhaben ab.

Etwas früher als sonst war ein Schwarm Rotlachse angekommen. Das Netz war geflickt und wieder ausgelegt, und lustig tanzten die Korken. Wir halfen vom Morgengrauen an bis zum späten Abend, die roten Fische aus dem Netz zu klauben und zu bergen – als Winterfutter für die Hunde. Während die Sonne schien, mannshohe Wälle von über und über blühenden Heckenrosen und „Fireweed" rotglühende Säume um alle Tümpel und Seen bildeten, wurden wir manche Stunden buchstäblich von dicken grauen Wolken von Mücken eingehüllt. Die Hunde waren entsetzlich davon geplagt. Mit einem Schmiermittel, das der alte Mann zusammengebraut hatte, rieben wir ihnen die Schnauzen ein, damit sie ein wenig von den Qualen befreit wurden.

Der Alte hatte sich seit Beginn des Fischfangs kein frisches Hemd angezogen. Das sah man nicht nur, sondern es roch auch entsprechend. Er meinte, bei dieser Sauarbeit hätte ein reines Hemd keinen Nutzen. Er halte daran fest, daß er erst an dem Tage, an dem er das letzte Netz aus dem Fluß hole, ein warmes Bad nähme und frisches Zeug anziehe. In der Räucherkammer hingen inzwischen genügend „Strips" für seinen Winterbedarf. Alles übrige wurde zu Hundefutter verarbeitet. An diesem Abend erzählte uns Old Bill noch eine aufregende Geschichte, die er mit einem „Brownie" erlebt hatte:

„Droben den Fluß hinauf in einer „Cash" hatte ich einen Sack mit Fallen stehen. Ich wollte sie gelegentlich holen. Eines Tages erinnerte ich mich daran und ging los. Wie ich dann auf dem Trail so dahinwanderte, hatte ich nach etwa einer Stunde das Gefühl, daß mir etwas nachschleicht. Als ich mich umguckte, entdeckte ich einen Mordskerl von Brownie. Ich sah, daß der Bursche die Nase am Boden hat und meine Fährte beschnüffelte. Dann windete er wieder mal zur Abwechslung in der Luft herum. Ich kalkulierte, daß noch ein bißchen Ködergeruch an den Fallen sein mußte.

Da ich kein Gewehr bei mir hatte, warf ich den Sack weg und riß aus. Da aber rechts und links nur Büsche standen und keine Bäume, sprang ich in den Fluß und watete und schwamm hindurch, um an dem anderen Ufer drüben heimzumarschieren. Während ich schlotternd vor Kälte dahinlief, verdüsterte sich plötzlich der Himmel. Es sah nach Sturm und Schnee aus. Ich dachte, es wird sich zu einem Blizzard entwickeln. Da es zu meiner Hütte noch sehr weit war, beschloß ich, zu einem anderen Trapper zu laufen, den ich schneller erreichen konnte, um vor dem nahenden Unwetter einen Unterschlupf zu finden.

Inzwischen stürmte es immer mehr; das Schneetreiben wurde fast unerträglich. Zweige und Äste hagelten ringsherum herab, während es fast völlig dunkel wurde. Aber bald sah ich in der Ferne ein tröstliches Licht, es kam aus der Hütte meines Nachbarn. Als ich eintrat, saß der Mann auf seinem Bett, der eine Fuß mit einem Mokassin bekleidet, während er den anderen Mokassin hocherhoben in der Hand hielt.

„Entschuldige einen Moment", sagte er „ich will nur den Gletscherwurm erschlagen."

Recht merkwürdig, dachte ich, was hat er nur?

„Ach, du kennst die Biester noch nicht", meinte er. „Ich kriege immer welche, wenn ich oben am Berg auf Bergschafe jage. Sie kribbeln einem dabei in den Zehen und jucken wie der Teufel."

Er holte nun mit dem Mokassin aus, schlug auf seine große Zehe und sagte: „Nun, dieses Vieh hätte ich erwischt."

„Sei willkommen", meinte er nun, „du bist ein seltener Gast. Was willst du essen? Ich habe eine gebratene Schafkeule da."

Er schlüpfte nun in seinen Mokassin und stand auf, um sich in der Küche zu beschäftigen. Als wir bei Tisch saßen und aßen, befühlte er die Zehe im Mokassin und stand auf. Dann stellte er sich neben das Bett und zog den Mokassin wieder aus. Plötzlich zielte er sorgfältig auf den Zeh und schlug mit dem Mokassin kräftig zu. Für den Rest des Abends aber blieb er einigermaßen vernünftig. Er begann von alten Zeiten zu erzählen, von dem Gold-Rush am Klondyk und von den vielen Erlebnissen der darauf folgenden Jahre. Er erzählte von Strapazen, von schlechten Funden und schilderte damit das harte Leben aller Goldsucher. Währenddessen tobte der Sturm und rüttelte an dem Haus. Er heulte und sauste in den Tannen und brüllender Lärm erfüllte die ganze Nacht.

Als am nächsten Morgen der Sturm etwas nachließ und ich aufbrechen wollte, war der Grauhaarige ganz unglücklich darüber und wollte mich mit seinen recht guten Speisen festhalten.

Ich war oft nah daran, ihn über die Folgen aufzuklären, die sich bei gefrorenen Gliedmaßen zeigen, um ihn aus einem Komplex herauszuführen. Aber dann ließ ich es doch sein, denn viele dieser Leute, die abseits ihr einsames Leben führen, lieben ihren Spleen und pflegen ihn sogar. Sie können unangenehm werden, wenn man sie von diesen Macken befreien will."

Es wurde der letzte Abend für uns am Sheep-River bei Old Bill. Wir waren zu Besuch bei einem freundlichen, aber eigenwilligen Kauz, von dem wir uns am nächsten Morgen verabschiedeten, als das Gebrumm eines Flugzeuges zu hören war. Kurz darauf sahen wir die kleine Maschine von Whitey, die nun einschwenkte und über die rauhe Landefläche zu uns hinhopste.

Wir versprachen unserem alten Freund, wiederzukommen; gerne täten wir es, aber bis zur Stunde ist daraus leider nichts geworden.

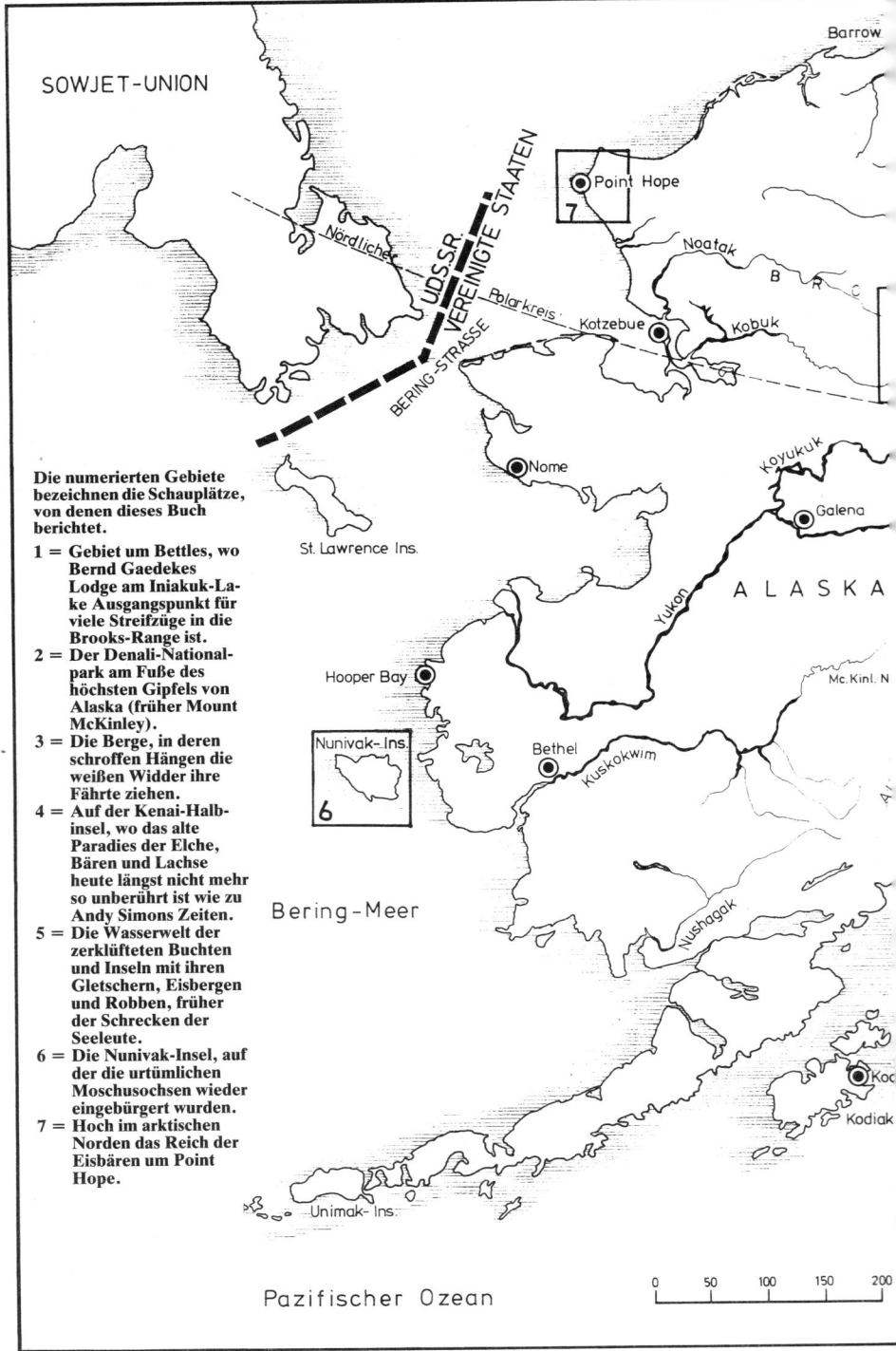

Barrow

SOWJET-UNION

UDS.SR.
VEREINIGTE STAATEN

Nördlicher

Polarkreis

BERING-STRASSE

● Point Hope

7

Noatak

B R C

Kotzebue ●

Kobuk

● Nome

Koyukuk

● Galena

St. Lawrence Ins.

Yukon

A L A S K A

Hooper Bay ●

Mc.Kinl. N

Nunivak-Ins.

Bethel ●

Kuskokwim

6

Bering-Meer

Nushagak

● Kod

Kodiak

Unimak-Ins.

Pazifischer Ozean

Die numerierten Gebiete bezeichnen die Schauplätze, von denen dieses Buch berichtet.

1 = Gebiet um Bettles, wo Bernd Gaedekes Lodge am Iniakuk-Lake Ausgangspunkt für viele Streifzüge in die Brooks-Range ist.

2 = Der Denali-Nationalpark am Fuße des höchsten Gipfels von Alaska (früher Mount McKinley).

3 = Die Berge, in deren schroffen Hängen die weißen Widder ihre Fährte ziehen.

4 = Auf der Kenai-Halbinsel, wo das alte Paradies der Elche, Bären und Lachse heute längst nicht mehr so unberührt ist wie zu Andy Simons Zeiten.

5 = Die Wasserwelt der zerklüfteten Buchten und Inseln mit ihren Gletschern, Eisbergen und Robben, früher der Schrecken der Seeleute.

6 = Die Nunivak-Insel, auf der die urtümlichen Moschusochsen wieder eingebürgert wurden.

7 = Hoch im arktischen Norden das Reich der Eisbären um Point Hope.

0   50   100   150   200